मिलियन डॉलर डायरेक्ट सेलर्स 2.0

भारत के मशहूर डायरेक्ट सेलर्स की कहानी

श्रीराम पाटिल & डी. सुभाष

ISBN
Paperback 979-8-89929-385-6
Hardcase 979-8-89929-687-1

अंतर्वस्तु

भारत के मशहूर डायरेक्ट सेलिंग कंपनी के सीएमडी की बायोग्राफी — 233

भारत के मशहूर डायरेक्ट सेलर्स की कहानी – "मिलियन डॉलर डायरेक्ट सेलर्स 2.0" में

डायरेक्ट सेलिंग में सफल कैसे हो सकते है, जानिए भारत के सबसे मशहूर डायरेक्ट सेलर्स से

मिलियन डॉलर डायरेक्ट सेलर्स 2.0, सिर्फ एक किताब नहीं, बल्कि एक आंदोलन भी है – डायरेक्ट सेलिंग इंडस्ट्री को सम्मान, पहचान और दिशा देने के लिए।

"मिलियन डॉलर डायरेक्ट सेलर्स" की पहली किताब को जो अपार प्रेम, सराहना और विश्वास मिला, उसके लिए मैं आप सभी पाठकों का तहे दिल से आभार व्यक्त करता हूँ। उसी प्रेरणा और जुनून के साथ यह दूसरा संस्करण –"मिलियन डॉलर डायरेक्ट सेलर्स 2.0" – आपके सामने लेकर आया हूं।।

"मिलियन डॉलर डायरेक्ट सेलर्स 2.0" में हमने भारत के 50 प्रेरणादायी डायरेक्ट सेलिंग लीडर्स और 12 डायरेक्ट सेलिंग कंपनियों के सीएमडी की जीवन यात्रा, संघर्ष, दर्शन और उनकी सफलता के राज इस पुस्तक में शामिल किए हैं। यह केवल उनकी बायोग्राफी नहीं हैं – यह जीवन दर्शन हैं, जो हजारों लाखों लोगों को आगे बढ़ने का रास्ता दिखाते हैं।

इस पुस्तक का उद्देश्य न केवल डायरेक्ट सेलिंग को बढ़ावा देना है, बल्कि "आत्मनिर्भर भारत" के निर्माण में इस इंडस्ट्री की भूमिका को भी उजागर करना है। यह पुस्तक उस हर व्यक्ति के लिए है, जो सपने देखता है और उन्हें पूरा करने का साहस रखता है।

लेखक का परिचय

मिलियन डॉलर डायरेक्ट सेलर्स एक ऐसी पुस्तक है, जो डायरेक्ट सेलिंग उद्योग में सफल होने के इच्छुक व्यक्तियों मार्गदर्शन प्रदान करती है। हम एक बदलाव वाले दुनिया में डायरेक्ट सेलिंग के ज़रिए कैसे अपनी ज़िन्दगी को बेहतर बना सकते हैं, और कैसे हम "आत्मनिर्भर भारत" के सपनों के प्रति अपना संकल्प और मजबूत कर सकते हैं। मिलियन डॉलर डायरेक्ट सेलर्स के लेखक श्रीराम पाटिल नेटवर्क एक्सप्रेस के फाउंडर हैं। यह डायरेक्ट सेलिंग उद्योग में बेहद अनुभवी और सफल पेशेवर हैं। इस उद्योग के प्रमुख सिद्धांतों और रणनीतियों की गहरी समझ के साथ अपने सालों के अनुभव को इन्होंने इस पुस्तक में उतार दिया है।

श्रीराम पाटिल एक अनुभवी लीडर हैं, जिन्होंने 18 से अधिक वर्षों से इस उद्योग में काम किया है। यह एक सफल लीडर और बिजनेसमैन हैं। इन्होंने अपने करियर में कई लोगों को सफल होने में मदद की है।

इन्होंने नेटवर्क मार्केटिंग में सफल होने के लिए आवश्यक ज्ञान और कौशल सीखने के लिए कड़ी मेहनत की है। उन्होंने कई प्रशिक्षण कार्यक्रमों में भाग लिया है और कई पुस्तकों और लेखों को पढ़ा है। वे नेटवर्क मार्केटिंग के बारे में एक उत्साही प्रचारक हैं।

श्रीराम पाटिल का मानना है कि नेटवर्क मार्केटिंग एक ऐसा अवसर है जो किसी के भी जीवन को बदल सकता है। वे इस पुस्तक के माध्यम से दूसरों को इस उद्योग में सफल होने में मदद करने के लिए प्रतिबद्ध हैं। इस पुस्तक के माध्यम से इन्होंने अपने व्यापक ज्ञान और विशेषज्ञता को दूसरों के साथ साझा किया है। उन्हें एक सफलडायरेक्ट सेलर बनने के लिए बेहतरीन तकनीक प्रदान की है।

डायरेक्ट सेलिंग के प्रति इनका जुनून और दूसरों को सफल होने में मदद करने की प्रतिबद्धता इनकी पुस्तक के हर पृष्ठ में स्पष्ट है। इस पुस्तक के जरिए इन्होंने अनगिनत व्यक्तियों को अपने लक्ष्यों को आगे बढ़ाने और डायरेक्ट सेलर के रूप में अपनी पूरी क्षमता तक पहुंचने के लिए प्रेरित और सशक्त बनाया है।

लेखन के अलावा डायरेक्ट सेलिंग उद्योग में उनके व्यापक अनुभव और सफलता ने उन्हें काफी लोकप्रिय लीडर बना दिया है। इनके नेतृत्व और मार्गदर्शन ने कई डायरेक्ट सेलर की सफलता में महत्वपूर्ण भूमिका निभाई है। इनकी यह पुस्तक दूसरों को सफल होने में मदद करने के लिए उनके समर्पण और प्रतिबद्धता का एक प्रमाण है। इस उद्योग पर इस किताब का प्रभाव आने वाले वर्षों तक महसूस किया जाएगा।

सभी डायरेक्ट सेलिंग लीडर्स से हमारी विनम्र अपील

डायरेक्ट सेलिंग सिर्फ एक व्यवसाय नहीं है, बल्कि यह एक आंदोलन भी है: लोगों को आत्मनिर्भर बनाने का, उन्हें सपने देखने का हक देने का, उन्हें पूरा करने का और पूरे सम्मान के साथ सफलता का मुकाम छूने का। इसके लिए हम सभी की जिम्मेदारी है कि हम इस उद्योग को सही दिशा में ले जाएं, इसकी गरिमा बनाए रखें और आने वाली पीढ़ियों के लिए एक आदर्श मिसाल छोड़ें।

हम इस पुस्तक के माध्यम से सभी डायरेक्ट सेलिंग लीडर्स से एक विनम्र अपील करना चाहते हैं:

- हम सभी मिलकर ऐसा कार्य करें जिससे डायरेक्ट सेलिंग को समाज में पूरा सम्मान मिले।

- हम अपने कार्यों में पूर्ण पारदर्शिता और नैतिकता (Ethics) बनाए रखें।

- हम लालच नहीं, लक्ष्य दें; भ्रम नहीं, भरोसा दें।

- हम सिस्टम बनाएं, सपने नहीं बेचें।

- हम अपने हर एक प्रयास से इस इंडस्ट्री को मजबूती दें, न कि केवल लाभ कमाने की सोच से आगे बढ़ें।

यह पुस्तक केवल कहानियों का संग्रह नहीं है, यह एक सामूहिक संकल्प है—कि हम सब मिलकर भारत की डायरेक्ट सेलिंग इंडस्ट्री को एक प्रतिष्ठित, विश्वसनीय और प्रेरणादायक पहचान दिलाएंगे।

आइए, हम सब मिलकर डायरेक्ट सेलिंग को वह सम्मान दिलाएं जिसकी वह हकदार है।

आपका साथी,

श्रीराम पाटिल

(लेखक एवं संस्थापक – नेटवर्कएक्सप्रेस)

डी. सुभाष

(लेखक एवं सह-संस्थापक, नेटवर्कएक्सप्रेस)

दादासो घारे

(लेखक एवं सह-संस्थापक, नेटवर्कएक्सप्रेस)

लोमेश शिंदे

(लेखक एवं सह-संस्थापक, नेटवर्कएक्सप्रेस)

यह किताब मैंने क्यों लिखी?

मैं श्रीराम पाटिल इस पुस्तक का लेखक, सबसे पहले आपको इसे पढ़ने में अपना किमती समय देने के लिए आभार व्यक्त करता हूं।इस किताब का उद्देश्य दो महत्वपूर्ण और अद्वितीय धाराओं को एक साथ जोड़ना है - "आत्मनिर्भर भारत" और "डायरेक्ट सेलिंग"। यह किताब एक ऐसे संगम पर ध्यान केंद्रित करती है जो हमारे व्यक्तिगत और व्यापारिक जीवन में महत्वपूर्ण है। यह पुस्तक न केवल डायरेक्ट सेलिंग की महत्वपूर्ण भूमिका पर प्रकाश डालती है, बल्कि इसके साथ-साथ "आत्मनिर्भर भारत" के सपने को बदलने का भी तरीका प्रस्तुत करती है। इस पुस्तक के माध्यम से मैं अपने 18 सालों का अनुभव बाट रहा हूं। मुझे गर्व है कि मैंने इस पुस्तक को लिखा है, जो डायरेक्ट सेलर्स के सफलता की एक महत्वपूर्ण कहानी पर प्रकाश डालती है।

लेखक के दृष्टिकोण से

इस किताब के बारे में मैंने सालों पहले ही दिमाग में सोच लिया था। डायरेक्ट सेलिंग इंडस्ट्री और डायरेक्ट सेलर्स को सम्मान देने के लिए बस यह मेरा एक छोटा सा प्रयास है। मेरा लक्ष्य इस किताब के माध्यम से नेटवर्क मार्केटिंग संबंधित आपको सभी उपयोगी ज्ञान प्रदान करना है। मिलियन डॉलर डायरेक्ट सेलर्स भारत के सफल डायरेक्ट सेलर के परिचय के ऊपर किताब है। जो आत्मनिर्भरता के साथ अपनी जिम्मेदारियों और सपनों को पूरा करते हैं।

डायरेक्ट सेलिंग ने हमें सामाजिक और आर्थिक रूप से स्वावलंबी बनने का मार्ग प्रदान किया है और यह "आत्मनिर्भर भारत" के सपने को हकीकत में बदल सकता है। मैं इस संदेश के

साथ आपके सामने हूं और उम्मीद करता हूं कि यह पुस्तक आपके डायरेक्ट सेलिंग व्यवसाय में और व्यक्तिगत जीवन में कारगर साबित हो सकती है।

आप अपने ही शक्ति का उपयोग करके आत्मनिर्भर बन सकते हैं।

डायरेक्ट सेलिंग से हम न केवल अपने आप को सशक्त बना सकते हैं, बल्कि हम अपने समुदाय और देश पर एक सकारात्मक प्रभाव डाल सकते हैं।

डायरेक्ट सेलिंग ने हमें न केवल एक आर्थिक दृष्टिकोण से सशक्त किया है, बल्कि यह भी हमें आत्मनिर्भर बनाने का मार्ग प्रदान किया है। यह पुस्तक वो सफलता की कहानियाँ और उपयोगी संवाद प्रस्तुत करती है जो हमें आत्म-संघटन का मार्ग दिखाते हैं, और कैसे हम अपने सपनों को आयाम दे सकते हैं।

इस पुस्तक में डायरेक्ट सेलिंग के माध्यम से हम आपको दिखाएंगे कि आप अपने ही शक्ति का उपयोग करके आत्मनिर्भर बन सकते हैं, और कैसे यह सोच हमारे देश के सपनों को पूरा करने में मदद कर सकती है।

सभी डायरेक्ट सेलर्स को मेरा आभार है कि सभी ने इस पुस्तक की सामग्री के लिए अपना पूरा सहयोग दिया। मैं इस पुस्तक को लिखने में लगे समय के लिए मेरे परिवार और दोस्तों का भी आभारी हूं, जो मेरे साथ थे और मेरी प्रेरणा बने।मैं इस पुस्तक का सफलतापूर्वक पूरा होने के लिए उन लोगों का भी आभारी हूं जिन्होंने जाने-अनजाने में मेरा साथ दिया।

मेरी इस यात्रा ने मुझे सिखाया कि डायरेक्ट सेलिंग कैसे हमारे देश के "आत्मनिर्भर भारत" के सपने को साकार कर सकती है और कैसे यह एक नई सोच का प्रतीक बन सकती है।

इस पुस्तक में सहयोग देने के लिए मेरे साथी दादासो घारे, डी सुभाष, लोमेश शिंदे, सुशील वैश्य, सिद्धार्थ पाटील, संदेश सरोदे, ममता पाठक, निहारिका जायसवाल और रवीना घाग का भी धन्यवाद करना चाहूंगा। धन्यवाद आपको, मेरे पाठकों और प्रशंसकों को भी, जिन्होंने मेरे लेखन का समर्थन किया और मुझे प्रोत्साहित किया।

टीम प्रोफ़ाइल

डी सुभाष

नेटवर्क मार्केटिंग इंडस्ट्री का एक बेहतरीन अनुभव रखने वाले डी सुभाष एक फेमस ट्रेनर और मोटिवेटर होने के साथ नेटवर्क एक्सप्रेस के सह संस्थापक हैं। इस क्षेत्र में इनके मार्गदर्शन ने कई लोगों का जीवन संवार दिया है, साथ ही सफलता के ओर प्रेरित किया। डायरेक्ट सेलिंग इंडस्ट्री में इन्हें 11 वर्षों का व्यापक अनुभव है और इन्होंने 50 से अधिक कंपनियों को ट्रेनिंग दी है। इस तरह से इन्होंने नेटवर्क मार्केटिंग उद्योग में अपनी खास पहचान बनाई है। डी सुभाष का लक्ष्य नेटवर्क मार्केटिंग को एक नई ऊंचाई पर पहुंचाना है।

दादासो घारे

मीडिया कम्युनिकेशन और टेक्नोलॉजी में एक्सपर्टीज रखने वाले दादासो घारे सोशल मीडिया एक्सपर्ट हैं दादासो घारे नेटवर्क एक्सप्रेस के सह-संस्थापक हैं।उनकी तकनीकी समझ और सृजनात्मकता ने इन्हें इस क्षेत्र में एक अलग पहचान दी है। दादासो घारे इस बात में दृढ़ विश्वास रखते हैं कि नेटवर्क मार्केटिंग किसी भी व्यक्ति के विकास में एक अलग ही स्थान रखता है। उनके पास इस क्षेत्र में गहरा अनुभव और ज्ञान है, जिससे उन्होंने नेटवर्क मार्केटिंग उद्योग को नई ऊंचाइयों पर पहुंचाने में महत्वपूर्ण भूमिका निभाई है।

लोमेश शिंदे

लोमेश शिंदे एक कुशल एडमिनिस्ट्रेटिव हैं। इनके ऑर्गेनाइजेशनल और मैनेजमेंट स्किल्स ने नेटवर्क एक्सप्रेस की स्थिरता और प्रगति

प्रदान की है। लोमेश शिंदे नेटवर्क एक्सप्रेस के सह-संस्थापक हैं। इस कंपनी के वित्तीय और एडमिनिस्ट्रेटिव कार्यों में लोमेश शिंदे का एक महत्वपूर्ण स्थान रहा है। वे इस बात में दृढ़ विश्वास रखते हैं कि नेटवर्क मार्केटिंग किसी भी व्यक्ति के दीर्घकालिन विकास की कुंजी है।

संपर्क करें

अगर आप भी एक सफल डायरेक्ट सेलर हैं और आप भी अपनी सफलता का रहस्य दूसरों तक शेयर करना चाहते हैं, तो हमें इस ईमेल admin@networkexpress.co.in और 9321186043 व्हाट्सऐप नंबर पर संपर्क करें।

थोक खरीद और ज्यादा मात्रा में कॉर्पोरेट गिफ्टिंग के लिए संपर्क करें : 9321186043

ऐ के पांडे

नाम: ऐ के पांडे
पद: डायरेक्टर 4 स्टार गोल्डन लायन
कंपनी का नाम: टियांजिन तियानशी इंडिया प्रा. लि.
ज्वाइनिंग डेट: 01-01-2007
जन्मतिथि: 18-10-1967
वर्तमान निवास: कानपुर
ईमेल आईडी: N/A
अपलाइन का नाम: N/A

A K Pandey

बायोग्राफी (Biography)

ऐ के पांडे की सफलता की कहानी सचमुच मोटिवेशनल है और वह दिखाती है कि सही मेहनत, प्रतिबद्धता, और नैतिकता के साथ कोई भी चुनौती को पार कर सकता है। वे डायरेक्ट सेलिंग इंडस्ट्री के अंदर अपनी विशेषज्ञता और उत्कृष्ट कार्य द्वारा सफलता प्राप्त करने में सक्षम रहे हैं, जिससे वे न केवल अपने व्यक्तिगत जीवन में सफल हुए हैं, बल्कि एक पूरे उद्योग को भी प्रेरित किया है। यह टियांजिन तियानशी इंडिया प्रा. लि. कंपनी के डायरेक्टर 4 स्टार गोल्डन लायन हैं। इन्होंने अपनी एक आम जिंदगी को अपनी मेहनत से किसी सेलिब्रिटी लाइफस्टाइल से कम नहीं बना लिया है। इन्होंने अपना विजन बड़ा किया और अपनी टीम को सफलता के मूलमंत्र दिएं। यह स्मार्ट बिजनेसमैन होने के साथ एक बेस्ट लीडर भी हैं। इन्होंने अपनी टीम की शुरुआत एक कोर टीम के साथ शुरू की थी। जिसमें सबसे पहले 50 लोग शामिल थे और आज इनकी टीम की संख्या 3 लाख के करीब है।

कोर टीम - मेरी सफलता का रहस्य है

मेरी सफलता का रहस्य एक कोर टीम है। मेरी टीम में ऐसे लोग हैं, जो एक्टिव हैं। एक एक्टिव टीम से ही आपकी ग्रोथ हो सकती है। अपनी 3 लाख की टीम में से मैंने काम में एक्टिव लोगों को छाँटकर अपनी एक कोर टीम तैयार की। जिनके प्रोग्रेस के लिए मैं भी लगातार लगा रहता हूं। नई चीजें मैं खुद भी सिखता हूं और उन्हें भी अपडेट करता हूं। बड़े नेटवर्क में हर कोई एक्टिव नहीं होता, लेकिन कोर टीम अगर सही ढंग से सिस्टम को फॉलो करे, तो पूरी टीम को दिशा मिलती है। कोर टीम में वही लोग रखें जो समर्पित, मेहनती और लक्ष्य के प्रति स्पष्ट हों।

> "समस्याओं को समझने और उनका समाधान करने की जिम्मेदारी हमारी अपनी होती है। इसलिए परेशानियों से कभी भागे न।"

सपना देखा और उसे हकीकत बनाया

ऐ के पांडे ने एक आम आदमी की तरह केवल बड़ा सपना ही नहीं देखा बल्कि उसे पूरा भी किया। वे सिर्फ एक स्मार्ट बिजनेसमैन ही नहीं, बल्कि एक सफल लीडर भी हैं, जो अपनी टीम को आगे बढ़ाने के लिए लगातार सफलता के मूलमंत्र देते हैं। टिएन्स कंपनी के सफल डायरेक्ट सेलर के रूप में, उन्होंने न सिर्फ व्यक्तिगत सफलता हासिल की, बल्कि पूरे उद्योग को भी प्रेरित किया।

टीम को गाइड और अपडेट करें

लीडर का काम सिर्फ आगे बढ़ना नहीं, बल्कि अपनी टीम को नई चीजें सिखाना और अपग्रेड करना भी है। जब टीम मजबूत होगी, तो सफलता अपने आप मिलेगी।आपकी कोर टीम सिर्फ फॉलो करने वाली नहीं, बल्कि नई लीडर्स तैयार करने वाली होनी

चाहिए। ऐसा करने से ग्रोथ तेज होगी और बिजनेस लंबी दूरी तक टिकेगा।

प्रतिबद्धता से काम करने के लिए सकारात्मक विचार महत्वपूर्ण है

आपके विचार सचमुच महत्वपूर्ण हैं। आपके विचार और मानसिकता आपके सफलता की दिशा में महत्वपूर्ण भूमिका निभाते हैं। यदि आप अपने लक्ष्यों की ओर सावधानीपूर्वक बढ़ना चाहते हैं, तो सकारात्मक विचार रखना महत्वपूर्ण है। विचारों का महत्व इसलिए भी है क्योंकि वे आपको योजनाओं में आगे बढ़ने के लिए प्रेरित करते हैं। यदि आप सकारात्मक विचारों का पालन करते हैं, तो आपकी दृढ़ निश्चय और साथ काम करने की क्षमता में सुधार होता है, और आप अपने लक्ष्यों की ओर बढ़ सकते हैं।

टर्निंग पॉइंट

मैं एक साधारण से परिवार से हूं और 21 साल की उम्र में मैंने एलआईसी का काम शुरू कर दिया था। काफी साल मैंने एलआईसी का काम किया, लेकिन इतने पैसों में एक बाइक भी नहीं खरीद पा रहा था। फिर मैंने अपने एक चचेरे भाई के कहने पर डायरेक्ट सेलिंग इंडस्ट्री को ज्वाइन किया। चाइना जाना मेरी लाइफ का टर्निंग पॉइंट था। जिस कंपनी के लिए मैं वहां गया तो मैंने देखा कि 300 बीएमडब्ल्यू कार अचीवर्स डायरेक्ट सेलर्स को दी गईं। फिर मैंने सोच लिया क्या मैं इसे एचीव नहीं कर सकता हूं। उसी समय मैंने अपना विजन क्लीयर कर लिया कि मुझे इस इंडस्ट्री में अपना पैर जमाना और आज मैं सफल भी हूं। टीएन्स कंपनी में अपनी ज्वाइनिंग की बात करूं तो यहां के हेल्थ केयर प्रोडक्ट्स मैंने अपनी मां के इलाज के लिए किया था। उन्हें हार्ट में ब्लॉकेज की समस्या हुई थी और इस कंपनी के सप्लीमेंट प्रोडक्ट से इस्तेमाल के बाद तीन महीने में ही उनका

ब्लॉकेज कम हो गया। उन बेस्ट प्रोडक्ट का अनुभव कर के मैंने सोच लिया मैं इसी कंपनी के साथ जुड़ा रहूंगा।

सक्सेस मंत्रा (Success Mantra)

ऐ के पांडे के सफलता के रहस्य आपको भी सफल कर सकते हैं:

- समस्याओं को समझने और उनका समाधान करने की जिम्मेदारी हमारी अपनी होती है। इसलिए परेशानियों से कभी भागे न।

- चुनौतियाँ सफलता के लिए अच्छी होती है। हमें महत्वपूर्ण साक्षरता देती हैं और हमें समस्याओं का समाधान ढूंढने में मदद करती हैं। यह भी हमें नए दृष्टिकोण प्राप्त करने का अवसर प्रदान करती हैं।

- कोशिश करें कि आप अपने रोज के काम को रोज पूरा करें। उसे अगले दिन तक न ले जाएं।

- इसे आठ घंटे की नौकरी की तरह न करें। शुरुआत में जितना समय हो सके दें। एक बार टीम सेट होने के बाद काम आसान हो जाता है। शुरुआत में जितना समय हो सके दें।

- इस इंडस्ट्री में सफलता पाने के लिए कोई शॉर्टकट नहीं है। आपको अपना एक लंबा टाइम इन्वेस्ट करना होगा।

- आपकी सफलता में आपकी कोर टीम का बड़ा योगदान है। सही लोग, सही माइंडसेट और सही एक्शन से ही ग्रोथ संभव है।

- *असफलता सीखने का एक नया अवसर है – इसे पॉजिटिव तरीके से लें।*

पंकज तितोरिया

नाम: पंकज तितोरिया
पद: डायमंड डायरेक्ट
कंपनी का नाम: एमवे इंडिया एंटरप्राइजेज़ प्रा. लि
ज्वाइनिंग डेट: 06-05-1998
जन्मतिथि: 25-04-1966
वर्तमान निवास: मुंबई
ईमेल आईडी: Pankajtitoria1966@gmail.com
अपलाइन का नाम: सुमित बहादुर

Pankaj Titoria

बायोग्राफी (Biography)

सफलता उन्हीं के पास आने को तैयार रहती है, जो उसे ढूंढ रहे होते हैं। ऐसी ही सफलता की कुछ कहानी है एमवे इंडिया कंपनी के सफल डायरेक्ट सेलर पंकज तितोरिया की। इन्हें बचपन से ही भरोसा था कि वो एक दिन कुछ न कुछ जरूर कर लेंगे। आप भी अपनी मंजिल को पाने के लिए इनसे काफी कुछ सीख सकते हैं। नेटवर्क मार्केटिंग के क्षेत्र में सही प्रशिक्षण और ज्ञान प्राप्त करना अत्यंत महत्वपूर्ण है जो आप इनसे सीख सकते हैं।

सेल्स साइकोलॉजी समझें

नेटवर्क मार्केटिंग में सेल्स साइकोलॉजी को समझना बहुत जरूरी है क्योंकि इससे हमें यह पता चलता है कि ग्राहक क्या सोचते हैं, वे कैसे निर्णय लेते हैं, और उन्हें खरीदारी के लिए कैसे प्रेरित किया

जाए। अगर आप सेल्स साइकोलॉजी को सही से समझते हैं, तो आपकी कन्वर्जन रेट बढ़ जाएगी और आप ज्यादा प्रभावी तरीके से सेल कर पाएंगे।

नेटवर्क मार्केटिंग में करियर बनाना मुश्किल नहीं

हर काम के लिए एक अच्छी ट्रेनिंग की आवश्यकता होती है, और नेटवर्क मार्केटिंग भी इसमें एक शानदार उदाहरण है। नेटवर्क मार्केटिंग का मॉडल यह है कि व्यक्ति नहीं सिर्फ अपने उत्पाद या सेवाओं को बेचता है, बल्कि वह भी दूसरों को भी अपने बिजनेस में शामिल करने के लिए प्रेरित करता है और एक टीम का नेतृत्व करता है।

सेमिनारों में भाग लेना भी जरूरी है

नेटवर्क मार्केटिंग में काम करने का फायदा यह है कि आप अपने आसपास के सफल लोगों से सीधे सीख सकते हैं, जो पहले ही इस क्षेत्र में सफल हुए हैं। यह आपको उनके अनुभव, तकनीकी ज्ञान, और उनकी सफलता के कारणों का पता लगाने में मदद कर सकता है। इसके लिए ट्रेनिंग सत्रों और विभिन्न सेमिनारों में भाग लेना भी उपयुक्त हो सकता है।

टर्निंग पॉइंट

मैं एक साधारण परिवार से हूं और फिल्मों में मेरा बहुत शौक था। फिल्मों के चक्कर में मेरा पढ़ाई में मन नहीं लगा। मैंने थिएटर ज्वाइन किया और जहां मेरी मुलाकात हुई एक दोस्त से, जिनके बड़े भाई अमिताभ बच्चन के दोस्त थें। उनके सहयोग से मैं मुंबई चला गया और वहां एक्टिंग के लिए ट्राई करने लगा। लेकिन वहां जाकर कुछ

नहीं हुआ। वहां डॉ थापर जोकि मेरे गुरु थे, उन्होंने मुझे समझाया और मोटिवेशन दिया। मैं थिएटर में काम करने लगा, लेकिन पैसों की दिक्कत साथ चली आ रही थी। कुछ समय बाद फिल्मों में भी एक-दो छोटा-छोटा रोल भी किया। फिर शादी हुई और इसके बाद मैंने कई सीरियल में भी काम किया। काम के दौरान मुझे एक पुराने दोस्त मिलें, जो कि एक राइटर असिस्टेंट थें। उन्होंने मुझे बुलाया और मैं वहां गया तो मैंने एक प्रेजेंटेशन देखा। मेरे मेंटर ने मुझे अपने साथ जुड़ने को बोला। शुरूआत में मुझे बहुत खराब लगा कि एक एक्टर आदमी यह काम कैसे कर सकता है। मेरे मेंटर ने बोला कि बस मुझे लोग कनेक्ट करना है। एक रात सुधा जी मेरे घर आई और उन्होंने हमारा सपना पूछा, बस वो पल मेरी लाइफ का टर्निंग पॉइंट था। उन्होंने मुझे बहुत मोटीवेट किया कि एक बार एमवे ज्वाइन करने के बाद तुम अपना फिल्म बनाने का सपना भी पूरा कर सकते हो। मुझे सुधा जी ने बहुत मोटीवेट किया और मैंने इसे अपना करियर बना लिया। मैंने बहुत गरीबी देखी थी, लेकिन आज मेरे पास सब कुछ है और मैं अब अपने परिवार को इंटरनेशनल ट्रैवल पर भी ले जाता हूं।

सक्सेस मंत्रा (Success Mantra)

पंकज तितोरिया के सफलता के रहस्य आपको भी सफल कर सकते हैं:

- एक मजबूत दृष्टिकोण और सकारात्मक सोच ही आपको सफलता की ऊंचाइयों तक ले जा सकती है।

- डायरेक्ट सेलिंग में सफलता के लिए आत्मविश्वास, निरंतर सीखना, सही कंपनी का चुनाव और असफलताओं से सीखना बहुत जरूरी है।

- जब आप दूसरों की मदद करेंगे, तो आपकी खुद की सफलता भी सुनिश्चित होगी।

- सफल लोग भी कई बार असफल हुए हैं, लेकिन उन्होंने हार नहीं मानी।हर असफलता हमें मजबूत बनाती है और नए रास्ते दिखाती है।

- बिजनेस में सफल होने के लिए केवल शुरुआत करना ही काफी नहीं है, बल्कि लगातार सीखना, सही रणनीति अपनाना और पॉजिटिव नजरिया बनाए रखना बेहद जरूरी है।

- मार्केटिंग, सेल्स, कम्युनिकेशन और कस्टमर साइकोलॉजी को सीखें।

- जब मुश्किलें आएं, तो अपने अपलाइन से बात करें। उनका अनुभव आपको सही दिशा दिखा सकता है।

- डायरेक्ट सेलिंग में सिर्फ एक मजबूत टीम पर निर्भर रहना सही नहीं होता। नए लोगों को लगातार जोड़ते रहें।

के सोमा शंकर

नाम: के सोमा शंकर
पद: क्राउन एंबेसडर
कंपनी का नाम: सेफ एंड सिक्योर
ऑनलाइन मार्केटिंग प्रा. लि.
ज्वाइनिंग डेट: 21-11-2009
जन्मतिथि: 05-03-1980
वर्तमान निवास: बेंगलुरु
ईमेल आईडी: N/A
अपलाइन का नाम: विकास यादव

K. Soma Sankar

बायोग्राफी (Biography)

के सोमा शंकर की कहानी प्रेरणादायक है, जो कि सेफ शॉप कंपनी के क्राउन एंबेसडर हैं। उनकी योजना बनाने की कुशलता ने उन्हें डायरेक्ट सेलिंग में एक मजबूत पहचान दिलाई है। यह स्पष्ट है कि एक अच्छी रणनीति न केवल लक्ष्यों को प्राप्त करने में मदद करती है, बल्कि दूसरों के लिए भी प्रेरणा बन सकती है। डायरेक्ट सेलिंग में योजना बनाकर आगे बढ़ना सचमुच एक महत्वपूर्ण कदम है, जो सफलता को सुनिश्चित करता है।

सफलता अपना रास्ता खुद बनाती है

जरूरी नहीं कि उच्च शिक्षा लेने के बाद ही आप करियर में सफल हो सकते हैं, यदि आप में मेहनत करने की लगन है, तो सफलता आपको मिलेगी ही मिलेगी। मैंने अपने माता-पिता के सामने आने वाली कठिनाइयों को देखा है। फिर मैंने फैसला किया कि मैं जहां भी काम

करूंगा, गंभीरता से काम करूंगा। मैंने सेना में अपना सर्वश्रेष्ठ प्रदर्शन किया और मैं डायरेक्ट सेलिंग में भी सर्वश्रेष्ठ प्रदर्शन कर रहा हूं। मैं भारत में सबसे अच्छा नैतिक और ईमानदार रोल मॉडल नेटवर्कर बनना चाहता हूं।

नाकामियों पर मनोबल न गिराएं

हर नाकामी आपको कुछ सिखाती है और आपको आगे बढ़ने के लिए तैयार करती है। हमेशा सकारात्मक सोचें, क्योंकि आपके सोचने का तरीका नाकामयाबी के बाद भी अपनी लक्ष्यों की प्राप्ति के लिए महत्वपूर्ण होता है। सफलता आमतौर मेहनत और निरंतर प्रयासों का परिणाम होती है। तो कभी भी अपनी नाकामियों पर मनोबल को न गिराएं बल्कि सफलता की ओर अपने कदम को बढ़ाएं।

> *"डायरेक्ट सेलिंग में सफलता प्राप्त करने के लिए आपको अपने काम के दौरान आने वाली चुनौतियों को स्वीकार करना होगा। अपने कौशलों का पूरा उपयोग करना होगा और खुद को सफलता के लिए पूरी तरह से प्रतिबद्ध करना होगा।"*

टीम की ग्रोथ, आपकी ग्रोथ है

इस इंडस्ट्री में टीम के लिए सकारात्मक सोच ही आपको सफलता दिलाएगी। मैं बस इतना कह सकता हूं कि डायरेक्ट सेलिंग में आने के बाद यह स्वर्ग जैसा जीवन है। डायरेक्ट सेलिंग में आने के बाद सबसे बड़ा बदलाव टीम के साथियों की सफलता के बारे में भी पूरे दिल से सोचना है। मैंने डायरेक्ट सेलिंग की बुनियादी बातों का पालन किया और अपनी शीर्ष कोर टीम का हमेशा आर्थिक और मानसिक रूप से ख्याल रखा।मैं अपनी टीम के सदस्यों और अपने लीडर्स पर ध्यान केंद्रित करता हूं, चाहे उनकी काम में रुचि कुछ भी हो। मैंने फोकस बदला और मेरा परिणाम सकारात्मक रूप से बदल गया।

अपनी उपलब्धि से लोगों को मोटीवेट करें

डायरेक्ट सेलिंग में मेरी सबसे बड़ी उपलब्धि बैंगलोर में एक नया घर खरीदना है। इससे मुझे डायरेक्ट सेलिंग में और अधिक काम करने का आत्मविश्वास मिला और यह मेरी टीम में हर किसी के लिए एक सपना बन गया।

टर्निंग पॉइंट

मैंने डायरेक्ट सेलिंग करियर तब शुरू किया जब मैं सिक्किम राज्य में भारतीय सेना के लिए सेवारत था। जब मैंने बिना पेंशन के 13 साल की सेवा पूरी कर ली और सेना से समय से पहले छुट्टी ले ली तो शुरूआत का समय मेरी लिए असान नहीं था।। जब मैं सेना से वापस आया तो मेरे परिवार के लिए आय का कोई साधन नहीं था। मेरे अपलाइन ने उस स्थिति से बाहर आने में लगातार एक वर्ष तक मेरे साथ रहकर सहयोग किया। डायरेक्ट सेलिंग में आने के बाद मैंने जाना कि सफलता अपना रास्ता खुद बनाती है।डायरेक्ट सेलिंग में मेरी पहली उपलब्धि महिंद्रा एक्सयूवी 500 कार थी।

सक्सेस मंत्रा (Success Mantra)

के सोमा शंकर के सफलता के रहस्य आपको भी सफल कर सकते हैं:

- अपनी कंपनी के 100% उत्पाद उपयोगकर्ता बनें।

- सभी कंपनी और सिस्टम गतिविधियों में भाग लें।

- एक सलाहकार का चयन करें और हमेशा उसके साथ रहें।

- अपनी टीम के लिए हमेशा उपलब्ध रहें।

- असफलता की तुलना में सफलता को संभालना अधिक कठिन है। इसलिए सफल होने के बाद उसे बनाए रखने की मेहनत करें।

- नेटवर्क मार्केटिंग में पूर्वेक्षण एक महत्वपूर्ण कौशल है। यदि आप सफल होना चाहते हैं, तो आपको यह समझना होगा कि सफलतापूर्वक संभावना कैसे प्राप्त की जाए।

- डायरेक्ट सेलिंग में सफलता प्राप्त करने के लिए आपको अपने काम के दौरान आने वाली चुनौतियों को स्वीकार करना होगा। अपने कौशलों का पूरा उपयोग करना होगा और खुद को सफलता के लिए पूरी तरह से प्रतिबद्ध करना होगा।

- सफलता का मार्ग आमतौर पर संघर्षों से भरपूर होता है। आपको अपने काम में सामान्य चुनौतियों को स्वीकार करना ही समझदारी है।

- अगर आप दुसरे लोगो के मुकाबले ज्यादा प्रभाव शाली दिखना है तो आपको खुद पर विश्वास बनाए रखना होगा।

संजय वाबले

नाम: संजय वाबले
पद: डायमंड
कंपनी का नाम: एमआई लाइफस्टाइल मार्केटिंग ग्लोबल प्रा. लि
ज्वाइनिंग डेट: 13-08-2013
जन्मतिथि: 05-02-1976
ईमेल: sanjay_wabale@rediff.com
वर्तमान निवास: फलटन, महाराष्ट्र
अपलाइन का नाम: डीएच कदम

Sanjay Wabale

बायोग्राफी (Biography)

संजय वाबले एक प्रेरणादायक डायरेक्ट सेलर हैं, जिन्होंने अपनी मेहनत और 100% समर्पण से "एमआई लाइफस्टाइल मार्केटिंग ग्लोबल प्रा. लि" में डायमंड पद हासिल किया है। उनकी टीम मैनेजमेंट स्किल्स उन्हें एक सफल लीडर बनाती हैं, जिससे उनकी टीम भी तेजी से ग्रोथ कर रही है। वे अपनी टीम को गाइड और मोटिवेट करके उन्हें सफलता की राह दिखाते हैं।अपनी मेहनत और काबिलियत के दम पर उन्होंने कई सम्मान और पुरस्कार हासिल किए हैं, जो उनकी सफलता को दर्शाते हैं। संजय वाबले की सफलता की कहानी हर डायरेक्ट सेलर के लिए एक प्रेरणा है। वे यह साबित करते हैं कि यदि आप अपने काम के प्रति ईमानदार और पूरी मेहनत से समर्पित हैं, तो सफलता जरूर मिलेगी।

सफलता प्राप्त करने के लिए डेडिकेशन

सफलता प्राप्त करने के लिए अपने काम के प्रति डेडिकेशन बहुत जरूरी है। यह काम के लिए एक महत्वपूर्ण गुण होता है। यही समर्पण की भावना ही आपको सफलता की सीढ़ी की तरफ आगे बढ़ने में मदद करेगी। आपको अपने उद्देश्य को प्राप्त करने के लिए अपने दिल से प्रतिबद्ध होना होगा। नेटवर्क मार्केटिंग में काम के लिए आप जितनी ज्यादा डेडिकेशन रखेंगे, यह आपको गुना में सफल परिणाम देगी।

आमदनी के साथ क्वालिटी ऑफ लाइफ मिलती है

डायरेक्ट सेलिंग में एक बार सफलता हासिल करने के बाद न तो मंथली बजट की चिंता रहती है और न ही छोटे सपनों तक सीमित रहने की मजबूरी। यही कारण है कि आज लाखों लोग इस इंडस्ट्री को अपनाकर बेहतर जीवन जी रहे हैं। डायरेक्ट सेलिंग सिर्फ एक आमदनी का जरिया नहीं, बल्कि क्वालिटी ऑफ लाइफ देने वाला बिजनेस मॉडल है। यह आपको आर्थिक स्वतंत्रता के साथ-साथ एक ऐसा जीवन जीने का अवसर देता है, जो नौकरी में शायद ही संभव हो। नौकरी में सैलरी फिक्स होती है, जबकि डायरेक्ट सेलिंग में आपकी इनकम आपके प्रयासों पर निर्भर करती है। घर, गाड़ी, बच्चों की बेहतर शिक्षा जैसी चीजें नौकरी में लंबा समय लेती हैं, लेकिन डायरेक्ट सेलिंग में यह तेजी से संभव होता है।

> *"छोटे से छोटे काम में आप अपने दिल, मन और आत्मा को लगायें। यही सफलता का रहस्य है।"*

कई उतार-चढ़ाव देखें

संजय वाबले ने कई उतार-चढ़ाव देखने के बाद इस इंडस्ट्री में अपनी किस्मत आजमाई और डायमंड पद तक पहुंचे।उन्होंने डायरेक्ट सेलिंग को एक मौका देने का फैसला किया, लेकिन शुरुआत में यह

भी आसान नहीं था। उन्होंने नेटवर्किंग स्किल्स और टीम मैनेजमेंट पर काम किया। लगातार सीखते रहे, ट्रेनिंग अटेंड की, और अपने मेंटर के मार्गदर्शन में आगे बढ़ते रहे।

टर्निंग पॉइंट

एक समय ऐसा था कि मुझे किसी को चाय पिलाने में भी सोचता था। एक अंगूठी बेचकर मैंने काम को शुरू किया था। हम एक 10 लोग एक किराए के रूम में रहते थें। इस बिजनेस में जब मैंने शुरुआत की थी, तब मेरे पास 2 साल तक कोई बाइक भी नहीं थी। लेकिन मैंने अपने सिद्धांतों पर विश्वास रखा और मेहनत के बल पर आगे बढ़ता चला गया। लेकिन डायरेक्ट सेलिंग में आने के बाद मेरी पूरी जिंदगी बदल गई। इसे ज्वाइन करने के बाद पहले साल मूझे 42000 की इनकम हुई। कई लोगों ने बोला कि तुम इससे ज्यादा जॉब में कमा लोगे। लेकिन मैंने हार नहीं माना और लगा रहा। डायरेक्ट सेलिंग में आने के बाद मलेशिया मेरी पहली ट्रिप थी और यह मेरी लाइफ का सबसे बड़ा टर्निंग पॉइंट था। कंपनी ने जो खातिरदारी और इज्जत दी। उसके बाद मैंने सोच लिया कि बस मुझे इसी इंडस्ट्री में ही लगे रहना और अधिक मेहनत करनी है। मेरे वजह से किसी को तकलीफ नहीं होनी चाहिए। यह रूल मैंने हमेशा फॉलो किया।

सक्सेस मंत्रा (Success Mantra)

संजय वाबले के सफलता के रहस्य आपको भी सफल कर सकते हैं:

- नेटवर्क मार्केटिंग में काम के लिए आप जितनी ज्यादा डेडिकेशन रखेंगे, यह आपको दोगुना में सफल परिणाम देगी।

- मेरे वजह से किसी को तकलीफ नहीं होनी चाहिए। यह रूल मैंने हमेशा फॉलो किया।

- इमानदारी और सच्चाई का रास्ता कभी नहीं छोड़ा। सफल होने के लिए इन दोनों रास्तों पर चलना बहुत जरूरी है।

- सफलता मिलने पर कभी भी अहंकार न करें।

- सफलता प्राप्त करने के लिए सबसे पहला कदम है लक्ष्य तय करना और उसे समझना होगा। इसके लिए आपको यह जानना होगा कि आप क्या पाना चाहते हैं और उसे प्राप्त करने के लिए कैसे कदम उठाने हैं।

- सफल लोग हमेशा अपने मन को शांत रखते है और दूसरों की सहायता करते हैं।

- छोटे से छोटे काम में आप अपने दिल, मन और आत्मा को लगायें। यही सफलता का रहस्य है।

- जीवन में आपको संयम और आत्मविश्वास की आवश्यकता है और ऐसी जगह सफलता निश्चित आपका साथ देती है।

- किस्मत हर किसी को बार-बार मौका नहीं देती है और डायरेक्ट सेलिंग एक सुनहरा अवसर है, इसे हाथ से जाने नहीं देना चाहिए।

- इस इंडस्ट्री में सफल होने के लिए आप में कॉन्फिडेंस होना बहुत जरूरी है। यहां सौ लोगों के बीच भी अपनी बात रखने का गुण रखें।

- महत्वाकांक्षा सफलता का मार्ग है और दृढ़ता इस मार्ग पे चलने वाला वाहन।

- किसी भी चीज से पहले, तैयारी ही सफलता की कुंजी है।

वासनिक ब्रदर्स

नाम: वासनिक ब्रदर्स
पद: वर्ल्ड टीम कोऑर्डिनेटर
कंपनी का नाम: माई लाइफस्टाइल ग्लोबल
ज्वाइनिंग डेट: 14-10-2014
जन्मतिथि: 20-02-1982
वर्तमान निवास: नागपुर
ईमेल आईडी: ashishbwasnik@gmail.com
अपलाइन का नाम: डी. एच. कदम

Wasnik Brothers

बायोग्राफी (Biography)

वासनिक ब्रदर्स की कहानी से हमें जीवन में चुनौतियों का सामना करते हुए कैसे सफल होना है, यह सीखने का मौका मिलता है। खासकर जब हम उनकी सफलता के रहस्यों के बारे में जानते हैं। यह माई लाइफस्टाइल ग्लोबल के वर्ल्ड टीम कोऑर्डिनेटर हैं। डायरेक्ट सेलिंग के क्षेत्र में इन्होंने अपनी उद्यमिता का सबसे अच्छा उपयोग किया और अपना बेहतरीन प्रदर्शन दिया।

व्यवसायिक से व्यक्तिगत विकास तक

डायरेक्ट सेलिंग इंडस्ट्री में व्यक्तिगत विकास का अच्छा मौका हो सकता है और यह आपको न केवल व्यवसायिक बल्कि व्यक्तिगत तरीके से भी समृद्धि प्राप्त करने में मदद कर सकते हैं। यहां आपको यह सीखना होगा कि लोगों के साथ संवाद कैसे करें, टीम के सवालों

का उत्तर कैसे दें और उन्हें आपकी प्रस्तावित उत्पाद या सेवा की महत्त्वत्ता कैसे समझाएं।

पहली स्टेज में घबराना नहीं है

डायरेक्ट सेलिंग में जब हम आए तो मेरे पास फैमिली और रिलेटिव का बिलकुल सहयोग नहीं था। यहीं से चुनौतियां मेरी लिए शुरू हो गई थी। हमारे पास फॅमिली का फाइनेंसियल सपोर्ट नहीं था और वैसे भी मेरे परिवार का फाइनेंसियल बैकग्राउंड बहुत कमजोर था और डायरेक्ट सेलिंग इंडस्ट्री की हमें कोई जानकारी भी नहीं थी। इसलिए शुरुआत के ५ से ६ साल ऐसे ही निकल गए और कोई बड़ी सफलता हाथ नहीं लगी।

गाइड करने वाला मेंटर एक्टिव अपलाइन होना चाहिए

6 साल डायरेक्ट सेलिंग को देने के बाद जब पहली कंपनी बंद हुई तो ऐसा लगा डायरेक्ट सेलिंग का करियर ख़त्म हो गया। कंपनी बंद हुई तो लगा अब आगे क्या करना और हमने ट्रेडिशनल एक दुकान स्टार्ट किया। ये हमारे लिए बहुत चुनौती वाला टाइम था। हमें ऐसा लगा की डायरेक्ट सेल्लिंग हमारे लिए है ही नहीं या हमे ऐसी कोई क्वालिटी नहीं की डायरेक्ट सेलिंग करें। फिर माई लाइफस्टाइल के साथ हम जुड़ें। पहला सबक हमने सीखा की एक अच्छी कंपनी मिलाना ही सबसे जरुरी है। इसके अलावा अच्छा गाइड करने वाला मेंटर एक्टिव अपलाइन होना चाहिए। इसके अलावा एजुकेशन सिस्टम भी बहोत इम्पोर्टेन्ट रोल प्ले करता है।

टर्निंग पॉइंट

हम डायरेक्ट सेलिंग इंडस्ट्री में 2001 से हैं और यह एक ऐसा उद्योग है, जो इसे एक बार समझ ले और मेहनत कर जाए तो वह इसमें करोड़पति बन सकता है।हमने अपने करियर की शुरूआत फ्री इण्डिया कॉन्सेप्ट्स से किया था। जब मैं पढ़ाई करने नागपुर आया था, तभी मुझे मेरे दोस्त ने डायरेक्ट सेलिंग इंडस्ट्री के बारे में मुझे बताया और भविष्य दिखाया की क्या हो सकता है। एक बात याद है जब हम नए नए डायरेक्ट सेलिंग में आये थे और मुंबई के वानखेड़े स्टेडियम में प्रोग्राम था, वह हजारो की भीड़ में हम गये थे और वहा पर जो हमने अचीवमेंट्स देखे की डायरेक्ट सेलिंग में अगर हार्डवर्क किया जाये तो सफलता जरूर मिल सकती है हमने एवरेज इंसान को भी करोड़पति बनते हुवे देखे, उसी दिन हमारी सोच बदल गयी और हमरा जीवन भी बदल गया, सफलता बहोत दूर थी पर सोच बदल गयी थी।

सक्सेस मंत्रा (Success Mantra)

वासनिक ब्रदर्स के सफलता के रहस्य आपको भी सफल कर सकते हैं:

- नेटवर्क मार्केटिंग के क्षेत्र में सफलता पाने के लिए सही प्रशिक्षण और ज्ञान प्राप्त करना महत्वपूर्ण है।

- इस व्यवसाय में सफलता प्राप्त करने के लिए सही ट्रेनिंग, ज्ञान, और धैर्य की आवश्यकता होती है। इन पॉइंट्स पैर भी फोकस करें।

- हर साल एक लक्ष्य बनाएं और उसे पूरा करने के लिए पूरी मेहनत करें।

- आपके अंदर रिलेशनशिप बॉन्डिंग की स्किल्स होनी चाहिए, तभी आप यहां सफल हो पाएंगे।

- इस व्यवसाय में सकारात्मक मानसिकता रखने की जरूरत होती है क्योंकि यह आपके विकास को संभव बनाता है।

- किसी काम में असफल होने के बावजूद भी वो खुद को एक कमजोर नहीं समझना भी सफलता की ओर बढ़ने की एक निशानी है।

- डायरेक्ट सेलिंग इंडस्ट्री में व्यक्तिगत विकास का अच्छा मौका हो सकता है और यह आपको न केवल व्यावसायिक बल्कि व्यक्तिगत भी तरीके से समृद्धि प्राप्त करने में मदद कर सकता है।

- यहां आप अपना फोकस एक लंबी टीम बनाने पर करें। आपकी सफलता आपकी टीम साइज पर निर्भर करती है।

- नेटवर्क मार्केटिंग उन्हें समर्थ बनाता है जो संबंध बनाने, संचय करने, और उच्च अनुशासन के साथ काम कर सकते हैं।

समीर पोतदार

नाम: समीर पोतदार
पद: एनेजिक डिस्ट्रीब्यूटर
कंपनी का नाम: एनाजिक इंडिया
केंगेन वाटर प्रा. लि.
ज्वाइनिंग डेट: 01/01/2015
वर्तमान निवास: ठाणे
ईमेल आईडी: samirpotdar17@
gmail.com
अपलाइन का नाम: साई फ्लाई,
मलेशिया

Samir Potdar

बायोग्राफी (Biography)

जब भारत में नेटवर्किंग इंडस्ट्री आई थी तो कई लोगों को यह नहीं समझ आ रहा था कि इसमें काम कैसे करना है। तो ऐसे में कई डायरेक्ट सेलर्स ने इसमें वर्क पैटर्न को लेकर एक नया आयाम दिया। उनमें से एक समीर पोतदार हैं, जो एनेजिक इंडिया केंगेन वाटर में एनेजिक डिस्ट्रीब्यूटर के पद पर हैं। यह एक श्रेष्ठ डायरेक्ट सेलर होने के साथ-साथ एक अच्छे इंसान भी हैं। इनकी सफलता की कहानी हमें सिखाती है कि यदि हम वृद्ध संकल्प, धैर्य और कड़ी मेहनत के साथ अपने लक्ष्यों की ओर बढ़ें, तो हम किसी भी कठिनाई को पार कर सकते हैं। उनकी सफलता हमें प्रेरणा देती है कि सही दृष्टिकोण और समर्पण के साथ हम अपने सपनों को साकार कर सकते हैं।

मल्टीप्लिकेशन का सिद्धांत आपको मिलियनर्स बना सकता है

मल्टीप्लिकेशन की ताकत को समझने और इसे सही तरीके से लागू करने से आप डायरेक्ट सेलिंग बिजनेस में बड़ी सफलता हासिल कर सकते हैं। डायरेक्ट सेलिंग बिजनेस में मल्टीप्लिकेशन को समझना बेहद जरूरी है। यह सिद्धांत आपको मिलियनर्स बना सकता है। डायरेक्ट सेलिंग में आप केवल खुद के बल पर नहीं, बल्कि अपने नेटवर्क के माध्यम से भी आय अर्जित करते हैं।आप जितने लोगों को अपने नेटवर्क में जोड़ते हैं, उनके प्रयासों से आपकी आय बढ़ती है। यह एक मल्टीप्लिकेशन प्रक्रिया है जहाँ हर सदस्य के प्रयास का लाभ सभी को मिलता है।

नेटवर्किंग की कला में माहिर बनें

नेटवर्किंग की कला में माहिर बनें। अच्छे संपर्क बनाएं और उन्हें इस बिजनेस के प्रति जागरूक करें। इससे दूसरों को भी इनकम ऑफ सोर्स में मदद मिलेगी। आप अपने अंदर लीडरशिप स्किल्स को भी विकसित करें। टीम को प्रेरित करें और मार्गदर्शन दें। एक अच्छा लीडर बनने के लिए अपनी टीम की सफलता पर ध्यान दें।

> *"डायरेक्ट सेलिंग हो या कोई भी व्यापार आउटपुट वहीं निकलकर आता है, जहां इनपुट बेस्ट होता है। इनपुट पर अच्छे से ध्यान दें।"*

काम को टालना, इस आदत से दूर रहें

डायरेक्ट सेलिंग या किसी भी क्षेत्र में सफलता पाने के लिए अपनी कुछ आदतों को बदलना बहुत जरूरी है। विशेष रूप से उन आदतों को जो आपकी सफलता में रुकावट डाल सकती हैं। जैसे कि काम टालने की आदत, यह एक ऐसी आदत है, जो आपको कभी सफल

नहीं होने दे सकती है। इसलिए इसे जल्द ही बदल दें काम को टालना आपकी प्रगति में सबसे बड़ी बाधा हो सकता है।

स्पष्ट और प्रभावी तरीके से बात करें

स्पष्ट, प्रभावी और सकारात्मक तरीके से कम्यूनिकेशन का तरीका किसी भी क्षेत्र में सफलता के लिए अत्यंत महत्वपूर्ण है। जब भी आप किसी से बात करें या कुछ लिखें, तो सुनिश्चित करें कि आपके शब्द स्पष्ट और सटीक हों। जितना आप स्पष्ट बात करेंगे, उतना ही आपकी इमेज अच्छी होगी।

टर्निंग पॉइंट

समीर पोतदार भारत में डायरेक्ट सेलिंग इंडस्ट्री के प्रतीक बन गए हैं। इनके पास लगभग तीन दशकों का अनुभव है, जिसके जरिए उन्होंने इस अवधि के दौरान कुछ जानी-मानी कंपनियों के लिए वितरकों का एक नेटवर्क बनाया है। आज एनाजिक में उनके वितरण की नेटवर्क ताकत लगभग 9 वर्षों में 250,000 से अधिक है और मजबूत हो रही है। आज समीर पोतदार इस व्यवसाय में एक प्रसिद्ध वक्ता और प्रसिद्ध प्रशिक्षण हैं। लिमिटेड और उसकी व्यावसायिक गतिविधि की प्रकृति एनेजिक वितरकों को प्रशिक्षण देना और उनके व्यवसाय को बढ़ाने में मदद करना है।एनाजिक इंडिया 50 साल पुरानी जापानी विनिर्माण कंपनी है। आज अमेरिका में वर्ष 2003 में अपनी शुरुआत के बाद से दुनिया भर में लगातार कारोबार कर रही है।

सक्सेस मंत्रा (Success Mantra)

समीर पोतदार ने यहां हमारे साथ अपनी सफलता का रहस्य शेयर किया है, जो आपको भी सफल बनने में मदद कर सकते हैं:

- इनपुट पर ध्यान देना और उसे बेहतरीन बनाना।डायरेक्ट सेलिंग में सफल होना है तो इस बात को जरूर याद रखें।

- हमेशा जीवन के गोल्स पर फोकस करना, ना कि केवल जरूरतों पर।

- इस इंडस्ट्री में सफलता पाने के लिए कोई शॉर्टकट नहीं है। धैर्य और समर्पण के साथ लंबे समय तक प्रयास करना ही आपको सफल बनाएगा।

- आप अपने अंदर जरूरी स्किल्स भी डेवलप करें जो आपको एक बिजनेस को सफल बनाने में बहुत मदद करेंगी।

- डायरेक्ट सेलिंग की इंडस्ट्री में सफल होने के लिए आप में धैर्य होना चाहिए। जरूरी नहीं है कि सफलता आपको तुरंत ही मिल जाए।

- कोई काम शुरू करने के लिए या उसे बेहतर बनाने के लिए सही समय का इंतजार मत करो आपको जो भी करना है आज ही शुरू करें।

- डायरेक्ट सेलिंग इंडस्ट्री में सफल होने के साथ आप शुरुआत के एक या दो साल बस उसे सीखने में दें। कितनी पैसे आ रहें है इस बात पर फोकस न करें।

- डायरेक्ट सेलिंग का शुरूआती दौर बहुत चुनौतीभरा होता है। इसलिए शुरूआती दौर में आपको मानसिक रूप से तैयार रहना होगा।

- डायरेक्ट सेलिंग में एक लीडर की भूमिका अन्य उद्योग के लीडर की भूमिका से बिल्कुल अलग होती है। इसलिए यहां आप हमेशा खुद से पहले टीम का हित सबसे पहले रखें और एक अच्छा लीडर बनें।

नारद साहू

नाम: नारद साहू
पद: डायरेक्ट सेलर एवं प्रेरणादायक वक्ता
कंपनी का नाम: स्वामिनी लाइफ प्रा. लि.
ज्वाइनिंग डेट: 28-11-2019
जन्मतिथि: 30-03-1995
वर्तमान निवास: छत्तीसगढ़
ईमेल आईडी: Sahunarad78@gmail.com
अपलाइन का नाम: सुनील खोत

Narad Sahu

बायोग्राफी (Biography)

डायरेक्ट सेलिंग में सफल होने के लिए कुछ महत्वपूर्ण गुण नारद साहू जैसे सफल उदाहरण से सीखने योग्य हैं। इनकी लीडरशिप क्वालिटी और संवाद कौशल दोनों ही काफी कमाल के हैं। यह स्वामिनी लाइफ कंपनी के सफल डायरेक्ट सेलर और मोटिवेशनल स्पीकर हैं। नारद साहू की लीडरशिप में सबसे महत्वपूर्ण गुण यह है कि वह अपने टीम के सदस्यों को न केवल मार्गदर्शन करते हैं, बल्कि उन्हें आत्मविश्वास और प्रेरणा भी प्रदान करते हैं। एक अच्छा लीडर अपनी टीम को सही दिशा दिखाता है और उन्हें उनके लक्ष्य तक पहुंचने के लिए मोटिवेट करता है।

शरुआत और संघर्षः अपने अंदर की क्वालिटी को समझा

नारद साहू का जन्म एक सामान्य परिवार में हुआ था, लेकिन उनके सपने हमेशा असामान्य रहे। 2019 में डायरेक्ट सेलिंग की दुनिया

में कदम रखने से पहले, वह जीवन में कई कठिनाइयों का सामना कर चुके थे। वह मानते हैं: "संघर्ष वह बीज है, जो सफलता का वृक्ष बनाता है।" शुरुआती दौर में मुझे कई बार रिजेक्शन का सामना करना पड़ा। लोग उनके बिजनेस आइडिया को असंभव समझते थे। लेकिन मैंने हर नकारात्मकता को सकारात्मक ऊर्जा में बदल दया।

डायरेक्ट सेलिंग इंडस्ट्री ज्वॉइन करने के बाद शुरूआत का समय मैंने अपनी लर्निंग में दिया। इस इंडस्ट्री में आने के बाद मैंने सबसे पहला पॉइंट यह सीखा कि मेरे अंदर एक लीड रेसिपी क्वालिटी है। मैं अपनी टीम को बहुत अच्छे से मैनेज कर सकता हूं। पहले मैं जहां एक ओर लोगों के सामने अपनी बातों को रखने से डरता था, वहीं आज मैं हजारों लोगों को बिजनेस के लिए ब्राइटनेस करता हूं।

SSS फॉर्मूला

नारद साहू ने सफलता के लिए एक अनोखा अनूठा फॉर्मूला विकसित किया। जिसे वह SSS फॉर्मूला कहते हैं। पहला है सेल्फ बिलीव यानी कि आत्मविश्वास। खुद पर विश्वास रखें, क्योंकि यह सबसे बड़ा हथियार है। दूसरा है स्मार्ट वर्क यानी कि मेहनत के साथ सही दिशा में काम करें। तीसरा है सेल्फ डेवलेप्मेंट, जिसका मतलब है कि आप हर दन कुछ नया सीखे और अपने आप को बेहतर बनाएं। इस फॉर्मूला को मैंने अपने जीवन का आधार बनाया।

माइंडसेट को हमेशा सकारात्मक रखा

"सही सोच, सही दिशा, और सही निर्णय ही आपकी सफलता तय करते हैं।" नारद साहू ने अपने माइंडसेट को हमेशा सकारात्मक रखा। उनका कहना है कि यदि आप अपने सोचने के तरीके को बदलते हैं, तो आप अपने जीवन के हर पहलू को बदल सकते हैं।

लक्ष्य सेट करना जरूरी है

मैंने हमेशा अपने जीवन में छोटे-छोटे लक्ष्य निर्धारित किएं। मेरा मानना है कि छोटे लक्ष्य बड़े सपनों की ओर पहला कदम होते हैं। मैंने धैर्य को अपनी सबसे बड़ी ताकत माना और अनुशासन को अपनी आदत।

लीडरशिप और व्यवहार

एक अच्छे लीडर का सबसे बड़ा गुण है क वह अपने साथियों को प्रेरित कर सके। नारद साहू ने अपनी टीम के साथ संबंध बनाने और उन्हें आत्मविश्वास देने में महारत हासिल की।

सफलता के लिए सबसे जरूरी है कि आप खुद के अंदर से कभी भी सीखने की चाह खत्म न होने दें।

सोशल मीडिया ग्रोथ

नारद साहू ने सोशल मीडिया को एक शक्ति के रूप में अपनाया। उन्होंने डिजिटल प्लेटफॉर्म का उपयोग करके लाखों लोगों तक अपनी बात पहुचाईं। उन्होंने बताया कि सफल होने के लिए सोशल मीडिया सिद्धांत बहुत काम आया। मेरा सोशल मीडिया का एक सिद्धांत है, जिसमें नियमतता यानी हर दिन अपने प्लेटफॉर्म पर मूल्यवान कॉन्टेंट शेयर करें। दूसरा है इंगेजमेंट, इसका अर्थ है कि आप वहां लोगों के साथ जुड़े रहें। तीसरा है प्रामाणिकता, यानी जो हैं, वही बनें। दिखावा कभी न करें। सोशल मीडिया के माध्यम से मैंने न केवल अपने ब्रांड को मजबूत किया, बल्कि लाखों लोगों को डिजिटल वर्ल्ड में अपनी जगह बनाने के लिए प्रेरित किया।

टर्निंग पॉइंट

मैं अपने गवर्नमेंट जॉब के साथ-साथ कुछ काम करने के बारे में सोच ही रहा था तब मुझे इस ऑनलाइन बिजनेस के बारे में पता

चला की जिसमें केवल एक बार 1680 रुपए लगाकर हम रोजाना के 1500 से ₹3000 कमा सकते हैं और मैं इस बिजनेस की शुरूआत किया और देखते ही देखते मेरे सारे सपने पूरे होते रहे। मेरा एक सही समय सही डिसीजन ही आज मेरे सक्सेस का सबसे बड़ा राज है अगर मैं उसे समय मात्र 1680 रुपए वेल्यू को सोचकर इस बिजनेस की शुरुआत अगर नहीं किया रहता तो मैं आज जीवन में सफल नहीं हो पता।

सक्सेस मंत्रा (Success Mantra)

नारद साहू के सफलता के रहस्य आपको भी सफल कर सकते हैं:

- सपने देखे, लेकिन उन्हें पाने के लिए जी जान से मेहनत करो। गलतियों से डरो मत, क्योंकि यह आपके सबसे अच्छे शिक्षक हैं।

- अपने समय का सम्मान करें, क्योंकि यह सबसे मूल्यवान संपत्ति है।

- हमेशा सीखते रहें, क्योंकि सीखना ही जीवन है।

- एक सफल नेटवर्क मार्केटर को अपने उद्देश्यों को स्पष्ट रूप से समझने और पूरा करने के लिए प्राथमिकता देनी चाहिए।

- आप अपना हर पल बहुत समझदारी और इमानदारी से उपयोग करें।

- व्यक्तियों के साथ संबंध बनाने और उन्हें समर्थन प्रदान करने की क्षमता आपके व्यवसाय को बढ़ावा देने में मदद कर सकती है।

- सफलता के लिए सबसे जरूरी है कि आप खुद के अंदर से कभी भी सीखने की चाह खत्म न होने दें।

- सफल डायरेक्ट सेलर बनने के लिए आपको अपनी मेंटल स्ट्रेंथ को समझना है और उसमें स्टेबिलिटी बनाए रखना है। यह आपको चुनौतियों का सामना करने में मदद करेगा।

- डायरेक्ट सेलिंग में आपको विभिन्न चुनौतियों का सामना करना पड़ सकता है। आपको यह सीखना होगा कि कैसे आप चुनौतियों को परिभाषित करते हैं और उन्हें पार करते हैं।

- अच्छी कम्युनिकेशन स्किल्स से आप अधिक ग्राहकों को अपने से जोड़ कर सकते हैं और उन्हें अच्छे से समझा सकते हैं।

- सफलता के लिए सही और संविदानशील निर्णय लेना महत्वपूर्ण है। आपको अपने लक्ष्यों की प्राप्ति के लिए सही निर्णय लेने में मदद मिलेगी।

- सफल लोगों के अंदर एक गुण होता है कि वे अपनी गलती को कभी दोहराते नहीं हैं।

- समय का सही तरीके से प्रबंधन करना महत्वपूर्ण है। आपको अपने उद्देश्य को हासिल करने के लिए समय का सही तरीके से उपयोग करना होगा।

रवि वरा प्रसाद

नाम: रवि वरा प्रसाद
पद: क्राउन
कंपनी का नाम: सेफ एंड सिक्योर ऑनलाइन मार्केटिंग प्रा. लि.
ज्वाइनिंग डेट: 04-01-2014
जन्मतिथि: 30-06-1977
ईमेल आईडी: N/A
वर्तमान निवास: विशाखापटनम, आंध्रप्रदेश, 530016
अपलाइन का नाम: विकास यादव

B Ravi Vara Prasad

बायोग्राफी (Biography)

डायरेक्ट सेलिंग एक ऐसी इंडस्ट्री है, जिसने मुझे समाज में नाम, इज्जत और शोहरत सब कुछ दिया। इस क्षेत्र का शुरूआती दौर मुश्किल होता है और बहुत कम लोग होते हैं, जो यहां असफलता के बाद भी सफलता के लिए लगातार प्रयास करते रहते हैं। ऐसे ही एक सफल लीडर है रवि वरा प्रसाद, जो कि सेफ एंड सिक्योर ऑनलाइन मार्केटिंग कंपनी के क्राउन हैं। अपने हौसले, खुद पर विश्वास और कड़ी मेहनत से नेटवर्क इंडस्ट्री में एक अलग ही नाम बनाया है और अपने टीम की सफलता में भी योगदान दिया है। एक सफल डायरेक्ट सेलर के तौर पर इनसे सीखने को बहुत कुछ मिल सकता है आपको।

लोगों की मानसिकता समझकर हो सकते हैं सफल

डायरेक्ट सेलिंग में सफल होने के लिए सबसे पहले आपको एक टीम बनाने की जरूरत है। जिसके लिए लोगों की मानसिकता को समझना

बहुत जरूरी है। इस इंडस्ट्री में आने के बाद शुरूआती दिनों में मुझे भी कई तरह की दिक्कतें आई थी। नए जगह पर कैसे काम करना और लोगों की मानसिकता को ना समझ पाना, इस तरह के सबक मैंने अपने शुरुआती दिनों में सीखा। लोगों से भी यही कहूंगा कि नेटवर्क इंडस्ट्री में घबराए नहीं, बस लोगों की मानसिकता समझने की कोशिश करें।

दोबारा से जीरो से स्टार्ट किया

शुरुआत में कई तरह के चैलेंज भी आऐ। मेरी टीम साइज बहुत बड़ी थी, लेकिन वह टीम कुछ कारणवश टूट गई, तो मैं दोबारा जीरो लेवल पर पहुंच गया। फिर से मैंने दोबारा काम किया और एक बड़ी और मजबूत टीम बनाई। अपने ग्रेट मेंटर के गाइडलाइंस से। डायरेक्ट सेलिंग इंडस्ट्री की सबसे खास बात यह है कि हमारे सपनों को साकार करने के लिए हमारे मेंटर सिस्टम और हमारी टीम का सहयोग मिलता है।

> *"मैंने मेरे करियर में मेंटरशिप, टाइम पंक्चुअलिटी और डिसिप्लिन इन मूल्यों का सबसे ज्यादा पालन किया।"*

बड़ी सोच के साथ मल्टीपल वे वर्क किया

डायरेक्ट सेलिंग इंडस्ट्री आने के बाद मैंने बड़ा सोचना शुरू कर दिया और बड़े-बड़े सपनों को साकार किया और बहुत सारे लोगों के भी करवाया। मैंने अपने नेटवर्क में सिस्टम और अपलाइन का मदद लेकर, अलग-अलग सिटी में छोटी-छोटी टीम बनाकर काम किया। इनमें से सबसे ज्यादा फुल टाइम लीडर्स को लेकर आया।

सही समय पर एक्शन लें

सफलता पाने के लिए कोई सही समय नहीं होता है। किसी भी काम के लिए तुरंत एक्शन लेते हैं, इसीलिए वो सफल हो पाते हैं। आपने अक्सर लोगों को कहते सुना होगा ये काम अभी नहीं करेंगे, जब सही

समय आएगा तक करेंगे। लेकिन सफल व्यक्ति ठीक इसका उल्टा करते हैं। वो किसी भी समय का उपयोग करके खुद के लिए सफलता की राह बना सकते है। वो किसी भी काम को करने के लिए सही समय का इंतजार नहीं करते हैं, बल्कि काम के लिए तुरंत एक्शन लेते हैं। उनकी यही आदत उन्हें सफल बनाती है।

टर्निंग पॉइंट

मेरे जीवन का टर्निंग पॉइंट दिशा वर्कशॉप है, दिशा वर्कशॉप करने से मेरा आत्मविश्वास और मनोबल बढ़ा और मुझे विश्वास हुआ कि मैं डायरेक्ट सेलिंग इंडस्ट्री में बहुत कुछ कर के कामयाब हो सकता हूं। मैंने अपने करियर की शुरुआत 2014 में की थी और डायरेक्ट सेलिंग में आने से पहले मैं आर्मी में काम करता था।डायरेक्ट सेलिंग में आने के समय मेरी सबसे बड़ी चुनौती यह थी कि मुझे अपनी सेंट्रल गवर्नमेंट जॉब यानी कि आर्मी को रिजाइन करना पड़ा। फिर डायरेक्ट सेलिंग में फुल टाइम काम किया।

सक्सेस मंत्रा (Success Mantra)

रवि वरा प्रसाद के सफलता के रहस्य आपको भी सफल कर सकते हैं:

- मैंने मेरे करियर में मेंटरशिप टाइम पंक्चुअलिटी और डिसिप्लिन इन मूल्यों का सबसे ज्यादा पालन किया।

- मैं सभी न्यू डायरेक्टर सेलर्स को यह संदेश देना चाहता हूं की अपने खुद के टैलेंट से ज्यादा महत्व मेंटर और सिस्टम को दे।

- सही मेंटरशिप में रहकर काम करना करना बहुत जरूरी है। तभी आप सफलता की सीढ़ी चढ़ सकते हैं। इसलिए मेंटर और सिस्टम को सबसे पहले स्थान दें।

- लगातार 3 से 5 साल तक वर्कशॉप और ट्रेनिंग अटेंड करना, साथ ही वहां बताए गए सफलता के रहस्यों को अपने जीवन में पालना करना।

- अपने टीम के साथ अच्छे संबंध रखना नेटवर्क इंडस्ट्री में सफलता का सबसे बड़ा रहस्य है।

- जीवन में एक मंत्र हमेशा ध्यान रखना चाहिए कि सफलता पाने के लिए किसी दूसरे के पीछे भागने से कुछ हासिल नहीं होगा। सफलता तभी मिल सकती है जब आप अपनी मंजिल तक पहुंचने का रास्ता खुद ही बनाते हैं।

- सफल लोगों में अच्छी आदतों के साथ अच्छी सोच और अच्छा कार्य करने की आदत होती है।

- सफल व्यक्तियों की एक खूबी होती है, वो हर परिस्थिति में सकारात्मक पहलुओं को खोजने की क्षमता रखते हैं।

- आपकी सफलता आप काम को लेकर गंभीरता पर भी निर्भर करती है। इससे आपको सफलता तय करने में काफी आसानी होगी।

- सफलता के लिए मायने यह नहीं रखता कि आप कहां से शुरू करते हैं बल्कि यह मायने रखता है कि आपका लक्ष्य कितना ऊंचा है।

- नेटवर्क मार्केटिंग एक दैनिक कार्य है, इसलिए आपको संबंधों में स्थिरता बनाए रखने के लिए प्रतिबद्ध रहना होगा।

सैयद चंचल होसेन

नाम: सैयद चंचल होसेन
पद: यूनिवर्सल क्राउन
कंपनी का नाम: ब्राइट फ्यूचर लाइफकेयर प्रा. लि.
ज्वाइनिंग डेट: 30-04-2016
जन्मतिथि: 30-01-1981
वर्तमान निवास: लखनऊ
ईमेल आईडी: syedchanchal81@gmail.com
अपलाइन का नाम: आर. एस शर्मा

Dr. Syed Chanchal Hossain

बायोग्राफी (Biography)

सैयद चंचल होसेन जैसे समर्पित और मेहनती डायरेक्ट सेलर्स ही इस इंडस्ट्री का असली उदाहरण हैं। उनका कमिटमेंट, पैशन और क्लियर विजन ही उन्हें सफलता की ऊंचाइयों तक लेकर गया है। ये ब्राइट फ्यूचर लाइफकेयर प्राइवेट लिमिटेड में एक सफल डायरेक्ट सेलर हैं।दृढ़ निश्चय और मेहनत से सफलता हासिल की जा सकती है, और सैयद चंचल होसेन जैसे व्यक्तियों के उदाहरण से हमें यह सिखने को मिलता है। डायरेक्ट सेलिंग किसी के लिए एक अच्छा करियर विकल्प हो सकता है, यदि व्यक्ति उसमें रुचि रखता है और मेहनत करने के लिए संघर्ष करता है।

सकारात्मक बदलाव किए

सैयद चंचल होसेन ने अपनी आदतों में सकारात्मक बदलाव किए, जो उनकी सफलता का महत्वपूर्ण हिस्सा है। मैं ने अपनी

कम्युनिकेशन स्किल्स, टाइम मैनेजमेंट और लीडरशिप क़ालिटी को बेहतर बनाया। मेरा मानना है कि जो लोग हमेशा नई चीजें सीखने और खुद को अपडेट रखने में विश्वास रखते हैं, उन्हें सफलता जरूर मिलती है। जिससे उनकी व्यक्तिगत और पेशेवर दोनों जीवन में प्रगति होती है।

एंटरप्रेन्योरशिप और रिस्क

डायरेक्ट सेलिंग में कठिनाइयाँ और चुनौतियां आना स्वाभाविक है, लेकिन सफलता पाने के लिए आपको सभी परिस्थितियों का सामना करना होगा। एंटरप्रिन्योरशिप और रिस्क, दोनों का ही आपस में कनेक्शन है और जो इन स्थितियों को हैंडल करना सीख लेता है, सफलता उन्हीं के साथ होती है। नए विचारों और तरीकों को अपनाने के लिए तैयार रहें। सृजनात्मकता और नवाचार आपके व्यवसाय को आगे बढ़ाने में मदद करते हैं।

> *"डायरेक्ट सेलिंग इंडस्ट्री में सफलता पाने में समय लग सकता है, और आपको 3 से 5 साल की संवाद के दौरान कठिनाइयों का सामना करना हो सकता है।"*

व्यक्ति के व्यक्तिगत रुचि और योग्यता के आधार पर

डायरेक्ट सेलिंग एक करियर के रूप में एक अच्छा विकल्प हो सकता है, लेकिन यह व्यक्ति के व्यक्तिगत रूप से उनके रुचि और योग्यता के आधार पर निर्भर करेगा। यदि किसी को डायरेक्ट सेलिंग में रुचि है और वह उसमें मेहनत करने के लिए समर्थ है, तो वह इस क्षेत्र में सफल हो सकता है। महत्वपूर्ण है कि लोग अपने क्षेत्र में मेहनत, संघर्ष, और समर्पण के साथ काम करें और अपने लक्ष्यों को पूरा करने के लिए दृढ़ निश्चय बनाए रखें।

टर्निंग पॉइंट

हमने अपना जीवन बहुत स्ट्रगल कर के बिताया है। मेरी मां ने हमें बहुत मेहनत से पढ़ाया है और कई बार परिवार के लिए मैंने बहुत छोटे-छोटे पार्ट टाइम काम भी किए हैं। डायरेक्ट सेलिंग में आने से पहले मैं आर्मी में नौकरी कर रहा था। लेकिन उसी दौरान मुझे डायरेक्ट सेलिंग के बारे में पता चला। शुरुआत के दौर में मैंने इसे पार्ट टाइम काम के तौर पर शुरू किया, लेकिन इसमें पूरी तरह से समय नहीं दे पा रहा था। एक बार जब मेरी लखनऊ की पोस्टिंग हुई। फिर उस दौरान मुझे डायरेक्ट सेलिंग में काम कर के अच्छा मुनाफा हुआ। फिर मुझे समझ आया कि नौकरी में कभी इतनी कमाई नहीं हो सकती है, जितना कि इस डायरेक्ट सेलिंग बिजनेस में मेहनत कर के कमाया जा सकता है। फिर मैं ने इसे अपना फुल टाइम बिजनेस बना लिया। तब से मैं इस इंडस्ट्री में लगातार लगा हुआ है और आज मैं सफलता हासिल करने के साथ अन्य लोगों को भी सफल होने में मदद कर पा रहा हूं।

सक्सेस मंत्रा (Success Mantra)

सैयद चंचल होसेन के सफलता के रहस्य आपको भी सफल कर सकते हैं:

- डायरेक्ट सेलिंग व्यवसाय को स्वयंसंचालित रूप से प्रबंधित करने की योग्यता और यदि आप अपने व्यवसाय को अच्छे से प्रबंधित कर सकते हैं, तो आपकी सफलता की संभावना बढ़ सकती है।

- डायरेक्ट सेलिंग इंडस्ट्री में सफलता पाने में समय लग सकता है, और आपको 3 से 5 साल की संवाद के दौरान कठिनाइयों का सामना करना हो सकता है।

- सफल होने के लिए अपने कुछ मार्गदर्शक भी जरूर चुनें और उन्हें फॉलो करें।

- सफलता के लिए डायरेक्ट सेलिंग इंडस्ट्री आपको इसका सही माध्यम प्रदान कर सकती है, लेकिन यह आपकी ज़िम्मेदारी होती है कि आप इस अवसर का सही तरीके से उपयोग करें और उसमें सफलता पाने के लिए आवश्यक मेहनत करें।

- सफलता आने में समय और मेहनत चाहिए, लेकिन यदि कोई व्यक्ति अपने लक्ष्यों के प्रति संघर्षरत रहता है और अपने दृढ़ निश्चय को बनाए रखता है, तो उसे एक दिन सफलता मिल सकती है।

- आपको खुद को समझाना होगा कि डायरेक्ट सेलिंग के माध्यम से आप कितना सफल हो सकते हैं।

- आपको अपने करियर में क्या लक्ष्य प्राप्त करना है, इसका स्पष्टीकरण करें।

- अपने करियर में सफल होने के लिए खुद को समय-समय पर बदलने की योजना बनाना बहुत महत्वपूर्ण है।

- अपने कौशलों और क्षमताओं को विकसित करने के लिए सक्रिय रूप से काम करें।

हेमंत मधुकरराव गणोरकर

Hemant Ghanorkar

नाम: हेमंत मधुकरराव गणोरकर
पद: सीनियर लीडर (डायरेक्ट सेलिंग)
कंपनी का नाम: ज़ो विटाफ़्लो हेल्थलाइफ़ प्रा. लि.
ज्वाइनिंग डेट: अप्रेल 2011
जन्मतिथि: 22-03-1967
वर्तमान निवास: नागपुर
ईमेल आईडी: securelife.dr.hemant@gmail.com
अपलाइन का नाम: एन शाह

बायोग्राफी (Biography)

डायरेक्ट सेलिंग में सबसे बड़ी चुनौती नेटवर्क बनाना है – लेकिन इसी में सफलता की असली चाबी भी छुपी है। डायरेक्ट सेलिंग में सबसे ज्यादा दिक्कत आती है लोगों का नेटवर्क बनाने में। ऐसी चुनौतियों का सामना करते हुए कैसे टीम बनाएं, इसके लिए सफल डायरेक्ट सेलर के रूप में एक उदाहरण हैं, ज़ो वेलनेस लिमिटेड के सफल लीडर डॉ. हेमन्त गनोरकर। आज ये ज़ो वेलनेस लिमिटेड के सफलतम लीडर्स में गिने जाते हैं। उनकी लीडरशिप क्वालिटी ने न केवल कंपनी को सफलता की ऊंचाइयों पर पहुंचाया है, बल्कि कई लोगों को रोजगार के अवसर भी प्रदान किए हैं।

आपका वर्किंग एटीट्यूड कैसा है

बड़ा सपना तभी पूरा होता है जब उसके पीछे सच्ची ईमानदारी और लगातार प्रयास हो। डायरेक्ट सेलिंग हो या जीवन का कोई भी क्षेत्र –

ईमानदारी, समर्पण और संकल्प ही सफलता की नींव रखते हैं।बड़ा सपना तभी पूरा होता है जब उसके पीछे सच्ची ईमानदारी और लगातार प्रयास हो। इस इंडस्ट्री में मेहनत बहुत जरूरी है। यहां आपको 3 महीने में ही बीएमडब्लू का सपना नहीं देखना है। बल्कि इस बात पर फोकस करना है कि आप जो भी ड्रीम देख रहे हैं, उस चीज को पाने के लिए आपका वर्किंग एटीट्यूड कैसा है। आप उस चीज को पूरा करने के लिए कितनी मेहतन कर रहे हैं।

> **"नेटवर्क मार्केटिंग का काम दुनिया का सर्वश्रेष्ठ काम है, अगर आप इसमें 5-6 साल का समय देते हैं, तो सफलता निश्चित है।"**

सेलिंग इंडस्ट्री का एक वर्क पैटर्न है

सिर्फ सपना देखने से अमीरी नहीं आती, उसे हकीकत बनाने के लिए सही सिस्टम, सही गाइडेंस और कड़ी मेहनत चाहिए। डायरेक्ट सेलिंग इंडस्ट्री का एक वर्क पैटर्न है, जिसे समझना बहुत जरूरी है।यह सिर्फ बिजनेस नहीं, एक वर्क पैटर्न है यहां सीखने के लिए ट्रेनिंग और गाइडेंस का सिस्टम है। अगर आप 30 साल का पैसा 3 साल में कमाना चाहते हैं, तो आपको उतनी ही मेहनत और चुनौतियों के लिए तैयार रहना होगा। अपने अपलाइन की बात सुनें, उन्हें फॉलो करें टीम लीड करने के लिए बिजनेस स्किल्स ज़रूरी हैं।

दूसरों की राय पर नहीं, अपने लक्ष्य पर ध्यान दें

डायरेक्ट सेलिंग की राह में कई बार लोग आपका मज़ाक उड़ाएंगे, आपको हतोत्साहित करेंगे, यह कहेंगे कि ये सब बेकार है। लेकिन ध्यान रखें कि जो लोग खुद रिस्क लेने से डरते हैं, वे दूसरों का हौसला तोड़ते हैं। दूसरों की राय पर नहीं, अपने लक्ष्य पर ध्यान दें। जब आप कुछ बड़ा करने निकलते हैं, तो लोग राय जरूर देंगे, कोई कहेगा ये बिजनेस काम नहीं करता, कोई बोलेगा कि तुमसे नहीं होगा, अगर

आपने सुनना शुरू किया, तो रुकना भी पड़ेगा। लेकिन ध्यान रखें कि लोगों की राय उनकी सोच तक सीमित होती है, आपकी काबिलियत तक नहीं। जब आप लक्ष्य पर केंद्रित होते हैं, तो हर शोर पीछे छूट जाता है।

टर्निंग पॉइंट

डायरेक्ट सेलिंग में आने से पहले मेरा मेडिकल इंडस्ट्री में था। उसमें मैं काफी ग्रोथ भी कर रहा था। डायरेक्ट सेलिंग इंडस्ट्री में मेरा उस दौरान कोई फोकस नहीं था। लेकिन एक बार मुझे मेरे अपलाइन के माध्यम से डायरेक्ट सेलिंग के बारे में पता चला। मुझे सबसे अच्छी बात यह लगी कि यहां पैसिव इनकम भी है और किसी और इंडस्ट्री में नहीं है। उनका यह पॉइंट मुझे सबसे अच्छा लगा और इसमें भविष्य सुरक्षित लगने जैसी भावना आई। फिर डायरेक्ट सेलिंग को मैंने पार्ट टाइम ज्वाइन किया और ग्रोथ होने के साथ मैंने इसे अपना फुल टाइम बिजनेस बना लिया। मेडिकल लाइन से डायरेक्ट सेलिंग इंडस्ट्री में आना मेरे लाइफ का टर्निंग पॉइंट था। आप सोच सकते हैं कि लाखों रुपये कमाने के बाद 1000 रुपये से फिर से अपने करियर की शुरुआत करना।

सक्सेस मंत्रा (Success Mantra)

डॉ. हेमन्त गनोरकर के सफलता के रहस्य आपको भी सफल कर सकते हैं:

- यह इंडस्ट्री लगातार बदल रही है, नई टेक्नोलॉजी आ रही है, लोगों की सोच बदल रही है, मार्केटिंग के तरीके अपडेट हो रहे हैं। अगर आप वहीं पुराना तरीका अपनाए रहेंगे, तो पीछे छूट जाएंगे।

- स्किल्स वो हथियार हैं, जो बिना लड़े आपको जीत दिला देते हैं।

- जब आप खुद इस इंडस्ट्री को लेकर 100% क्लियर होंगे, तभी दूसरों को सही तरीके से समझा पाएंगे।

- नेटवर्क मार्केटिंग का काम दुनिया का सर्वश्रेष्ठ काम है, अगर आप इसमें 5-6 साल का समय देते हैं, तो सफलता निश्चित है।

- लीडर पैदा नहीं होते, बनाए जाते हैं लीडरशिप एक सीखने योग्य स्किल है, जिसे कोई भी इंसान अभ्यास, अनुभव और लगातार प्रयास से विकसित कर सकता है।

- नेटवर्क मार्केटिंग में सफलता पाने के लिए आपको नए विचारों की तरफ भी आगे बढ़ना होगा।

- अगर आप अपने काम के प्रति सीरियस नहीं होंगे, तो उस काम को कभी पूरा नहीं कर पाएंगे, इसलिए सबसे पहले तो आप अपने माइंडसेट को स्ट्रॉन्ग बनाइए।

सतीश संकपाळ

नाम: सतीश संकपाळ
पद: स्वामीनी मोरया ग्रुप फाऊंडर
कंपनी का नाम: स्वामीनी लाइफ प्रा. लि.
ज्वाइनिंग डेट: फरवरी 2021
जन्मतिथि: 15-09-1980
वर्तमान निवास: महाराष्ट्र
ईमेल आईडी: satishsankpal86@gmail.com
अपलाइन का नाम: स्वामीनी लाइफ

Satish Sankpal

बायोग्राफी (Biography)

सतीश संकपाळ जैसे सफल लीडर्स की योजना, रणनीतियों और वर्क पैटर्न ने डायरेक्ट सेलिंग इंडस्ट्री में कई लोगों को सफल होने में योगदान दिया है। सतीश संकपाळ स्वामीनी लाइफ प्रा. लिमिटेड कंपनी में एक सफल स्वामीनी मोरया ग्रुप फाऊंडर हैं। यह न केवल अपनी मेहनत से आगे बढ़े हैं, बल्कि अपनी टीम को भी सही दिशा में मार्गदर्शन देते हैं, जिससे टीम के सभी सदस्य अपने लक्ष्यों तक पहुंच पाते हैं। उनकी प्लानिंग और बेहतरीन टीम वर्क का यह दृष्टिकोण ही उन्हें इस इंडस्ट्री में अलग पहचान दिलाता है और ये अन्य लोगों के लिए एक प्रेरणा स्रोत भी हैं।

सही कंपनी का चुनाव ही सफलता तय करती है

यहां पर मैं आपको एक सलाह देना चाहूंगा कि डायरेक्ट सेलिंग इंडस्ट्री बहुत शानदार इंडस्ट्री है। लेकिन आपको एक सही कंपनी का चुनाव करना भी बहुत जरूरी है। इस इंडस्ट्री में आपके सारे सपने पूरे

हो सकते हैं। लेकिन आपको इस इंडस्ट्री को करियर समझ के करना होगा। जैसे आप डॉक्टर, इंजीनियर और चार्टर्ड अकाउंटेंट को करियर समझ के करते हो। फिर जिस तरह बाकी प्रोफेशन के लिए ३ से 5 सालों तक पढ़ाई करते हैं। उसी तरह इस इंडस्ट्री में भी ३ से ५ सालों तक सिखते सिखते काम करके पैसा कमा सकते हो।

अवॉर्ड से मोटिवेशन बढ़ता है

इस इंडस्ट्री में नेटवर्क एक्सप्रेस के माध्यम से डायरेक्ट सेलिंग एनंटरप्रेनर ऑफ द ईयर 2024 और डायरेक्ट सेलिंग मेंटर ऑफ द ईयर 2024 यह 2 अवॉर्ड से मुझे सम्मानित किया गया है। अवॉर्ड आपको मोटिवेशन और कॉन्फिडेंस देता है। इस अवॉर्ड के लिए भी आपको मेहनत करनी चाहिए।

> *नेटवर्क मार्केटिंग में सफलता की साझेदारी का सिद्धांत अनुसरण किया जाता है, जिसमें दोनों पक्षों को लाभ होता है और विन-विन स्थिति पैदा होती है।*

नेटवर्क ग्रोथ के लिए ऑनलाइन और ऑफलाइन एजुकेशन सिस्टम

मैंने मेरा नेटवर्क बढ़ाने के लिए ऑनलाइन और ऑफलाइन एजुकेशन सिस्टम के ऊपर काम किया। सोशल मीडिया से अनजान लोगों तक पहुंचने की और उनके नेटवर्क इंडस्ट्री में लाने की कला खुद भी सीखी और टीम को भी सिखाई। इस कारण कम समय में बहुत तेजी से मेरा नेटवर्क पूरे भारत में पहुंच गया है।

3 से 5 सालों में सफलता हासिल की जा सकती है

डायरेक्ट सेलिंग इंडस्ट्री की खास बात यह है कि आप इसकी शुरुआत बहुत कम लागत में कर सकते हैं और आपका बिजनेस पुरे भारत भर

में फैला सकते हैं। इसके लिए कोई उम्र की पाबंदी नहीं आप किसी भी उम्र में इसकी शुरुआत कर के 3 से 5 सालों के अंदर सिस्टम के साथ काम करके आप सफलता हासिल कर सकते हो और आपके सपनों को पूरा कर सकते हो।

माइंडसेट स्ट्रांग होना जरूरी है

डायरेक्ट सेलिंग में सफल होने के लिए आपका माइंड सेट स्ट्रांग होना जरूरी है। आपकी सोच बिजनेसमैन जैसी होनी चाहिए। रिजेक्शन के लिए आपको हमेशा तैयार रहना जरूरी है। जिस तरह हर इंडस्ट्री में अप-डाउन होते रहते है उसी तरह यहां भी होंगे लेकिन आपको बिना रुके बिना थके लगातार 5 सालों तक काम करते रहना है।

नए डायरेक्ट सेलर के लिए खास संदेश

नए डायरेक्ट सेलर्स के लिए मेरा खास संदेश यह है कि आप इस इंडस्ट्री में अपना करियर बनाने आए हैं तो इसके बारे में पूरी एजुकेशन लीजिए और सिस्टम से लगातार कम से कम 5 सालों तक सही कंपनी का चुनाव करके काम कीजिए और इसको बिजनेस समझ के किजिए। तभी आपको यहां सफलता मिलेगी। यह भी एक बिजनेस है और इसे भी बिजनेस की तरह ही करना चाहिए। कोई भी बिजनेस में एक दिन या एक महीने में सफलता नहीं मिलती। डायरेक्ट सेलिंग को भी आपको कम से कम 5 साल लगातार देने होंगे। तभी सफलता आपके कदम चूमेगी।लोग आपको अपना रोल मॉडल मानेंगे।इसका विश्वास मैं आपको देता हूं।

टर्निंग पॉइंट

डायरेक्ट सेलिंग इंडस्ट्री में मैं पिछले दस साल से काम कर रहा हूं। डायरेक्ट सेलिंग में आने से पहले पढ़ाई खत्म होने के बाद मात्र 600. रुपए महीना सैलरी से मैंने अपने करियर की शुरुआत की उसके बाद

मैंने गुजरात वापी वलसाड में डोर टू डोर मार्केटिंग भी किया और बहुत सारे ट्रेडिशनल बिजनेस भी किए। साल 2003 में मुझे कल्याण डोंबिवली मुनसिपल कॉर्पोरेशन में लैब टेक्नीशियन के पद पर गवर्नमेंट जॉब लग गई, जो मैंने 2017 तक किया। मैं हमेशा अपनी जिंदगी में आगे बढ़ना चाहता था। मेरे सपने भी बड़े थे। लेकिन इतने सारे काम करने के बाद भी कही पे भी मनचाही सफलता हासिल नहीं हो रही थी। गवर्नमेंट जॉब होने के बाद भी मेरा जॉब में मन नहीं लग रहा था। लेकिन अचानक मेरे जिंदगी में एक रिश्तेदार के माध्यम से डायरेक्ट सेलिंग इंडस्ट्री की एंट्री हुई। मैंने जॉब के साथ पार्ट टाइम में इसे करने का निर्णय लिया और इसकी पूरी जानकारी लेने के बाद मुझे यह विश्वास हुआ कि यही इंडस्ट्री मैं मेरे सपनों को पूरा कर सकता हूं। अपने सपनों को पूरा किया भी। कोरोना में बहुत सारे लोगों के जॉब चले गए लोगों को काम से निकाला गया। बहुत सारे ट्रेडिशनल बिजनेस बंद हो गये। कोरोना के बाद सारे काम ऑनलाइन हो गए थें। उस दौरान सोशल मीडिया पर पुरा ज़माना ऑनलाइन काम के तलाश में था और उसी समय मेरे जिंदगी में स्वामीनी लाईफ जैसे बेहतरीन ऑनलाइन बिजनेस की एंट्री हुई और मेरी पूरी जिंदगी बदल गई। पिछले 3 सालों में मेरा बिजनेस और टीम काफी बढ़ी है, साथ ही हम सफल भी हुए।

सक्सेस मंत्रा (Success Mantra)

सतीश संकपाळ के सफलता के रहस्य आपको भी सफल कर सकते हैं।

- लोगों कि मदद करिए उनके सपनों के लिए काम किजिए।

- धैर्य रखिए अच्छे काम के लिए समय लगता है।

- नेटवर्क मार्केटिंग में सफलता के लिए, लीडर्स को अपने क्षेत्र में ज्ञान का विकास करना अत्यंत महत्वपूर्ण है।

- लीडर्स को समय की मांग को समझते हुए प्लानिंग से बिजनेस करना चाहिए।

- अपने लक्ष्य को प्राप्त करने के लिए एक्टिव रहे और निरंतर प्रयास करें। अपने स्वयं को सफलता की ओर आगे बढ़ाएं।

- सफल लीडर्स अपने टीम की समस्याओं और जरूरतों को समझने में सक्षम होते हैं।।

- नेटवर्क मार्केटिंग में सफलता की साझेदारी का सिद्धांत अनुसरण किया जाता है, जिसमें दोनों पक्षों को लाभ होता है और विन-विन स्थिति पैदा होती है।

- लीडर्स को अपने टीम की हर मुश्किल में साथ देना चाहिए और उनके लिए सफल सही मार्ग दिखाना चाहिए।

- आप लीडर हैं, आपको हर दिन 2 से 4 प्लान शो करना चाहिए। जैसा आप करेंगे, वैसा ही आपकी टीम भी फॉलो करेंगी।

- लीडर्स को अपनी टीम को हर टाइम मोटीवेट और एजुकेट करते रहना चाहिए।

बिक्रांत कुमार

नाम: बिक्रांत कुमार
पद: क्राउन
कंपनी का नाम: डेजॉय मार्केटिंग प्रा. लि.
ज्वाइनिंग डेट: 01-08-2019
जन्मतिथि: 25-02-1993
वर्तमान निवास: झारखंड
ईमेल आईडी:
kumarbikrantpioneer@gmail.com
अपलाइन का नाम: N/A

Bikrant Kumar

बायोग्राफी (Biography)

बिक्रांत कुमार डेजॉय मार्केटिंग प्राइवेट लिमिटेड के सफल डायरेक्ट सेलर होने के साथ क्राउन के पद पर हैं, जिन्होंने डायरेक्ट सेलिंग इंडस्ट्री में अपनी अलग पहचान बनाई है। उनकी मेहनत, रणनीति और कमिटमेंट ने उन्हें इस मुकाम तक पहुंचाया है। डायरेक्ट सेलिंग न सिर्फ कमाई का जरिया है, बल्कि नेतृत्व क्षमता और व्यक्तिगत विकास को भी बढ़ावा देता है। बिक्रांत कुमार जैसे लीडर्स लोगों को गाइड करके उनकी सफलता में योगदान देते हैं।

मोटीवेशन सोचने के तरीके को सकारात्मक बनाता है

डायरेक्ट सेलिंग में मोटीवेशन का होना बहुत महत्वपूर्ण हैए क्योंकि यह आपके काम को प्रेरित करने और सफलता प्राप्त करने में मदद

करता है। अगर आपके पास मोटीवेशन होता है तो आप अपने लक्ष्य को भी स्पष्ट रूप से देख पाते हैं और उस रास्ते में भी चलने में आसानी मिलती है। आपका मोटीवेशन आपके सोचने के तरीके को सकारात्मक बनाता है।

चुनौतियों से डरा नहीं

बिजनेस की शुरुआती दिनों में जब मैं लोगों को बिजनेस के बारे में जानकारी देता था तो मुझे लोगों का रिजेक्शन मिलता था। लोगों के ऐसे विचार देखने को मिलते थे कि डायरेक्ट सेलिंग में काम कर के सिर्फ समय ही जाता है और कुछ मिलता नहीं है, और लोगों को जोड़ने वाला काम है। इस तरह से मेरे पास बहुत से चुनौती आती रही, लेकिन मैं इन चुनौतियों से डरा नहीं इन चुनौती का समाधान निकाला और लोगों को एक सही नॉलेज दी कि एक्चुअल हमारा काम क्या है और हम लोगों की हेल्प कैसे करके इनकम कर सकते हैं एक ऐसा सिस्टम का निर्माण किया।

उद्देश्य सेट करना और उन्हें पूरा करना

एक सफल नेटवर्क मार्केटर को अपने उद्देश्यों को स्पष्ट रूप से समझने और पूरा करने के लिए प्राथमिकता देनी चाहिए। ऐसे लोगों में अपने काम के लिए समर्पित और उत्साह देखा जाता है। वे अपने उद्देश्यों के प्रति पूर्ण समर्पण रखते हैं और उन्हें पूरा करने के लिए पूरी तरह से प्रतिबद्ध रहते हैं।

> *"डायरेक्ट सेलिंग में टीम बनाना और सही लोगों की पहचान करना सबसे जरूरी स्किल्स में से एक है। अगर सही लोगों के साथ काम किया जाए, तो सफलता की संभावना कई गुना बढ़ जाती है।"*

रणनीति बनाकर अपनी टीम ग्रोथ किया

मैं अपने सभी टीम मेंबर के छोटे से छोटे और बड़े से बड़े अचीवमेंट को हमेशा प्रमोट किया करता था। मैं टीम वर्क पर ज्यादा फोकस करता था मैंने अपने सभी टीम मेंबर को अपने अंदर एक ऐसे लीडर का निर्माण करने की स्किल सिखाया जो हमेशा टीम को प्रेरित करें अपने लक्ष्य को अचीव करने में उनकी हेल्प करें साथ ही जो भी बनना चाहते हैं। जो अपने जीवन में पाना चाहते हैं उसकी बड़ी आसानी के साथ हासिल कर पाए मैंने ऐसी रणनीति बनाकर अपनी टीम को आगे ग्रोथ किया।

टार्गेट है जरूरी

अपने वर्क के बारे में पूरी जानकारी लेकर ही दूसरों को जानकारी देना शुरू करें। इसके अलावा अपने कुछ टार्गेट रखें, जैसे कि अपना ड्रेसिंग सेंस सही रखें, टाइम मैनेजमेंट पर ध्यान दें और डेली अपने लक्ष्य को प्राप्त करने के लिए टार्गेट लें।

टर्निंग पॉइंट

जिस समय मैं ग्रेजुएशन कर रहा था, उस दौरान मुझे किसी ने डायरेक्ट सेलिंग के बारे में बताया और इसमें मेरा थोड़ा इंटरेस्ट आया तो मैंने इसे ज्वाइन कर लिया। लेकिन शुरूआती दौर में मैं इसे लंबे समय तक कर नहीं पाया। मुझे लगा कि डायरेक्ट सेलिंग बहुत कठिन है। फिर मैंने जॉब ज्वाइन कर ली और कुछ समय बाद मुझे लगने लगा कि यहां मार्केटिंग की जॉब कर के 10000 से 12000 रुपये कमा रहा हूं, तो क्यों न डायरेक्ट सेलिंग में मार्केटिंग कर के अच्छा पैसा कमा सकता हूं।उसी दौरान मैंने डायरेक्ट सेलिंग में कंपनी ज्वॉइन किया। फिर मुझे समझ आया कि डायरेक्ट सेलिंग में सफल होने के लिए एक अच्छी कंपनी का होना जरूरी है। समय के साथ-साथ मैं ग्रोथ भी

करने लगा और लाखों रुपये महीने की कमाई होने लगी। लेकिन फिर बीच का कुछ समय चुनौतीपूर्ण रहा और मेरे लाखों रुपये महीने की कमाई 10000 हजार रुपये के लगभग आ गई। फिर मैंने अपनी गलतियों पर ध्यान देना शुरू किया और पाया कि मैंने टीम को सही ट्रेनिंग नहीं दे पा रहा हूं। मैंने अपनी टीम ग्रोथ पर वर्क किया और अब तक मैंने इस इंडस्ट्री से लगभग 5 करोड़ कमा चुका हूं। मेरी टीम में 50 सदस्य ऐसे भी हैं जो आज के समय में एक लाख रुपये महीने भी कमा रहे हैं।

सक्सेस मंत्रा (Success Mantra)

बिक्रांत कुमार के सफलता के रहस्य आपको भी सफल कर सकते हैं:

- डायरेक्ट सेलिंग में टीम बनाना और सही लोगों की पहचान करना सबसे जरूरी स्किल्स में से एक है। अगर सही लोगों के साथ काम किया जाए, तो सफलता की संभावना कई गुना बढ़ जाती है।

- बिना प्रयास के कोई भी सफल नहीं होता, जो सफल होते हैं वे अपनी सफलता का श्रेय दृढ़ता को देते हैं।

- सफलता आमतौर पर उन लोगों को मिलती है जो इसे खोजने में बहुत व्यस्त रहते हैं।

- डायरेक्ट सेलिंग क्षेत्र में सफलता पाने के लिए, आप किसी सफल दूसरे डायरेक्ट सेलर को योग्य अदर्श मान सकते हैं और उनके कौशलों और उपायों का पालन कर सकते हैं।

- अपने टीम मेंबर्स को ट्रेनिंग दें और उनके साथ मजबूत रिलेशन बनाएं।

- टीम के सदस्यों के बीच सहयोग और साझेदारी को प्रोत्साहित करें।

- मार्केट के *नए ट्रेंड्स, प्रोडक्ट्स और रणनीतियों* के बारे में अपडेट रहें।

- नेटवर्क मार्केटिंग का आधार साझेदारी और परस्पर लाभ पर टिका होता है। इसमें सिर्फ व्यक्तिगत सफलता नहीं, बल्कि पूरी टीम की सफलता मायने रखती है।

- *जल्दी अमीर बनने की सोच छोड़कर लॉन्ग-टर्म सक्सेस पर* फोकस करें।

- हर टीम सदस्य की विशेषज्ञता और कौशल का मूल्यांकन करें और उनको सही दिशा दें।

डॉ. डी. एन. सिंह

नाम: डॉ. डी. एन. सिंह
पद: क्राउन प्रेसिडेंट स्टार
कंपनी का नाम: इंटरनेशनल मार्केटिंग कारपोरेशन प्रा. लि.
ज्वाइनिंग डेट: 15-08-2014
जन्मतिथि: 19-05-1967
वर्तमान निवास: प्रयागराज
ईमेल आईडी: dnsinghvictor@ gmail.com
अपलाइन का नाम: डॉ. अजय कुमार शर्मा

D.N. Singh

बायोग्राफी (Biography)

डॉ. डी. एन. सिंह जैसे व्यक्तियों की कहानियाँ हमें यह दिखाती हैं कि संघर्ष के बावजूद आप अपने लक्ष्यों की प्राप्ति कर सकते हैं। यह इंटरनेशनल मार्केटिंग कारपोरेशन में क्राउन प्रेसिडेंट स्टार हैं। इन्होंने डायरेक्ट सेलिंग इंडस्ट्री में अपनी कड़ी मेहनत से एक अलग ही मुकाम हासिल किया है। एक साधारण से परिवार में जन्में डॉ, डी एन सिंह आज अपने और अपने परिवार के सपनों को पूरा कर सकते हैं। यह सब उनके जीवन में संभव हुआ डायरेक्ट सेलिंग में आने के बाद। डायरेक्ट सेलिंग जैसे क्षेत्र में सफलता पाने के लिए उद्यमशीलता, संघर्ष और समर्पण की जरूरत होती है। इनकी सफलता की कहानी हमें यह सिखाती है कि आत्म-विश्वास, मेहनत और विश्वास सफलता की कुंजी है।

अपलाइन और कंपनी के गाइडलाइंस को फॉलो करें

इस इंडस्ट्री में अगर सही सिस्टम फॉलो किया जाए और लगातार मेहनत की जाए, तो 3-5 साल में बहुत अच्छी ग्रोथ मिल सकती है। रातोंरात अमीर बनने की उम्मीद ना रखें, लेकिन अगर धैर्य और मेहनत के साथ काम करेंगे, तो यह आपको फाइनेंशियल फ्रीडम दे सकता है।

पर्सनेलिटी को भी बदल देती है

डायरेक्ट सेलिंग इंडस्ट्री में मुझे बहुत कुछ सीखने को मिला। यहां मेरा कॉन्फिडेंस भी बिल्ड-अप हुआ। यह इंडस्ट्री आपको काबिलियत दिखाने का मौका देती है। डायरेक्ट सेलिंग इंडस्ट्री आपकी पर्सनेलिटी को भी बदल देती है। यहां हर व्यक्ति को एक टीम लीड करने का अवसर मिलता है, जिससे उनमें डिसीजन मेकिंग और मोटिवेशनल स्किल्स आ जाती हैं।

> "डायरेक्ट सेलिंग इंडस्ट्री में सफल होने के लिए आपके अंदर एकाउंटेबिलिटी जैसी क्वालिटी जरूरी होनी चाहिए। जितना आप लोगों को विश्वास बनाए रखेंगे, उतना आप ग्रो करेंगे।"

इंडस्ट्री की सबसे खास बात यह है कि यहां कंपटीशन नहीं है

अगर एक आम आदमी को बिजनेस करना है तो डायरेक्ट सेलिंग उसके लिए सबसे अच्छा बिजनेस है। क्योंकि यहां आपको सारा पैटर्न बना बनाया मिलता है। इस इंडस्ट्री की सबसे खास बात यह है कि यह कंपटीशन नहीं है, बल्कि आपको यहां एक-दूसरे के ग्रोथ के लिए काम करना होता है। तो इस इंडस्ट्री को सबसे खास बात है। यदि

आप यहां दो-चार साल असफल हो भी जाते हैं, तो कोई बड़ी बात नहीं है, पर मेहनत करते रहें।

टर्निंग पॉइंट

डायरेक्ट सेलिंग में आने से पहले मैं अपने शहर का सफल व्यापारी था और बल्ब का मेरा मेरा था। 12 वर्ष की उम्र से ही मैंने काम करना शुरू कर दिया था। मैंने पढ़ाई के साथ बहुत छोटे-छोटे काम किया है। छोटे-छोटे काम करते-करते मैं बल्क के बिजनेस में बड़ा मुकाम हासिल किया। फिर रेलवे में मुझे टीटी की भी नौकरी मिल गई थी, लेकिन मैंने नौकरी ज्यादा समय नहीं करना चाहता था। बल्ब का व्यापार ही मैंने किया। लेकिन जब मार्केट में जब से सीएफल आ गया था, तब मेरा बल्ब का काम धीरे-धीरे ठप होने लगा। उस दौरान एक डायरेक्ट सेलर मुझे मिलें और उन्होंने मुझे कुछ किबात पढ़ने को दी। जिसने मेरी जिंदगी बदल दी। उन तीन किबात को पढ़ने के बाद मुझे पता चला कि और भी कई काम कर के अमीर बना जा सकता है। मैं जिस कंपनी में अगरबत्ती का डिस्ट्रीब्यूटर था, उससे मेरी बहस हो गई और उस दिन मैं इंटरनेट पर डायरेक्ट सेलिंग कंपनी को ढूंढा और आईएमसी को ज्वाइन कर लिया। शुरुआत में मुझे 5000 की इनकम हुई। लाखों रुपये कमाने के बाद मुझे इतने कम पैसे अच्छे तो नहीं लग रहे थें, लेकिन विजन मेरा बड़ा था। फिर हरीद्वार में एक मीटिंग में गया था और मेरे वहां देखा कि लोग 6 लाख रुपये महीने कमा रहे हैं, तो क्या मैं ने कमा सकता हूं। फिर मैंने सोच लिया था और आज मैं सफल हूं।

सक्सेस मंत्रा (Success Mantra)

डॉ. डी. एन. सिंह के सफलता के रहस्य आपको भी सफल कर सकते हैं:

- डायरेक्ट सेलिंग इंडस्ट्री में सफल होने के लिए आपके अंदर एकाउंटेबिलिटी जैसी क्वालिटी जरूरी होनी चाहिए। जितना आप लोगों को विश्वास बनाए रखेंगे, उतना आप ग्रो करेंगे।

- मेरे हिसाब से एक अच्छा लीडर वही है, जो टाइम मैनेजमेंट का पूरा ध्यान रखें। प्रोग्राम में समय से पहले आएं और समय के बाद जाएं।

- इस इंडस्ट्री में सफल वही होता है जो सीखना बंद नहीं करता और हर चुनौती का सामना करता है।

- आपकी कंपनी का जो भी प्रॉपर वर्किंग सिस्टम है, उसे सही से अपनाएं।

- मार्केटिंग स्किल्स, नेटवर्किंग और सेल्स साइकोलॉजी को समझें।

- सफलता के लिये सबसे ज़रूरी - बड़ी सोच,अच्छी नीयत, दूरदृष्टि और आगे बढ़कर ज़िम्मेदारी लेना और उसको समय से पूरा करना!

- किसी भी बिजनेस में सफलता पाने के लिए ईमानदारी, डेडिकेशन और सही माइंडसेट का होना जरूरी है।

- लीडरशिप, कम्युनिकेशन और डिजिटल मार्केटिंग को समझें इस बिजनेस में टीम बनाना और उसे बढ़ाना सबसे जरूरी होता है।

- सफल लोगों की *कहानी पढ़ें और ट्रेनिंग सेशन्स* अटेंड करें।

अनिल कुरी

नाम: अनिल कुरी
पद: कंट्री सेल्स एंड सेल्स हैड
कंपनी का नाम: N/A
ज्वाइनिंग डेट: 28-10-2022
जन्मतिथि: 05-04-1984
वर्तमान निवास: नई दिल्ली द्वारका
ईमेल आईडी: kuri.ak84@gmail. com
अपलाइन का नाम: N/A

Anil kuri

बायोग्राफी (Biography)

अनिल कुरी की सफलता की कहानी वाकई मोटिवेट करने वाली है। एक उदार व्यक्ति के रूप में इन्होंने अपनी मेहनत और इमानदारी से अपनी सफलता की नींव रखी है। यह अपने सशक्त स्वरूप से डायरेक्ट सेलर के लिए एक मार्गदर्शक भी बनें। उनकी जीवनी दिखाती है कि सफलता पाने के लिए आपको किसी भी स्थिति में हिम्मत और संघर्ष के साथ चलना पड़ता है। अनिल कुरी ने अपने लक्ष्यों की प्राप्ति के लिए कड़ी मेहनत की और किसी भी कठिनाई को हराने का निर्णय लिया। ऐसा उन्होंने कर भी दिखाया। उन्होंने डायरेक्ट सेलिंग में अपना करियर बनाने के लिए अपने आत्मविश्वास को बढ़ाया और अपने उद्यमी दृष्टिकोण को एक नया आयाम दिया।

कॉन्फिडेंस: काम को सही तरीके से करने में सहायक

कॉन्फिडेंस आपको अपने काम को सही तरीके से करने में मदद करता है। जब आप खुद पर यकीन रखते हैं, तो आप अधिक

संवादशील और निर्णयक्षम होते हैं, जिससे आपके कार्य में वृद्धि होती है। कॉन्फिडेंस से भरपूर व्यक्ति अधिक संवादशील होता है और उन्हें अपने विचारों को सही तरीके से व्यक्त करने में कोई भी हिचकिचाहट नहीं होती। इससे काम करने की क्षमता में सुधार होता है और टीम के साथ सहयोगपूर्ण वातावरण बनता है।

क्हाट, वाई और हाउ

नेटवर्क मार्केटिंग में अगर आपको सफल होना है, तो इन तीन फैक्टर पर आपको पहले ध्यान देना होगा, वो हैं क्हाट, वाई और हाउ। अगर आप नेटवर्क मार्केटिंग में सफल होना चाहते हैं, तो सबसे पहले इन तीन सवालों के जवाब खुद से ईमानदारी से पूछिए: क्या आप खुद इस बिजनेस को समझते क्या आपको अपने प्रोडक्ट, क्या आपको प्लान और सिस्टम की पूरी नॉलेज है, आप ये बिजनेस क्यों करना चाहते हैं, क्या आप दूसरों को क्लियर और सिंपल तरीके से बता सकते हैं कि आप क्या कर रहे हैं, क्या आपका मकसद सिर्फ पैसे कमाना है, या कुछ बड़ा करना है, जब मुश्किलें आएंगी, तो क्या आप रोज़ कुछ एक्शन ले रहे हैं। जब ये तीनों क्लियर होंगे, तो नेटवर्क मार्केटिंग सिर्फ काम नहीं, आपकी जिंदगी की सबसे बड़ी उड़ान बन जाएगी।

"नेटवर्क मार्केटिंग को छोटा मत समझिए—यही आपका फ्यूचर बना सकता है।आपने भले डायरेक्ट सेलिंग एक छोटे लेवल से शुरू किया हो, ले किन ये वही काम है जो आपको असाधारण जीवन, आत्मनिर्भरता और अपार सम्मान दे सकता है।"

अपने काम को बताने में शर्माएं नहीं

अक्सर शुरुआत में नेटवर्क मार्केटर किसी के सामने अपने काम और इंडस्ट्री को बताने में संकोच करते हैं। यदि कोई पूछता है कि आप क्या करते हैं, तो इसके जवाब में कई नेटवर्क मार्केटर घूमा कर जवाब

देते है, जैसे कि मैं किसी कंपनी का प्रोडक्ट सेलिंग देखा रहा हूं। मेरा मानना है कि आप डायरेक्ट सेलिंग का काम कर रहे हैं,तो उसे छुपाइए मत, खुलकर बताइए। शर्माने से लोग कन्फ्यूज़ होंगे। लेकिन जब आप कॉन्फिडेंस से बोलेंगे, तो लोग इंस्पायर होंगे। क्योंकि जिस काम से आप अपने सपनों को साकार कर रहे हैं, उसे दुनिया से छुपाना नहीं, दिखाना चाहिए और गर्व के साथ बताना चाहिए।

काम में मजा न ढूंढें

लाइफ में मेरा एक सिद्धांत है कि अगर आपको जीवन में सफलता चाहिए, तो काम बोरिंग करना पड़ेगा। यदि आपको काम एंटरटेनिंग चाहिए, तो आपकी पर्सनल लाइफ बोरिंग होगी। मुझे अपनी पर्सनल लाइफ अच्छी चाहिए। इसलिए मैंने काम को बोरिंग चुना। डायरेक्ट सेलिंग में बहुत धैर्य की जरूरत होती है, जिसमें कई बार इंसान बोर हो जाता है और फिर इंडस्ट्री चेंज करने को सोचता है। जो एक गलत फैसला भी हो सकता है। इसलिए मेरा मानना है कि काम में काम की तरह सोचना चाहिए। उसमें मजा नहीं ढूंढना चाहिए।

टर्निंग पॉइंट

मैं डायरेक्ट सेलिंग में आने से पहले आर्मी में था और स्पोर्ट्स का भी बहुत शौकीन रहा हूं। यहां आने से पहले मैं आर्मी में था और साथ कोई पार्ट टाइम काम भी सर्च कर रहा था। मैं नेशनल लेवल पर स्पोर्ट्स को भी रिप्रेजेंट किया है। लेकिन खेल के दौरान चोट और फ्रैक्चर जैसी कई घटनाओं के कारण मेरा इसमें करियर नहीं बन पाया। फिर मेरे एक साथी ने मुझे अपना 900 कुछ रुपए का एक चेक दिखाया और बताया कि यह नेटवर्क मार्केटिंग से मिला है। उस दौरान 5000 से 6000 रुपये की पूरे महीने की सैलरी होती थी। ऐसे में 900 कुछ रुपए की सप्ताह की कमाई एक बड़ी बात थी। फिर उस साथी ने मुझे बताया कि बस मुझे अपने से 2 लोगों को जोड़ना है, तो हजार

रुपये की कमाई होगी और इसी तरह 2-2 जोड़ते जाना है, तो एक लाखों रुपये महीना कमा सकते हैं। सच बताऊं तो उस समय मेरा लाखों रुपये महीने का सपना नहीं था। बस इतना था कि थोड़ी एक्स्ट्रा इनकम हो जाए और मैं एक अच्छी डाइट ले सकूं। फिर मैंने भी नेटवर्क मार्केटिंग में अपना कदम रखा और फुल टाइम इसमें आया गया। लेकिन आज मेरे सपने बड़े हैं।

सक्सेस मंत्रा (Success Mantra)

अनिल कुरी के सफलता के रहस्य आपको भी सफल कर सकते हैं:

- नेटवर्क मार्केटिंग में सफलता प्राप्त करने के लिए ज्यादा से ज्यादा लोगों को अपने बिजनेस में जुड़ने के लिए बुलाएं।

- अगर आप डायरेक्ट सेलिंग को "कोई और काम नहीं मिला तो चलो ये कर लेते हैं" वाली सोच से करते हैं, तो आप कभी ग्रो नहीं करेंगे। इस काम में मन लगाना पड़ता है।

- डायरेक्ट सेलिंग में विश्वास और विज़न के साथ काम करना जरूरी है।

- नेटवर्क मार्केटिंग में अगर आपको सफल होना है, तो इन तीन फैक्टर पर आपको पहले ध्यान देना होगा, वो हैं व्हाट, वाई और हाउ।

- डायरेक्ट सेलिंग के काम को ये सोचकर न करें कि कोई काम नहीं है तब कर लों। तो इस सोच के साथ आपको सफलता नहीं मिलेगी। आपको मन लगाकर काम करना होगा।

- "डेली टारगेट" नेटवर्क मार्केटिंग में सफलता की रीढ़ है।यह एक साधारण आदत लग सकती है, लेकिन यही आपको स्थिरता, स्पष्टता और नियंत्रण करना सिखाती है।

- नेटवर्क मार्केटिंग को छोटा मत समझिए—यही आपका फ्यूचर बना सकता है।आपने भले डायरेक्ट सेलिंग एक छोटे लेवल से शुरू किया हो, लेकिन ये वही काम है जो आपको असाधारण जीवन, आत्मनिर्भरता और अपार सम्मान दे सकता है।

- अपलाइन आपका मेंटॉर होता है—जिसने वो रास्ता पहले तय किया है, जिस पर आप चल रहे हैं। उनसे संपर्क में रहने से आपको गाइडेंस मिलती है और गलतियों से बचाव होता है।

महावीर सिंह कैंतुरा

नाम: महावीर सिंह कैंतुरा
पद: संस्थापक रॉयल क्राउन
कंपनी का नाम: वीएलसीसी ऑनलाइन सर्विसेज प्रा. लि.
ज्वाइनिंग डेट: 28-05-2017
जन्मतिथि: 09-04-1982
वर्तमान निवास: ऋषिकेश
ईमेल आईडी: mahaavirkantura@gmail.com
अपलाइन का नाम: अमिताभ वालिया

Mahavir Singh Kantura

बायोग्राफी (Biography)

कॉलेज में एम एस सी में शीर्ष स्थान प्राप्त करने के बाद, इनके पास काफी विकल्प थे, पर इन्होंने डायरेक्ट सेलिंग बिज़नेस को चुना। इन्होंने अपना शुरुआती जीवन बहुत ही गरीबी और रिसोर्सेस की कमी में गुजारा था। तो कहीं ना कहीं, इन्हें लगा कि डायरेक्ट सेलिंग के द्वारा ये कई मध्यमवर्गीय लोगों की, उनके सपनों को हासिल करने में आसानी से मदद कर सकते हैं। महावीर सिंह कैंतुरा वीएलसीसी वेलसाइंस के एक सफल डायरेक्ट सेलर हैं और उनकी जीवन और करियर यात्रा कई लोगों को प्रेरित करती है। डायरेक्ट सेलिंग को लेकर इनकी सोच लोगों को इस उद्योग की तरफ काफी प्रभावित करती है।इनके काम और जीवन जीने के तरीकों को लेकर उनके इरादे बहुत मजबूत हैं। यह दृढ़ता और आत्मविश्वास उन्हें दूसरों के लिए एक प्रेरणास्रोत बनाते हैं। महावीर कैंतुरा जी पिछले लगातार कई वर्षों से अपनी कंपनी एवं अपने डायरेक्ट सेलिंग

करियर के शीर्ष में हैं। इनको लीजेंडरी क्रिकेटर कपिल देव जी द्वारा एवं पदम श्री वंदना लूथरा जी द्वारा टॉप अर्नर अवार्ड के रूप में 8-8 लाख के दो बार कैश अवार्ड मिल चुके हैं। इनको डायरेक्ट सेलिंग फेम टॉक स्टोरी ऑफ द ईयर 2023 एवं अपनी धर्मपत्नी के साथ नेटवर्क मार्केटिंग कपल ऑफ द ईयर अवार्ड 2023, नेटवर्क मार्केटिंग प्रोफेशनल अवार्ड समेत कई पुरस्कारों से सम्मानित किया गया है।

प्रारंभिक जीवन और संघर्ष

एक निम्न-मध्यमवर्गीय परिवार में जन्मे महावीर कैंतुरा जी ने शिक्षा को सर्वोच्च प्राथमिकता दी। उन्होंने एम.एस.सी. में शीर्ष स्थान प्राप्त किया और उनके पास कई करियर विकल्प थे, लेकिन उन्होंने डायरेक्ट सेलिंग को चुना। उन्हें यह इंडस्ट्री इसलिए आकर्षित कर रही थी क्योंकि इसमें लाखों मध्यमवर्गीय लोगों को आत्मनिर्भर बनाने की क्षमता थी। उन्होंने अपने जीवन में संसाधनों की कमी और आर्थिक संघर्ष को बहुत करीब से महसूस किया था, और डायरेक्ट सेलिंग उन्हें एक ऐसा प्लेटफॉर्म लगा जो लोगों की ज़िंदगी बदल सकता है।डायरेक्ट सेलिंग में शुरुआती 14 कठिन महीनों और पहले 14 औसत वर्षों के बावजूद वे इस इंडस्ट्री में टिके रहे। उन्होंने नैतिकता और मूल्यों का पालन करते हुए अपने कार्य को जारी रखा। वर्ष 2017 में उन्होंने अपनी टीम के लिए एक प्रभावी सफलता प्रणाली (Success Process) तैयार की, जिसे अपनाकर उन्हें अभूतपूर्व सफलता मिली। यही प्रक्रिया उन्होंने अपनी प्रसिद्ध पुस्तक "The Vaccine for Financial Freedom" में साझा की है।

प्रेरणादायक लक्ष्य और विज़न

महावीर कैंतुरा जी ने 15 अगस्त 2035 तक 10 लाख लोगों के जीवन में मुस्कुराहट लाने और उन्हें आत्मनिर्भर बनाने का लक्ष्य निर्धारित किया है। यह मिशन उनकी सभी गतिविधियों का केंद्र है, और "The

Vaccine for Financial Freedom" इसी दिशा में एक बड़ा कदम है। इस किताब को डायरेक्ट सेलिंग इंडस्ट्री के दिग्गजों द्वारा सराहना प्राप्त हुई है।

> *"डायरेक्ट सेलिंग में शॉर्ट टर्म के लिए न आएं। इस सफलता पानी है तो 5 से 10 साल का प्रोग्राम बनाए। इसे लॉन्ग टर्म का सोचकर करेंगे तभी सफलता आपको मिलेगी। इसलिए एक बड़े विजन के साथ इसमें आएं।"*

डायरेक्ट सेलिंग की शुरुआत और संघर्ष

2004 में डायरेक्ट सेलिंग व्यवसाय से परिचय हुआ। उन्होंने ESBI क्वाड्रंट को समझा और आत्म-विकास के लिए जीत आपकी, बड़ी सोच का बड़ा जादू, कॉपीकैट मार्केटिंग, बिजनेस स्कूल और कई प्रेरणादायक पुस्तकें पढ़ीं: शुरुआत में कुछ लोग आसानी से जुड़ गए, लेकिन जल्द ही चुनौतियाँ सामने आईं—अपलाइन छोड़कर चले गए, नेटवर्क टूट गया और व्यवसाय को फिर से खड़ा करना पड़ा। उन्होंने स्पष्ट लक्ष्य, विजुअलाइज़ेशन और कड़ी मेहनत को सफलता की कुंजी बनाया।

अपने सपनों को साकार करें

महावीर कैंतुरा जी की प्रेरणादायक यात्रा इस बात का प्रमाण है कि यदि आप अपने लक्ष्य को स्पष्ट करते हैं, उसे विजुअलाइज़ करते हैं और निरंतर मेहनत करते हैं, तो कोई भी बाधा आपको रोक नहीं सकती। यह कहानी केवल एक व्यक्ति की नहीं, बल्कि उन सभी की है जो अपने सपनों को साकार करना चाहते हैं।

टर्निंग पॉइंट

अगर मैं अपनी बात करूँ, तो मुझे घर में कहा गया कि अगर मेरे 12वीं में अच्छे नंबर आएँगे तो मुझे कॉलेज जाने दिया जाएगा। मैं

कॉलेज गया और फिर M.Sc. की। मुझे बताया गया कि अगर मैं फर्स्ट डिवीज़न से पास हो जाऊँ, तो मेरे लिए जॉब के ऑप्शन खुल जाएँगे। कड़ी मेहनत करके मैंने M.Sc. फर्स्ट डिवीज़न से की। लेकिन कहीं ना कहीं मेरी जिंदगी में बहुत बड़ा बदलाव आया जब मैंने अपने फाइनल एग्जाम के दौरान अपने पिता को खो दिया। उस दिन मुझे यह एहसास हुआ कि समय कितना कीमती है। एक पल में मेरे लिए मेरी दुनिया ख़त्म हो गयी थी क्योंकि मैं अपने पिता के लिए कुछ भी नहीं कर पाया था।

सक्सेस मंत्रा (Success Mantra)

महावीर कैंतुरा के सफलता के रहस्य आपको भी सफल कर सकते हैं:

- डायरेक्ट सेलिंग में शॉर्ट टर्म के लिए आना ठीक वैसा है जैसे बीज बोकर तुरंत फल की उम्मीद करना।

- सफलता एक प्रक्रिया है, परिणाम नहीं—स्किल्स और डुप्लिकेशन से ही मिलती है असली ऊँचाई। नेटवर्क बनाओ, सही सिस्टम अपनाओ, और कोर टीम पर ध्यान दो।

- डायरेक्ट सेलिंग में शॉर्ट टर्म के लिए न आएं। इस सफलता पानी है तो 5 से 10 साल का प्रोग्राम बनाए। इसे लॉन्ग टर्म का सोचकर करेंगे तभी सफलता आपको मिलेगी। इसलिए एक बड़े विजन के साथ इसमें आएं।

- नेटवर्क मार्केटिंग में डुप्लिकेशन पर भी ध्यान दें। आप टीम में अपने जैसे हार्ड वर्किंग लोगों को शामिल करें और ट्रेनिंग दें, तो आपको जल्दी ग्रोथ मिलेगी।

- आप जीवन में वही प्राप्त करते हैं, जो आपकी स्किल्स होती है। इसलिए आप अपने स्किल्स को अपडेट करते हैं।

- नेटवर्क मार्केटिंग में नेटवर्क शब्द पहले आया है, इसलिए आप पहले अपने मजबूत रिश्ते बनाना सीखें। आप अपने नेटवर्क पर जितना काम करेंगे, उतनी सफलता आपको मिलेगी।

- हमेशा अपने प्लान, सिस्टम और कंपनी को वेरीफाई करें। इसके अलावा लगातार काम करें और कुछ न कुछ नया करता रहें।

- आपका समय बहुत कीमती है, इसलिए आपना समय एक बोल्ड टीम पर लगाएं। जिससे उनकी और उनकी दोनों की ग्रोथ हो।

- नेटवर्क मार्केटिंग में सफल होने में समय लगता है। धैर्य रखें और अपने लक्ष्यों को प्राप्त करने के लिए कड़ी मेहनत करते रहें।

- कभी भी कामयाबी को दिमाग़ में और नाकामयाबी को दिल में जगह न दे।

- कड़ी मेहनत करें और जो चीजें आपको एक्शन करने से रोकती है, उससे दूर रहें।

- अपने मेंटर के मार्गदर्शन में लगातार मेहनत करें। धैर्य और समर्पण से ही आप इस बिजनेस में सफलता प्राप्त कर सकते हैं।

- अधिकांश महान लोगों ने अपनी सबसे बड़ी असफलता से सिर्फ एक कदम आगे बढ़कर अपनी सबसे बड़ी सफलता प्राप्त की है।

- अपनी टीम के सदस्यों की सराहना करें और उन्हें मोटीवेट करें।

- जीवन कितना भी कठिन क्यों न लगे, आपके पास हमेशा कुछ न कुछ ऐसा होता है जिसे आप कर सकते हैं और उसमें सफल हो सकते हैं।

- डुप्लिकेशन ही असली डाइमेंशन है।

- दिमाग में सफलता रखें, दिल में नहीं असफलता। अपने मेंटर के साथ कदम से कदम मिलाएं।

अजय कुमार कुशवाह

नाम: अजय कुमार कुशवाह
पद: डायरेक्टर टीएन्स
कंपनी का नाम: टियांजिन तियानशी इंडिया प्रा. लि.
ज्वाइनिंग डेट: 31-08-2013
जन्मतिथि: 05-12-1981
वर्तमान निवास: द्वारका मोड़, दिल्ली
ईमेल आईडी: ajaykushtiens@gmail.com
अपलाइन का नाम: ए के पांडे

Ajay Kumar Kushwaha

बायोग्राफी (Biography)

डायरेक्ट सेलिंग ही मेरा जीवन का लक्ष्य है, डायरेक्ट सेलिंग इंडस्ट्री को लेकर ऐसा पैशन रखने वाले अजय कुमार कुशवाह टियांजिन तियानशी इंडिया प्रा. लि. के डायरेक्टर हैं। ये हमेशा अपने टीम के सहयोग के लिए तैयार रहते हैं। अपने हुनर से डायरेक्ट सेलिंग इंडस्ट्री की सफलता में बड़ा योगदान दिया। यह एक सफल डायरेक्ट सेलर होने के साथ अपनी कंपनी के पसंदीदा लीडर भी है। इनकी नैतिकता और व्यवहार डायरेक्ट सेलिंग इंडस्ट्री में काफी प्रभावित करती है।

सफलता आपके ज्ञान पर निर्भर करती है

डायरेक्ट सेलिंग एक ऐसा बिजनेस है, इसमें आप जितना सीखेंगे उतना ही आगे बढ़ते जाएंगे। किसी भी काम या बिजनेस की सफलता

आपके ज्ञान पर निर्भर करती है। इसलिए मैं ने अपने जीवन में पहले उसे पाने की कोशिश की। इसके लिए मैंने कई लोगों को फीस भी देकर ट्रेनिंग ली है।

मोटिवेट और गाइड करते रहना

डायरेक्ट सेलिंग में सफल होने के लिए सिर्फ खुद की मेहनत काफी नहीं होती—आपकी सफलता, आपकी टीम की सफलता से जुड़ी होती है।इसलिए एक लीडर के तौर पर सबसे जरूरी है: अपनी टीम के साथ नियमित संवाद बनाए रखना, उनकी प्रगति, चुनौतियाँ और ज़रूरतों को समझना, और समय-समय पर उन्हें मोटिवेट और गाइड करते रहना। जितना आप अपनी टीम को सशक्त करेंगे, उतनी ही तेज़ी से आप खुद सफलता की ओर बढ़ेंगे।

> **"जीवन के हर दौर में सीखना एक महत्वपूर्ण प्रक्रिया है। आप नए ज्ञान और कौशलों को सीधे अपनाकर और दूसरों से सीखकर अपनी ऊर्जा को बढ़ा सकते हैं।"**

खुद की साफ़ सोच रखें

हममें से अधिकतर लोग दूसरों की सफलता देखकर उसी दिशा में दौड़ लगाना शुरू कर देते हैं। लेकिन ये भूल जाते हैं कि हर किसी की मंज़िल अलग होती है, और उस तक पहुँचने का रास्ता भी अलग हो सकती है। बिना सोचे-समझे किसी और की राह को अपनाते हैं, और फिर रास्ते में ही खो जाते हैं। ऐसा करके हम अपनी मंजिल कभी हासिल नहीं कर सकते हैं। इसलिए सबसे पहले अपनी मंजिल तलाशिये की आप क्या करना चाहते और कैसे अपना बेस्ट दे सकते हैं। जब आप अपनी एक खुद की साफ़ सोच रखते हैं, तो मंजिल तक पहुँचने के लिए अपना रास्ता भी आपको खुद मिलने लगता है।

टर्निंग पॉइंट

मैं बचपन से ही बहुत शरारती बच्चा रहा हूं और मेरे जीवन में चुनौतियां भी बहुत रही हैं। उन्हें पार करते-करते आज तक यहां पहुंचा हूं। मैं गांव से हूं और मेरी पढ़ाई भी बहुत मुश्किल से हुई है। पढ़ाई से साथ मैं ने कोचिंग सेंटर भी चलाया लेकिन उसके साथ दिमाग में यही चल रहा था कि कुछ करना है। नौकरी में भी इतना पैसा नहीं होगा कि मैं अपने और परिवार के सभी सपनों को पूरा कर पाउंगा। इसी बीच मुझे नेटकर्व मार्केटिंग कंपनी के बारे में पता चला और उन्होंने मुझसे कहा कि अमीर बनोगे। मुझे भी अपने जीवन में कुछ करना था, तो मैंने उनकी बात और प्लान सुना। कई मीटिंग भी ज्वाइन किया और मेरी सोच क्लीयर हो गई मुझे डायरेक्ट सेलिंग करना है। मैं पहली कंपनी ज्वाइन भी किया, लेकिन टीम बनाना और उसे करने में शुरुआत में बहुत दिक्कत आई। कई बार खुद से सवाल भी किया कि क्या मैं इसे कर पाउंगा। मेरे दिमाग ने हां कहां, और मुझे अपने मेंटर की मदद मिली और उनके सहयोग से मैंने धीरे-धीरे डायरेक्ट सेलिंग में काम करने के तरीके को सिखा। कई कंपनी ज्वाइन के बाद मुझे टीएन्स कंपनी मिली और यहीं मेरी लाइफ का टर्निंग पॉइंट था। आपकी सफलता के सही कंपनी का चुनाव भी बहुत जरूरी है। टीएन्स में मुझे बहुत सफलता मिली और मैंने यहां आकर काफी ग्रो किया।

सक्सेस मंत्रा (Success Mantra)

अजय कुमार कुशवाह के सफलता के रहस्य आपको भी सफल कर सकते हैं:

- एक अच्छी कंपनी में अच्छा अपलाइन बनाने का प्रयास करना और उनके साथ जुड़कर काम करना एक शिक्षाप्रद अनुभव हो सकता है। इससे आप उनके स्वभाव, कार्यप्रणाली, और सफलता के तरीकों को सीधे सीख सकते हैं और अपनी कौशल में सुधार कर सकते हैं।

- चाहें कोई भी उम्र हो, कुछ भी सीखने से पीछे न हटें। हमेशा अपने ज्ञान को बढ़ाने की कोशिश करें।

- जीवन के हर दौर में सीखना एक महत्वपूर्ण प्रक्रिया है। आप नए ज्ञान और कौशलों को सीधे अपनाकर और दूसरों से सीखकर अपनी ऊर्जा को बढ़ा सकते हैं।

- जब आप हर दिन का लक्ष्य लिखते हैं, तो आपका फोकस शार्प होता है।

- हर बड़ी सफलता की शुरुआत एक छोटे कदम से होती है। आज जो छोटे-छोटे मीटिंग, कॉल्स, फॉलोअप और ट्रेनिंग लग रहे हैं—वहीं कल आपकी करोड़ों की टीम और इनकम का बेस बनेंगे।

- हमेशा कुछ बड़ा करने के लिए कुछ बड़ा सोचे भी, तभी आप जीवन में सफल होंगे।

- किसी की प्रेरणा बनने के लिए आपका पहले खुद प्रेरणा के मार्ग में चलना आवश्यक है।

ग्रेसी डे

नाम: ग्रेसी डे
पद: स्फायर लेवल
कंपनी का नाम: ज़ो विटाफ़्लो
हेल्थलाइफ़ प्रा. लि.
ज्वाइनिंग डेट: 19-03-2023
जन्मतिथि: 11-05-1974
वर्तमान निवास: आसनसोल
ईमेल आईडी: zoewellness.jeetu@
gmail.com
अपलाइन का नाम: N/A

Ms. Gracy

बायोग्राफी (Biography)

"अगर सपने मेरे हैं, तो उन्हें पूरा करने की जिम्मेदारी भी मेरी है।"
यही सोच लेकर ग्रेसी डे ने डायरेक्ट सेलिंग इंडस्ट्री में इतिहास लिखा।
इनके जैसे लोगों की कहानी उन हजारों लोगों को दिशा दिखाती है,
जो अपने सपनों को लेकर गंभीर हैं। यह आज हजारों लोगों की
आइकन और मार्गदर्शक बन चुकी हैं।आप जितनी गहराई से सीखते
हैं और दूसरों को सिखाते हैं, उतनी ही आपकी वैल्यू और कमाई
बढ़ती है।

व्यवहार में लचीलापन रखें

डायरेक्ट सेलिंग में आप अलग-अलग सोच, बैकग्राउंड और
स्वभाव वाले लोगों से मिलते हैं। ऐसे में हर किसी को एक ही तरह
से ट्रीट करना गलती हो सकती है। हर व्यक्ति की प्राथमिकता और

सोच अलग होती है। कभी कोई लीडर तुरंत तैयार हो जाता है, तो कोई समय लेता है। कोई व्यक्ति ज्यादा बातूनी होता है, तो कोई शांत स्वभाव का। इसलिए आपको अपने व्यवहार में इतना लचीलापन रखना चाहिए कि आप हर किसी से उनके हिसाब से जुड़ सकें।

> **"नेटवर्क मार्केटिंग एक गजब का व्यवसाय है और यदि इसे ठीक तरीके से किया जाए तो यह आपकी जिंदगी बदल सकता है।"**

अपने डाउनलाइन को प्रशिक्षित करें

एक सच्चा लीडर वही होता है जो अपने डाउनलाइन को लीडर बना दे। डायरेक्ट सेलिंग में अगर आप चाहते हैं कि आपकी टीम तेजी से ग्रो करे, तो सिर्फ रिक्रूट करना काफी नहीं है, प्रशिक्षण देना उससे भी ज्यादा जरूरी है। प्रशिक्षित डाउनलाइन अपने आप मीटिंग, प्लान और टीम मैनेज कर सकता है।

टर्निंग पॉइंट

जिन्दगी में हमेशा एक कुछ करने का सपना था, पर शादी जल्दी हो जाने से मौका ही नहीं मिला। फिर कुछ सालों बाद मेरी दीदी जोशी दास ने डायरेक्ट सेलिंग के बारे में मुझे बताया और मैंने एन शाह सर की एक मीटिंग को अटेंड किया। वो मीटिंग ने मेरी जिंदगी को बदल कर रख दिया, क्योंकि मुझमें जुनून तो था ही कुछ करने का, बस मौके की तलाश थी। ये प्लेटफॉर्म भी मुझे बहुत शानदार लगा। उस दिन से में सिस्टम को सीखी और आज भी सीख रही हूँ। और इसी प्लेटफॉर्म ने मुझे कामयाब बनाया, घर, नाम पैसा और इज्जत साथ ही साथ देश-विदेश के टूर्स से नवाजा।अब जो मुझे मिला है, वहीं मैं एक-एक को बताना चाहती हूं।

ग्रेसी डे के सफलता के रहस्य आपको भी सफल कर सकते हैं:

- कई बार लोग इसे सीरियस नहीं लेते हैं। जिसकी वजह से उन्हें वो रिस्पॉन्स नहीं मिल जात है तो उन्हें मिलना चाहिए। इसलिए हमें एक्टिव और पॉजिटिव नजरिया के साथ साथ टाइम की कीमत को समझना होगा है।

- "लोग क्या कहेंगे" अगर ये सोचते रहे, तो "लोग क्या कहेंगे" ही होता रहेगा। लेकिन अगर आप अपने लक्ष्य पर टिके रहे, तो एक दिन लोग पूछेंगे – "तुमने ये कैसे किया?"

- जो लचीला होता है, वही टूटता नहीं—और वही बड़ा नेटवर्क बना पाता है।

- डायरेक्ट सेलिंग को लेकर जो सबसे बड़ी गलतफहमी लोगों के मन में होती है, वह है *"इन्वेस्टमेंट का डर"*। इस भ्रम को दूर करना बेहद ज़रूरी है।

- नेटवर्क मार्केटिंग एक गजब का व्यवसाय है और यदि इसे ठीक तरीके से किया जाए तो यह आपकी जिंदगी बदल सकता है।

- जब आप इस व्यवसाय में मेहनत करके सफल हो जाते हैं तो उसका फायदा सिर्फ आपको ही नही बल्कि आपकी आने वाली पीढ़ी को भी मिलता है।

- एक सही लीडर बनने के लिए सबसे पहले टीम को ऑर्डर नहीं देना है बल्कि उस काम को पहले खुद करके दिखाना है।

- इस बिजनेस मॉडल में ट्रेनिंग और टीम नेटवर्किंग ये दो चीजें ही काम आती हैं। इस लाइन में अगर मेहनत है तो नौकरी में होने वाले बहुत से झंझटों से छुटकारा भी मिलता है।।

खिलेश महतो

नाम: खिलेश महतो
पद: ब्लू डायमंड
कंपनी का नाम: डेजॉय मार्केटिंग प्रा. लि.
ज्वाइनिंग डेट: 18-07-2019
जन्मतिथि: 01-09-1984
वर्तमान निवास: रांची, झारखंड
ईमेल आईडी: khilesgeeta1984@gmail.com
अपलाइन का नाम: बिक्रांत कुमार

Khilesh Mahto

बायोग्राफी (Biography)

नेटवर्क मार्केटिंग में सफल होने के लिए क्या-क्या गुण चाहिए होते हैं, इसका एक सफल उदाहरण खिलेश महतो हैं, जो कि डेजॉय मार्केटिंग प्राइवेट लिमिटेड में ब्लू डायमंड के पद पर हैं। उनकी लीडरशिप क्वालिटी काफी कमाल की है। आप उनसे बहुत कुछ सीख सकते हैं। नेटवर्क मार्केटिंग में हर दिन नई चुनौतियां होती हैं, लेकिन आत्मविश्वास के साथ डटे रहना ही सफलता की कुंजी है। खिलेश महतो ने शुरुआत में कई कठिनाइयों का सामना किया, लेकिन कभी हार नहीं मानी।

बिजनेस स्किल्स ने नौकरी से डायरेक्ट सेलिंग की ओर ला दिया

पढ़ाई में इन्होंने ग्रेजुएशन कर रखा है लेकिन इनके अंदर के बिजनेस स्किल्स ने इन्हें नौकरी से डायरेक्ट सेलिंग इंडस्ट्री की ओर ला दिया।

जहां इनका भविष्य एक जॉब करने वाले लोगों की लाइफ से बहुत बेहतर है। इनकी खास सबसे ज्यादा इनसे सीखने वाली बात यह है कि यह समय के साथ खुद में बदलाव और अपने आप को अपग्रेड करने में भी ध्यान देते गएं।

आय का सीमा नहीं

आपकी कमाई का सीमा नेटवर्क का आकार बढ़ाने के साथ बढ़ता है, क्योंकि जब आप अधिक लोगों को जोड़ते हैं, तो आपकी कमाई भी बढ़ती जाती है। नेटवर्क मार्केटिंग में आप अपने समूह के सदस्यों के साथ साथीदारी बना सकते हैं और उनके साथ सहयोगी रूप से काम कर सकते हैं।

धैर्य और समर्पण बहुत ही महत्वपूर्ण हैं

आपका धैर्य और समर्पण बहुत ही महत्वपूर्ण हैं, खासकर एक ऐसे क्षेत्र में जहां सफलता पाने में समय और प्रयास की जरूरत होती है। डायरेक्ट सेलिंग में सफलता प्राप्त करने के लिए कुछ उपयुक्त गुण और दक्षताएं होती हैं जो आपको अन्य उद्योगों में भी मदद कर सकती हैं, डायरेक्ट सेलिंग में, आपके संवाद कौशलों का महत्वपूर्ण स्थान है, क्योंकि आपको लोगों के साथ सीधे तौर पर जुड़ना होता है।

> *"डायरेक्ट सेलिंग में सफल होने के लिए एक सही माइंडसेट, नियमितता और कॉनिसिटेंसी होना जरूरी है।"*

अनुभव सीखना

डायरेक्ट सेलिंग में काम करके आप मार्गदर्शन और साक्षरता का अनुभव प्राप्त कर सकते हैं, जो अन्य क्षेत्रों में भी आपके लिए उपयोगी हो सकता है। लेकिन ध्यान दें कि नेटवर्क मार्केटिंग कुछ लोगों के लिए सफल होती है, जबकि दूसरों के लिए नहीं। इसमें सफलता प्राप्त

करने के लिए उद्यमिता, समर्पण, और सीधे संपर्क बनाए रखने की आवश्यकता होती है। लेकिन ध्यान दें कि नेटवर्क मार्केटिंग कुछ लोगों के लिए सफल होती है, जबकि दूसरों के लिए नहीं। इसमें सफलता प्राप्त करने के लिए उद्यमिता, समर्पण, और सीधे संपर्क बनाए रखने की आवश्यकता होती है।

टर्निंग पॉइंट

जब मैं 9 क्लास में था, तो उस दौरान पिता की मृत्यु मेरे जीवन का टर्निंग पॉइंट था। मैं ने ग्रेजुएशन किया है और उसके बाद मुझे नौकरी भी मिल कई थी, लेकिन मैं कभी किसी के अंडर नौकरी नहीं करना चाहता था। मैंने जॉब नहीं ज्वाइन किया। मेरे गांव का एक दोस्त मुझे डायरेक्ट सेलिंग के एक इवेंट में लेकर गया था, जहां से मैं प्रेरित होकर डायरेक्ट सेलिंग ज्वाइन किया था। इस इवेंट में मैंने कई लोगों की कहानी सुनी कि उन्होंने पार्ट टाइम इस बिजनेस में काम कर के लाखों कमाया। पहले तो मुझे यकीन नहीं हुआ लेकिन मेरे पास कोई और रास्ता भी नहीं था। मैं ने डायरेक्ट सेलिंग इंडस्ट्री को ज्वाइन किया और सफलता मेरे साथ है।

सक्सेस मंत्रा (Success Mantra)

खिलेश महतो ने यहां हमारे साथ अपनी सफलता का रहस्य शेयर किया, जो आपको भी सफल बनने में मदद सकते हैं:

- डायरेक्ट सेलिंग के उद्योग में अगर आप सफल होना चाहते हैं तो शुरुआत का कुछ समय आपको सीखने में लगाना होगा, फिर धीरे-धीरे आपकी इनकम भी बढ़ने लगेगी।

- डायरेक्ट सेलिंग में सफल होने के लिए एक सही माइंडसेट, नियमितता और कॉनिसिटेंसी होना जरूरी है।

- इस इंडस्ट्री में स्ट्रॉन्ग नेटवर्किंग पावर आपको कामयाब बनाती है, तो उस पर फोकस करें।

- नेटवर्क मार्केटिंग में 100% सफलता के लिए सर्वप्रथम रिसर्च करें और एक प्रतिष्ठित नेटवर्क मार्केटिंग कंपनी का चयन करें।

- अपनी दृष्टि व्यापक और स्थिर रखते हुए आगे बढ़े यही सफलता का सिद्धांत है।

- नेटवर्क मार्केटिंग रिश्तों पर चलने वाला बिजनेस है। अपनी टीम के सदस्यों के साथ मजबूत संबंध बनाने पर ध्यान दें।

- हर व्यावसायिक को वक्त के साथ कदम मिलाकर चलना होगा। ज्ञान और व्यवसाय का समन्वय होने पर सफलता जल्द मिलती है।

- सफलता प्राप्त करने के लिए एक अच्छी योजना बनाना बहुत महत्वपूर्ण है, और उसे सही तरीके से अनुसरण करना भी उतना ही महत्वपूर्ण है।

सुकदेव पांडा

नामः सुकदेव पांडा
पदः ब्लैक डायमंड
कंपनी का नामः डेजॉय मार्केटिंग प्रा. लि.
ज्वाइनिंग डेटः 01-08-2023
जन्मतिथिः 08-07-1969
वर्तमान निवासः राउरकेला (ओडिशा)
ईमेल आईडी-
msuniworldtraders@gmail.com
अपलाइन का नाम- N/A

Sukhdev Panda

बायोग्राफी (Biography)

अगर आप सही मायनों में डायरेक्ट सेलिंग उद्योग की खासियत और डायरेक्ट सेलर्स की मेहनत को समझना चाहते है, तो आप सफल डायरेक्ट सेलर सुकदेव पांडा के शब्दों में समझ सकते हैं। इनकी सफलता स्टोरी वाकई प्रेरणास्पद है, और वे एक महत्वपूर्ण संदेश देती हैं कि मेहनत, ईमानदारी और संघर्ष के माध्यम से कोई भी अपने लक्ष्यों को प्राप्त कर सकता है। सुकदेव पांडा ने डायरेक्ट सेलिंग उद्योग में अपनी पहचान बनाई जो कठिनाइयों से भरपूर था। उन्होंने कई वर्षों तक अपने उद्योग में मेहनत की और अपने टीम के साथ ईमानदारी से काम किया।

डायरेक्ट सेलिंग में रेस नहीं होनी चाहिए

डायरेक्ट सेलिंग में लोग कमाने की बहुत जल्दबाजी करते हैं। लेकिन यहां कोई रेस नहीं होनी चाहिए। लोग सोचते हैं कि डायरेक्ट

सेलिंग में रातोंरात अमीर बना जा सकता है, लेकिन असल में यह एक लंबी यात्रा है, जिसमें सही प्लानिंग और मेहनत का महत्व है।यहां आप धैर्य के साथ ही सफल हो सकते हैं। इसके अलावा नेटवर्क मार्केटिंग में चार बातों का ध्यान रखना आवश्यक है, जैसे कि नेटवर्क बनाना, नेटवर्क बढ़ाना, नेटवर्क में बिजनेस वॉल्यूम बनाना, नेटवर्क में लीडर बनाना

बेस्ट लीडरों से सीखना होगा

इस बिजनेस में अगर आपको सफल होना है तो इसके बेसिक स्किल्स तो आपको सीखने ही होंगे। जिस तरह से एक बेस्ट डॉक्टर बनने के लिए एक अच्छी मेडिकल कॉलेज से पढ़ाई करने की जरूरत होती है, एक बेस्ट इंजीनियर बनने के लिए एक बेस्ट इंजीनियरिंग कॉलेज से पढ़ाई करने की जरूरत होती है, ठीक इसी तरह अगर आपको नेटवर्क मार्केटिंग में बेस्ट लीडर बनना है तो आपको भी बेस्ट लीडरों से सीखना होगा। इसके लिए आप उनके विडियोज देख सकते हैं, उनका ट्रेनिंग प्रोग्राम अटेंड कर सकते हैं।

उद्यमिता और नई सोच की आवश्यकता होती है

डायरेक्ट सेलिंग उद्योग में काम करने और सफल होने के लिए उद्यमिता और नई सोच की आवश्यकता होती है। यहां कुछ महत्वपूर्ण बिंदुओं को ध्यान में रखना चाहिए, जैसे कि सकारात्मक माइंडसेट, नए आइडियाज पर काम करना और स्ट्रांग नेटवर्किंग स्किल्स पर। इन सभी स्किल्स से आपके अंदर बिज़नेस स्किल्स भी डेवलप होती है।

"ना" का मतलब "अभी नहीं" भी हो सकता है—बस सही समय और सही अप्रोच का इंतजार करें!

धैर्य बहुत महत्वपूर्ण गुण है

धैर्य बहुत महत्वपूर्ण गुण है जो किसी भी क्षेत्र में सफलता पाने के लिए आवश्यक होता है, खासकर डायरेक्ट सेलिंग जैसे व्यापार में। डायरेक्ट सेलिंग में नेटवर्क को बनाने में समय और धैर्य की आवश्यकता होती है। आपके ग्राहक और टीम के साथ संबंध बनाने में समय लगता है, और इसमें धैर्य रखना अहम है।

टर्निंग पॉइंट

मैं डायरेक्ट सेलिंग में साल 2000 में आया था। डायरेक्ट सेलिंग में आना मेरी लाइफ का टर्निंग पॉइंट था। मैं नौकरी और डायरेक्ट सेलिंग दोनों ही कर रहा हूं। एक दोस्त के कहने पर डायरेक्ट सेलिंग की एक मीटिंग में गया और वो मुझे बहुत अच्छी लगी। लेकिन बिजनेस मुझे कुछ समझ नहीं आया, बस मैं स्पीकर से इंस्पायर था। मैं स्पीकर के पास गया और उन्हें बताया कि मुझे बिजनेस शब्द से एलर्जी है। उन्होंने मुझे एक किताब पढ़ने को दी और मैंने उस रात, उस किताब को 4 बार पढ़ा और फिर अगले दिन स्पीकर के पास गया। फिर मैंने उस किताब के लिखी बातों के बारे में पूछा कि दूसरा मौका क्या है। उन्होंने बताया कि पहला मौका मुकेश अंबानी के परिवार में जन्म लेने का मौका छूट गया, तो दूसरा मौका हमे डायरेक्ट सेलिंग देती है। जिसमें आप काम और जीवन को अपने अनुसार बना सकते हैं।

सक्सेस मंत्रा (Success Mantra)

सुकदेव पांडा के सफलता के रहस्य आपको भी सफल कर सकते हैं:

- नेटवर्क मार्केटिंग में यह एक महत्वपूर्ण सिद्धांत है कि आप ज्यादा से ज्यादा लोगों के साथ जुड़ें और उन्हें अपने बिजनेस में शामिल करें। एक बड़ा और सक्षम नेटवर्क आपके व्यवसाय के लिए अधिक मौके और संभावनाएं खोल सकता है।

- हर किसी से बात करें यह पहला नियम है नेटवर्क मार्केटिंग में सफलता प्राप्त करने के लिए ज्यादा से ज्यादा लोगों को अपने बिजनेस में जुड़ने के लिए बुलाएं।

- आपके अंदर लीडरशिप क्वालिटी भी डेवलप होनी चाहिए।अपने टीम के सदस्यों के विचारों और सुझावों का सम्मान करें।

- खुद को अपडेट करें। अपने क्लाइंट के सामने हर तरह के सवाल का जवाब आपके पास होना चाहिए।

- जीवन में सफल होने का सबसे अच्छा तरीका एक योजना बनाना है। एक अच्छी योजना आपको ट्रैक पर बने रहने, विफलता से बचने और सफलता प्राप्त करने में मदद करेगी।

- जीवन में सफल होने के लिए सबसे महत्वपूर्ण युक्तियों में से एक है तैयार रहना। हो सकता है कि आप इसके लिए तैयार महसूस न करें, लेकिन आपको तैयार रहने की जरूरत है। आपके पास एक योजना होनी चाहिए और जानना चाहिए कि आप जीवन में क्या हासिल करना चाहते हैं।

- खुद को लक्ष्य देना और उसे पूरा करने की आदत डालना सफलता की ओर बड़ा कदम है।

- *"ना" का मतलब "अभी नहीं" भी हो सकता है—बस सही समय और सही अप्रोच का इंतजार करें!*

अखिलेश सिंह

नाम: अखिलेश सिंह
पद: फाउंडर, प्रेसिडेंट
कंपनी का नाम: एस्टोनिया वन
प्रा. लि.
ज्वाइनिंग डेट: फरवरी 2024
जन्मतिथि: 15.08.1978
वर्तमान निवास: नोएडा
ईमेल आईडी: akhilesh2a@
gmail.com
अपलाइन का नाम: एस्टोनिया की पहली आईडी

Akhilesh Singh

बायोग्राफी (Biography)

"सच्ची सफलता केवल मेहनत से नहीं, बल्कि हर परिस्थिति में सकारात्मक सोच बनाए रखने से मिलती है।" अखिलेश सिंह की सफलता की कहानी इस बात का जीवंत उदाहरण है। ये एस्टोनिया वन प्राइवेट लिमिटेड कंपनी के फाउंडर, प्रेसिडेंट हैं। अपने नेतृत्व कौशल और इनोवेटिव सोच से "एस्टोनिया वन प्राइवेट लिमिटेड" जैसे ब्रांड को नई ऊँचाइयों तक पहुंचने में सहयोग दिया।अखिलेश सिंह आज के युवाओं के लिए एक मिसाल हैं—खासकर उन लोगों के लिए जो अपने करियर में कुछ बड़ा करना चाहते हैं और समाज में बदलाव लाना चाहते हैं।

डायरेक्ट सेलिंग सां सफर

साल 2011 में मैं दिल्ली आया था। मैं आईटी सेक्टर से हूं और उसमें अपना बना बनाया करियर छोड़कर डायरेक्ट सेलिंग में आ गया।

आईटी और स्टॉक मार्केट का एक अच्छा अनुभव है मेरे पास। कुछ बड़ा करने का सपना मुझे बचपन से ही था। लेकिन सपने को पूरा करने के लिए रास्ता अब जाकर मिला है।

हम ज़िंदगी को दिशा देते हैं

"हम सिर्फ सेहत नहीं सुधारते, हम ज़िंदगी को दिशा देते हैं।" इस धारणा पैर चलने वाली एस्टोनिया वन कंपनी एक ग्लोबल हेल्थ और वेलनेस कम्युनिटी है, जो हर व्यक्ति के जीवन को बेहतर और स्वस्थ बनाने के मिशन पर काम कर रही है। कंपनी का लक्ष्य अपने विज्ञान-आधारित उत्पादों, व्यक्तिगत प्रशिक्षण और उद्यमशीलता के अवसरों के साथ लाखों लोगों को सशक्त बनाना है।

> **"लक्ष्य तय करना एक महत्वपूर्ण कदम है जो आपको आपके जीवन में क्या हासिल करना चाहते हैं और किस दिशा में जाना चाहते हैं, इसे स्पष्ट करने में मदद करता है।"**

संकोच करने से बचें

डायरेक्ट सेलिंग इंडस्ट्री को लेकर जो लोग शुरुआत में संकोच करते हैं, वे अक्सर इस बात से अनजान होते हैं कि यह इंडस्ट्री कितने बड़े अवसर लेकर आती है।नेटवर्क मार्केटिंग एक ऐसी इंडस्ट्री है जो शुरुआत में मुश्किल जरूर लगती है,पर जब आप डटे रहते हैं, सीखते हैं और मेहनत करते हैं —तो यही इंडस्ट्री आपको पैसा, नाम और पहचान सब देती है।

सिद्धांत बहुत मजबूत हो

डायरेक्ट सेलिंग इंडस्ट्री में सफल होने के लिए एक ऐसी कंपनी का चुनाव करें, जिसके सिद्धांत बहुत मजबूत हों। इसलिए कंपनी का चुनाव करते समय इस बात भी जरूर ध्यान दें। जब आप एक सही

कंपनी का चुनाव कर पाएंगे, तभी आपको सफलता और ग्रोथ मिलेगी।

टर्निंग पॉइंट

साल 2018 में जब मैंने स्टॉक मार्केट और आईटी सेक्टर को छोड़कर डायरेक्ट सेलिंग में अपना करियर बनाने का मन बना लिया था। वो मूमेंट मेरे लाइफ का टर्निंग पॉइंट था। यह फैसला मेरे लिए आसान नहीं था, लेकिन जब साल 2017 में मेरा डायरेक्ट सेलिंग से जब चेक आया, तो मुझे थोड़ा मोटीवेशन हुआ और फिर मुझे यह समझ आया कि यहां फुल टाइम अपना करियर बनाया जा सकता है और हमारे सारे सपनों को एक यहीं इंडस्ट्री पूरा कर सकती है।

सक्सेस मंत्रा (Success Mantra)

अखिलेश सिंह के सफलता के रहस्य आपको भी सफल कर सकते हैं:

- एक ऐसा नेटवर्क बनाना जो विश्वास, गुणवत्ता और सफलता पर आधारित हो।

- फॉलो अप के लिए सही समय चुनें – बहुत जल्दी या बहुत देर से किया गया फॉलोअप असर नहीं करता। ग्राहक के इंटरेस्ट के हिसाब से समय तय करें।

- नेटवर्क मार्केटिंग में एकजुटता व्यक्तिगत और सामूहिक स्तर पर काम करना महत्वपूर्ण है, ताकि सभी के बीच संबंध और समर्थन मजबूत रहें।

- हर व्यक्ति को सम्मान दें – आपके शब्द और व्यवहार ही आपकी पहचान बनते हैं।

- लक्ष्य तय करना एक महत्वपूर्ण कदम है जो आपको आपके जीवन में क्या हासिल करना चाहते हैं और किस दिशा में जाना चाहते हैं, इसे स्पष्ट करने में मदद करता है।

- हमेशा अपनी कंपनी के प्रोडक्ट से प्यार करें, उन्हें खुद उपयोग में लाएं और आप उनके फायदे खुद अनुभव करें। इससे आपको कस्टमर को समझाने में मदद मिलेगी।

- सकारात्मक सोच सफलता की कुंजी है। अपनी सोच को सकारात्मक रखें और हर समस्या को एक अवसर के रूप में देखें।

- ऐसे लोगों के साथ समय बिताएं जो आपको प्रेरित करते हैं और सकारात्मकता फैलाते हैं।

सूर्य प्रकाश वेद

नाम: सूर्य प्रकाश वेद
पद: स्टार रूबी
कंपनी का नाम: आरसीएम कंज्यूमर प्रोडक्ट्स प्रा. लि.
ज्वाइनिंग डेट: 30-04-2001
जन्मतिथि: 13-11-1972
वर्तमान निवास: भीलवाड़ा शहर
ईमेल आईडी: vaid.p94145@gmail.com
अपलाइन का नाम: मुकेश कोठारी

Surya Prakash Ved

बायोग्राफी (Biography)

कहते हैं न कि अगर हौसला बुलंद हो तो बुरा समय भी हार मान जाता है। सूर्य प्रकाश वेद ने अपनी जिंदगी में इस बात को सच साबित किया है, जोकि आरसीएम कंज्यूमर कंपनी में स्टार रूबी के पद पर हैं।। उन्होंने अपने मजबूत हौसले और दृढ़ संकल्प के साथ अपने बुरे वक्त को अच्छे वक्त में बदल दिया और आज वह लोगों के लिए एक सफल उदाहरण हैं। आइए जानते हैं उनकी प्रेरणादायक कहानी के बारे में। उनके जीवन की यह यात्रा हमें प्रेरित करती है कि हम भी अपने जीवन में किसी भी कठिनाई को पार कर सकते हैंए बस हमें अपने हौसले को मजबूत रखना होगा।

सफल लोग अपने संबंधों पर ध्यान देते हैं

सफल लोग अपने संबंधों को समय और ध्यान देते हैं। वे नियमित रूप से अपने संपर्कों के साथ बातचीत करते हैं और उनके जीवन में रुचि

दिखाते हैं। मजबूत संबंध और नेटवर्क आपको नए अवसर प्रदान करते हैं। चाहे वह करियर में उन्नति हो, नए प्रोजेक्ट्स हो, या नए व्यवसाय के अवसर, सबकुछ नेटवर्क के माध्यम से संभव होता है।विभिन्न संबंधों के माध्यम से आपको नई चीजें सीखने और अपने कौशल को विकसित करने का मौका मिलता है।

खुद को भी बदलने की कोशिश करें

कई बार लोग टीम न संभल पाने के कारण भी परेशान रहते हैं। अगर आपके टीम का कोई सदस्य आपसे नहीं संभल पा रहा है, तो यह उसकी गलती नहीं है, बल्कि आपके पास उसे समझाने के लिए पर्याप्त गुणों में थोड़ी कमी है। जिसका मतलब आपको खुद को सुधारने और बदलने में समय देना होगा। आपको खुद के अंदर कुछ जरूरी गुण को लाना होगा जिससे लोग आपकी बात सुनें और आपके टीम टूटे नहीं।

"डायरेक्ट सेलिंग से संबंधित किताबें पढ़ें और सफल डायरेक्ट सेलर्स का इंटरव्यू सुनें। इससे आपको बहुत कुछ सीखने को मिलेगा।"

आपके विचार ही आपको सफल बनाएंगे

आपकी सफलता इस बात पर निर्भर करती है कि आप अपने विचारों को कैसे नियंत्रित करते हैं और उनका उपयोग कैसे करते हैं। सकारात्मक और रचनात्मक विचार ही आपकी मेहनत और प्रयासों को सही दिशा में ले जाते हैं। जीवन में अक्सर ऐसा होता है कि लोग लक्ष्य तो बना लेते हैं, लेकिन उसके अनुरूप परिश्रम नहीं करते, जिससे असफलता का सामना करना पड़ता है। लेकिन यह समझना जरूरी है कि "अगर मंजिल आपकी है, तो रास्ता भी आपको ही ढूंढना होगा।"

मजबूत सपोर्ट सिस्टम है

डायरेक्ट सेलिंग में एक मजबूत सपोर्ट सिस्टम होता है, जहां लोग एक-दूसरे की मदद करते हैं और मिलकर आगे बढ़ते हैं। यहां पर व्यक्ति अपनी मेहनत और क्षमता के अनुसार ग्रोथ कर सकता है। यह मॉडल व्यक्तिगत विकास और स्वतंत्रता को प्रोत्साहित करता है।

टर्निंग पॉइंट

मेरा जन्म राजस्थान में भीलवाड़ा जिले के एक छोटे से गांव बदनोर में हुआ। मेरे परिवार में दो बहन और दो भाई हैं। मेरी 12वीं कक्षा तक की पढ़ाई गांव के ही सरकारी स्कूल से हिंदी मीडियम में हुई थी। स्कूल की छुट्टियों में जंगल से लकड़ी लेने जाते थे, खेत पर काम किया करते थे, घर में गाय भैंस भी थी इसलिए उनकी भी देखभाल करनी पड़ती थी। उदयपुर से बी.एड किया और बी.एड करने के बाद भी सर्विस नहीं लगने के कारण जहाँ मेरी आर्थिक स्थिति कमजोर हो रही थी वहीं दूसरी ओर अपने आप को सेटल करने का मानसिक दबाव भी था। 1994 में शादी हो गई और शादी के बाद पैसा कमाने के लिए परिवार से प्रेशर किया, जाने लगा, इसलिए टेप और टेलीविजन रिपेयरिंग करना शुरू किया। दिन इसी तरह गुजर रहे थे, कुछ ज्यादा एक दिन दोस्त का कॉल आया उसने आरसीएम बिजनेस के बारे में बताया, उसने कहा यह कपड़े का बिजनेस है और कपड़ा लेने से बहुत सारा पैसा आएगा लाइफ चेंज हो जाएगी। लेकिन दिल ने कहा ऐसे कामों में कभी नहीं उलझना है और 6 महीने तक बहाने बनाता रहा, कभी दुकान पर काम है, कभी पड़ोस वाले को मार दिया करते थे, बहाने पर बहाने बनाते रहे।

सक्सेस मंत्रा (Success Mantra)

सूर्य प्रकाश वेद के सफलता के रहस्य आपको भी सफल कर सकते हैं:

- डायरेक्ट सेलिंग से संबंधित किताबें पढ़ें और सफल डायरेक्ट सेलर्स का इंटरव्यू सुनें। इससे आपको बहुत कुछ सीखने को मिलेगा।

- यह सच है कि आप यहां जितना चाहें पैसा कमा सकते हैं। लेकिन शुरुआत में आप इनकम नंबर के पीछे न भागें, बल्कि अपनी पूरी मेहनत पर ध्यान दें बस।

- लक्ष्य बनाना केवल पहला कदम है; इसके लिए मेहनत और लगन जरूरी है।

- असफलताओं से घबराएं नहीं; उन्हें सीखने का मौका समझें।

- खुद का सोशल मीडिया भी अपडेट रखें। इससे आपको काम में काफी फायदा होगा।

- अगर आप कोई बड़ा काम करना चाहते हैं, तो अपने काम से प्यार करें।

- अगर आपको इन काम को करने में कोई

- परेशानी आती है तो काम से पीछे न भागे, बल्कि उसका हल निकालने की कोशिश करें।

- विचार हमारे दिमाग का बीज हैं। जैसे आप बीज बोते हैं, वैसा ही फल मिलता है।

- नकारात्मकता से बचें और सकारात्मकता को अपनाएं।

- हर दिन खुद को याद दिलाएं कि आप अपनी मेहनत और सही विचारों से सबकुछ हासिल कर सकते हैं।

डॉ. हेमन्त पाइकराय

नाम: डॉ. हेमन्त पाइकराय
पद: डायरेक्ट सेलिंग एक्सपर्ट
लीडरशिप कोच
कंपनी का नाम: टेरसेलहब्र्स प्रा. लि.
ज्वाइनिंग डेट: 20--03-23
जन्मतिथि: 25-03-1986
वर्तमान निवास: ओडिशा
ईमेल आईडी: hemantpaikraiiy@
gmail.com
अपलाइन का नाम: देवानंद यादव

Hemant Paikraiy

बायोग्राफी (Biography)

डायरेक्ट सेलिंग व्यवसाय में मेहनत, लगन और सही दृष्टिकोण से सफलता प्राप्त करना संभव है। इसमें कई ऐसे लोग हैं, जिन्होंने न केवल अपनी मेहनत से सफलता पाई, बल्कि दूसरों को भी प्रेरित किया और उनके जीवन में सकारात्मक बदलाव लाए। डॉ. हेमन्त पाइकराय भी उन्हीं प्रेरणादायक व्यक्तियों में से एक हैं। डॉ. हेमन्त पाइकराय

टेरसेलहब्र्स प्राइवेट लिमिटेड के डायरेक्ट सेलिंग एक्सपर्ट लीडरशिप कोच के रूप में जाने जाते हैं। उनकी कहानी न केवल संघर्ष और मेहनत की मिसाल है, बल्कि यह भी दिखाती है कि जब व्यक्ति अपने सपनों को लेकर पूरी तरह समर्पित होता है, तो वह असाधारण ऊंचाइयां छू सकता है।

इस इंडस्ट्री की शक्ति को पहचानना जरूरी है

मेरे लिए सबसे बड़ी चुनौती तब आई जब मैंने डायरेक्ट सेलिंग इंडस्ट्री को चुना, क्योंकि मैं एक उच्च योग्य शिक्षित व्यक्ति हूं। मैंने एमएससी, एमटेक और पीएचडी की है, और इतने उच्च शिक्षा के बाद जब मैंने इस व्यवसाय को अपनाया, तो बहुत से लोगों ने सवाल उठाया। अक्सर मुझसे पूछा जाता था, 'आप इतने पढ़े-लिखे होकर यह काम क्यों कर रहे हैं?' यहां तक कि मेरी अपनी फैमिली ने भी शुरुआत में मेरे फैसले पर सवाल उठाया। लेकिन मैंने इस इंडस्ट्री की संभावनाओं और इसकी शक्ति को पहचाना। मैंने इसे एक ऐसा प्लेटफॉर्म माना, जहां मैं न केवल आर्थिक रूप से स्वतंत्र हो सकता हूं, बल्कि हजारों लोगों की जिंदगी को भी सकारात्मक रूप से बदल सकता हूं। मैंने इन सवालों को अपनी प्रेरणा बनाया और अपने काम को अपने परिणामों से साबित किया। आज मेरे परिवार और उन सभी लोगों को मुझ पर गर्व है जिन्होंने कभी मुझसे सवाल किया था।

विश्वास जीतना व्यवसाय का सबसे अहम हिस्सा है

अपने करियर के शुरुआती दिनों में मैंने कई महत्वपूर्ण सबक सीखे, जो आज भी मेरी सफलता की नींव हैं। सबसे बड़ा सबक यह था कि धैर्य और निरंतरता ही इस इंडस्ट्री में सफलता की कुंजी है। शुरुआत में, रिजेक्शन और असफलताओं का सामना करना पड़ा, लेकिन मैंने सीखा कि हर 'ना' के पीछे एक 'हां' छिपा होता है। इसके अलावा, संपर्क बनाना और विश्वास जीतना व्यवसाय का सबसे अहम हिस्सा है। मैंने समझा कि इस इंडस्ट्री में केवल उत्पाद नहीं, बल्कि आपके रिश्ते और लोगों के साथ आपका जुड़ाव मायने रखता है।

टीम वर्क सफलता का मूल मंत्र है।

एक और सबक यह था कि टीम वर्क सफलता का मूल मंत्र है। अकेले आप सब कुछ नहीं कर सकते, लेकिन एक मजबूत टीम के साथ बड़े

से बड़े लक्ष्य हासिल किए जा सकते हैं। इन सबकों ने मुझे न केवल व्यवसाय में, बल्कि जीवन में भी आगे बढ़ने का रास्ता दिखाया।

काम को कल पर न टालें

कल कभी नहीं आता है। जो कुछ भी है आज है। लेकिन जो भी कामयाब नहीं होते है और कामयाब ना होने वाले व्यक्ति होते है वह अपने काम को कल पर टाल देते है। सफलता के लिए हर काम को समय पर करना जरुरी होता है। जिस काम को आज करना है उस काम को आज ही करना बहुत ही जरुरी होता है।

"डायरेक्ट सेलिंग में सफल बनने के लिए सफल लोगों की संगति में रहना बहुत जरूरी है।"

स्वतंत्र सोच के साथ हुनहर कों बहार आने दें

नेटवर्क मार्केटिंग एक ऐसा सिस्टम होता है, जो हमें समय की आज़ादी देता है। सफलता की सीढ़ी चढ़ने के लिए अपनी सोच को भी व्यापक रखें, उसे सीमित न करें। हम जानते है कि सोच सफलता के लिए कितना जरुरी होता है। किसी भी चीज़ के बारे में सोचने और विचार करने के लिए अपने सोच को पूरी आजादी दे। स्वतंत्र सोच के साथ हुनहर कों बहार आने दें।

टर्निंग पॉइंट

मैंने अपने डायरेक्ट सेलिंग करियर की शुरुआत 5 साल पहले ओडिशा से की थी। शुरू में मैंने अपने स्थानीय क्षेत्र में छोटे स्तर पर काम शुरू किया, लेकिन धीरे-धीरे मैंने इसे एक बड़े मंच पर लेकर गया। मेरी पहली सफलता तब आई जब मैंने अपनी टीम के साथ मिलकर एक महत्वपूर्ण लक्ष्य पूरा किया, जिसने मुझे इस उद्योग में और अधिक उत्साहित और समर्पित बना दिया। इन 5 वर्षों के

दौरान मैंने न केवल अपने व्यवसाय का विस्तार किया है, बल्कि अपनी टीम के साथ मिलकर कई उपलब्धियां भी हासिल की हैं। इस उद्योग ने मुझे न केवल आर्थिक स्वतंत्रता दी है, बल्कि नेतृत्व कौशल, आत्मविश्वास और लोगों की मदद करने का अवसर भी प्रदान किया है।

सक्सेस मंत्रा (Success Mantra)

डॉ. हेमन्त पाइकराय के सफलता के रहस्य आपको भी सफल कर सकते हैं:

- डायरेक्ट सेलिंग में सफलता पाने के लिए समय का सही उपयोग करना आवश्यक है। अपने कार्यों को प्राथमिकता देकर समय का सही प्रबंधन करना बहुत महत्वपूर्ण है।

- कोई भी बड़ी सफलता केवल मेहनत और समर्पण से मिलती है। आपको लगातार कोशिश करनी होती है, परिणाम चाहे जैसे भी हों, और हमेशा अपने लक्ष्य पर ध्यान केंद्रित रखना होता है।

- किसी भी काम को करने के पहले हमेशा उसे सकारात्मक और नकारात्मक दोनों ही पहलू से सोचें।

- इस इंडस्ट्री में सफलता केवल व्यक्तिगत प्रयासों से नहीं मिलती, बल्कि टीम के प्रयासों से मिलती है। इसलिए, आपको नेतृत्व का सही तरीका अपनाना आना चाहिए, ताकि आप अपनी टीम को प्रेरित कर सकें और उनका मार्गदर्शन कर सकें।

- यदि आपके रास्ते में कोई रुकावट आए तो उसे मौका समझना चाहिए, क्योंकि उससे भी आपको कुछ बेहतर ही सीखने को मिलेगा।

- सफल होना चाहते हैं तो जरूरी है कि आप जितना ध्यान नए लोग जोड़ने पर देते है, उतना ही ध्यान अपने पुराने लोगों पर भी दें।

- डायरेक्ट सेलिंग में सफल बनने के लिए सफल लोगों की संगति में रहना बहुत जरूरी है।

- बहुत से लोग छोटी-छोटी बातों पर गुस्सा करने लगतें। करियर में सफल होने लिए अपनी इस आदत को छोड़ें।

- एक सफल नेटवर्क मार्केटर को अपने उद्देश्यों को स्पष्ट रूप से समझने और पूरा करने के लिए प्राथमिकता देनी चाहिए।

बी बी सिंह

नाम: बी बी सिंह
पद: गोल्ड लायन
कंपनी का नाम: टियांजिन तियानशी
इंडिया प्रा. लि.
ज्वाइनिंग डेट: 06-2016
जन्मतिथि: 02-01-1976
वर्तमान निवास: दिल्ली
ईमेल आईडी: bbsingh563@
gmail.com
अपलाइन का नाम: अजय कुमार कुशवाहा

BB Singh

बायोग्राफी (Biography)

बी बी सिंह एक प्रेरणादायक डायरेक्ट सेलर और लीडर हैं, जो टियांजिन तियानशी इंडिया प्रा. लि.में अपनी सफलता के लिए जाने जाते हैं। डायरेक्ट सेलिंग में उनकी भूमिका केवल खुद की सफलता तक सीमित नहीं है, बल्कि वे अपनी टीम को आगे बढ़ाने और उन्हें प्रशिक्षित करने में भी विश्वास रखते हैं। डायरेक्ट सेलिंग में एक लीडर की भूमिका अन्य उद्योगों की तुलना में काफी अलग होती है क्योंकि यहां लीडर का मुख्य उद्देश्य न केवल खुद की ग्रोथ बल्कि पूरी टीम की प्रगति सुनिश्चित करना होता है। बी बी सिंह जैसे सफल लीडर्स नए डायरेक्ट सेलर्स को सही दिशा दिखाने, उत्पाद ज्ञान देने और नेटवर्किंग स्किल्स विकसित करने में मदद करते हैं।

नेटवर्क मार्केटिंग में करियर बनाना मुश्किल नहीं

हर काम के लिए एक अच्छी ट्रेनिंग की आवश्यकता होती है, और नेटवर्क मार्केटिंग भी इसमें एक शानदार उदाहरण है। नेटवर्क

मार्केटिंग का मॉडल यह है कि व्यक्ति नहीं सिर्फ अपने उत्पाद या सेवाओं को बेचता है, बल्कि वह भी दूसरों को भी अपने बिजनेस में शामिल करने के लिए प्रेरित करता है और एक टीम का नेतृत्व करता है।नेटवर्क मार्केटिंग में काम करने का फायदा यह है कि आप अपने आसपास के सफल लोगों से सीधे सीख सकते हैं, जो पहले ही इस क्षेत्र में सफल हुए हैं। यह आपको उनके अनुभव, तकनीकी ज्ञान, और उनकी सफलता के कारणों का पता लगाने में मदद कर सकता है। इसके लिए ट्रेनिंग सेशन और विभिन्न सेमिनार में भाग लेना भी उपयुक्त हो सकता है।

3 साल के चैलेन्ज को स्वीकार करना जरूरी है

डायरेक्ट सेलिंग एक ड्रीम का बिजनेस है और यहां 3 साल आपको दिक्कत झेलनी ही पड़ेगी। क्योंकि मुझे बड़ा बनना था तो मैंने अपना यह माइंड सेट कर लिया था कि मुझे परिवार और दोस्तों से रिएक्शन तो मिलेगी ही। लेकिन मुझे स्ट्रॉन माइंडसेट से साथ इन साथ परिस्थितियों को अनदेखा करते हुए आगे बढ़ा। किसी की बातों को अपने दिमाग पर हावी नहीं होने दिया। आपको बड़ा काम करना है, तो चैलेंज तो आएंगे ही।

वर्तमान और फ्यूचर के डिमांड के हिसाब से अपने आप को बदलें

अगर आपको सफलता पानी है तो समय के अनुसार आपको खुद को बदलना होगा। वर्तमान और फ्यूचर दोनों के हिसाब से बदलाव करना होगा क्योंकि दुनिया तेजी से बदल रही है और समय के साथ नई तकनीक और कॉम करने के तरीकों में बदलाव आ रहे हैं। सक्सेस पाने के लिए कुछ नया सीखना और करना बहुत ज्यादा जरूरी है। डायरेक्ट सेलिंग इंडस्ट्री में तो खुद के अपडेट करने पर खास ध्यान दिया जाता है।

टर्निंग पॉइंट

मैं बिहार से हूं और डायरेक्ट सेलिंग इंडस्ट्री में मैं 2007 में आया था। इस इंडस्ट्री में आने से पहले मैं गवर्नमेंट कांट्रेक्टर था। लेकिन काफी लॉस के बाद मुझे कुछ और की तलाश थी। उसी दौरान मेरे भाई ने मुझे इस इंडस्ट्री के बारे में बताया। वो डायरेक्ट सेलिंग में पहले से ही जुड़े थे और वो मेरे अपलाइन भी रहें। उनके कहने पर में सेमिनार में भी गया और मैंने देखा कि हेल्थ इंडस्ट्री से जुड़ी हुई कंपनी है। उसके प्रोडक्ट इस्तेमाल के बाद भी मुझे काफी अच्छे लगें। फिर मैंने सोच लिया कि मुझे इसी इंडस्ट्री में काम करना है। यह मेरे लाइफ का टर्निंग पॉइंट रहा। इसके बाद से मैंने जीवन में बहुत सफलता देखी है। आज मेरी टीम भारत के अलावा और भी कई देशों में हैं।

सक्सेस मंत्रा (Success Mantra)

बी बी सिंह के सफलता के रहस्य आपको भी सफल कर सकते हैं:

- नेटवर्क बिल्डिंग का मतलब है कि आप नए संपर्क बनाएं और उन्हें अपने व्यवसाय में शामिल करें। इसके लिए आपको सोशल नेटवर्किंग इवेंट्स, सेमिनार्स और मीटअप्स में शामिल होने का प्रयास करना चाहिए।

- डायरेक्ट सेलिंग का शुरूआती दौर चुनौतीभरा हो सकता है, लेकिन एक सफल डायरेक्ट सेलर बनने के लिए आपको मानसिक रूप से तैयार रहना बहुत महत्वपूर्ण होता है।

- सफलता के लिए धैर्य का होना ना उतना ही जरूरी है जितना जीने के लिए ऑक्सीजन की जरूरत होती है।

- अपने विचार सकारात्मक रखें, क्योंकि आपके विचार आपके शब्द बन जाते है।

- सफल लोग हमेशा अपने आप को मजबूत, होशियार और बेहतर समझते हैं। वह हमेशा किसी भी कार्य को मजबूती से और बेहतर करने का प्रयास करते हैं।

- आप ऐसे लोगों की संगति चुनें जो खुद भी सफल हैं और सफलता के लिए आपको भी मोटिवेट करते हों।

- सफलता के राह पर चलने वाले लोग अपने स्किल्स में विकास के लिए लगातार नए ज्ञान और अनुभवों की तलाश करते रहते हैं।

- डायरेक्ट सेलिंग हो कोई भी क्षेत्र अगर आपको सफल होना है तो अपने आराम के साथ समझौता करें, पर अपनी मेहनत के साथ कभी नहीं।

राजेश कुमार गुप्ता

नाम: राजेश कुमार गुप्ता
पद: क्राउन प्रेसिडेंट स्टार
कंपनी का नाम: इंटरनेशनल मार्केटिंग कॉर्पोरेशन प्रा. लि.
ज्वाइनिंग डेट: मार्च 2015
जन्मतिथि: 15-07- 1984
वर्तमान निवास: प्रयागराज (उत्तर प्रदेश)
ईमेल आईडी: rajesh876522@gmail.com
अपलाइन का नाम: डॉ. डी.एन. सिंह

Rajesh Gupta

बायोग्राफी (Biography)

राजेश कुमार गुप्ता जैसे लीडर्स उन लोगों के लिए प्रेरणा हैं, जो डायरेक्ट सेलिंग इंडस्ट्री में सफलता हासिल करना चाहते हैं। जोश, जुनून और जज्बे की एक बेहतरीन मिसाल हैं राजेश कुमार गुप्ता, जो इंटरनेशनल मार्केटिंग कॉर्पोरेशन प्राइवेट लिमिटेड के क्राउन प्रेसिडेंट स्टार हैं। यह अपने जज्बे से लोगों को भी मोटीवेट करते हैं। बड़ा सोचना, बड़ा करना और अच्छी नियत के साथ अपनी टीम को लेकर आगे बढ़ना राजेश कुमार गुप्ता के काम करने का खास गुण है। वे एक सफल डायरेक्ट सेलर के रूप में अपनी पहचान बना चुके हैं और अपने काम में निरंतरता का पालन करते हैं। उनकी कठिनाइयों का सामना करने की क्षमता और उनका उद्देश्यों के प्रति समर्पण उन्हें सफल बनाता है।

कंर्फट जोन पर न जाएं

डायरेक्ट सेलिंग हो या कोई भी बिजनेस उस पर हमेशा फोकस करना बहुत जरूरी है। एक समय ऐसा आ गया था कि पैसे आने के बाद मैं मस्ती और पार्टी में फोकस करने लगा। मैं बहुत ज्यादा कंफर्ट जोन में चला गया था। जिस कारण अपनी टीम पर ध्यान नहीं दे पा रहा था और एक समय बाद फिर मुझे एहसास हुआ कि मेरी टीम और इनकम की ग्रोथ कम होने लगी है। फिर मैंने अपने अपलाइन से बात की और उन्होंने मुझे सलाह दी कि मैं कंफर्ट जोन से निकलू और मेहनत करूं। मैं यही कहूंगा कि डायरेक्ट सेलिंग में सफलता मिलने के बाद भी आपको लगातार मेहनत करना चाहिए। तभी आपकी सफलता लंबे समय तक चलेगी।

सुनने की कला होनी चाहिए

सफल लोग पहले दुसरे आदमी की बात को समझते है, फिर उन्हें अपनी बात समझाते है। यह एक बेहतरीन लीडरशिप क्वालिटी है! सुनने की कला हर सफल व्यक्ति में पाई जाती है।जब आप किसी की बात ध्यान से सुनते हैं, तो उनका विश्वास और सम्मान जीतते हैं, जो बिजनेस और पर्सनल लाइफ दोनों में फायदेमंद होता है। जब आप अच्छा सुनते हैं, तो आप अपनी बात को भी अधिक प्रभावी ढंग से प्रस्तुत कर पाते हैं।

"मैंने कुछ चीजों पर ज्यादा फोकस किया। पहला मैंने टीम के साथ लगकर मेहनत की, दूसरा मैंने हमेशा इस बात पर फोकस किया कि मेरी टीम अपनी अचीवमेंट कैसे करें।"

हर किसी के लिए एक सुनहरा अवसर है

डायरेक्ट सेलिंग इंडस्ट्री हर किसी के लिए एक सुनहरा अवसर है और यहां आकर कोई भी अपनी किस्मत चमका सकता है। इस बिजनेस में कोई डिग्री या एक्सपर्ट की जरूरत नहीं होती। स्टूडेंट,

हाउसवाइफ, जॉब करने वाले या रिटायर्ड व्यक्ति व कोई भी इसे शुरू कर सकता है। बाकी बिजनेस में बड़ी इन्वेस्टमेंट चाहिए, लेकिन डायरेक्ट सेलिंग में आप कम इन्वेस्टमेंट से भी स्टार्ट कर सकते हैं।

टर्निंग पॉइंट

डायरेक्ट सेलिंग में आने से पहले मैं एक प्राइवेट जॉब में था। जहां की लिमिटेड सैलरी में एक आम जीवन भी बहुत मुश्किल होता था। हम सभी जानते हैं कि नौकरी में सिर्फ घर ही मुश्किल से चलाया जा सकता है, लेकिन सपनों को पूरा नहीं किया जा सकता है। बहुत हायर एज्युकेशन न होने के कारण मुझे यही लगता था कि बड़ी सैलरी और बड़ा बिजनेस संभव नहीं है। मैं डायरेक्ट सेलिंग इंडस्ट्री में अपने मेंटर डी एन सिंह के सहयोग से आया। एक बार मैं उनके घर का आर ओ ठीक करने गया था और उन्होंने मेरी गरीबी दूर कर दी। यानि कि जब मैं उनका आर ओ ठीक कर के जा रहा था, तो उन्होंने मुझे रोक डायरेक्ट सेलिंग बिजनेस मॉडल समझाया और जो सुनकर मुझे काफी अच्छा लगा। इसके बाद बनारस के एक डायरेक्ट सेलिंग सेमिनार में गया था और जहां लोगों की बात सुनकर मैं काफी प्रभावित हुआ। वहां स्टेज पर एक डायरेक्ट सेलर ने अपनी कहानी बताया कि कुछ भी न पढ़ें होने के बाद भी वो 2 लाख रुपये महीना कमा रहे हैं और मैं तो 10वी पास हूं। उस दौरान मैंने सोच लिया कि मुझे इस इंडस्ट्री में फुल टाइम करना है। आज मैं अपना और अपने परिवार की सभी सपनों को पूरा कर रहा हूं।

सक्सेस मंत्रा (Success Mantra)

राजेश कुमार गुप्ता के सफलता के रहस्य आपको भी सफल कर सकते हैं:

- मैंने कुछ चीजों पर ज्यादा फोकस किया। पहला मैंने टीम के साथ लगकर मेहनत की, दूसरा मैंने हमेशा इस बात पर फोकस किया कि मेरी टीम अपनी अचीवमेंट कैसे करें।

- डायरेक्ट सेलिंग में सफलता पाने के लिए सही सिस्टम फॉलो करना और लगातार मेहनत करना बहुत जरूरी है।

- इस बिजनेस में टीम बनाना और उसे बढ़ाना सबसे जरूरी होता है।

- डायरेक्ट सेलिंग *सिर्फ प्रोडक्ट बेचने तक सीमित नहीं* है, यह *एक व्यक्ति को संपूर्ण लीडर और बिजनेस पर्सन बना देती है!*

- डायरेक्ट सेलिंग इंडस्ट्री में रातों-रात सफल होने का सपना न देखें। पहले इसमें आएं और इसमें काम करने के तरीके को समझें।

- जो लोग पहले *भीड़ में बोलने से हिचकिचाते थे,* वे यहां आकर *बड़े मंचों पर अपनी बात रखने* लगते हैं।

- डायरेक्ट सेलिंग में अगर आपको अपना आने वाला 'कल' अच्छा बनाना है, तो आपको 'आज' कड़ी मेहनत करनी होगी।

- आपकी कंपनी का जो भी प्रॉपर वर्किंग सिस्टम है, उसे सही से अपनाएं।

मेघराज नेहरा

Meghraj Nehra

नाम: मेघराज नेहरा
पद: क्राउन एम्बेसडर
कंपनी का नाम: अल्टोस एंटरप्राइजेज
प्रा. लि.
ज्वाइनिंग डेट: अक्टूबर 2017
जन्मतिथि: 14-11-1974
वर्तमान निवास: कुरूक्षेत्र (हरियाणा)
ईमेल आईडी:
meghrajnehra1974@gmail.com
अपलाइन का नाम: अभिषेक गुप्ता

बायोग्राफी (Biography)

जीवन के चुनौतीओं का सामना करना और उन्हें पार करना वास्तविकता में सफलता में एक महत्वपूर्ण भूमिका निभाता है। मुश्किलों का सामना करने वाले ऐसे ही व्यक्ति मेघराज नेहरा हैं, एक सफल डायरेक्ट सेलर के रूप में अल्टोस एंटरप्राइजेज प्राइवेट लिमिटेड में क्राउन एम्बेसडर के पद पर हैं। एक छोटे से शहर से उनकी कहानी शुरू हुई। सरकारी स्कूल से पढ़ाई करने के बाद टीचर की जॉब में लग गए और यह कभी नहीं सोचा था कि एक दिन करोड़ों का बिजनेस करेंगे। लेकिन कुछ कर दिखाने का सपना बचपन से ही इन आँखों था, जो इन्होंने कर दिखाया। अपनी लांखों की टीम साइज के लिए यह एक प्ररेणा हैं। अपने टीम के हित के लिए हमेशा समर्पित रहने वाले नेतृत्व की एक बेहतरीन मिसाल हैं।

पर्सनल और प्रोफेशनल ट्रांसफॉर्मेशन

डायरेक्ट सेलिंग ही एक ऐसी इंडस्ट्री है, जहां आपका पर्सनल और प्रोफेशनल ट्रांसफॉर्मेशन दोनों ही होता है। बस आपको एक अच्छे मेंटर की जरूरर होती है। जब आपको सही गाइडेंस मिल जाती है और यहां काम करना आपके लिए आसान हो जाता है। जिससे आप लंबे समय तक यहां टिक सकते हैं। इस उद्योग में आने के बाद मेरे खुद के लाइफस्टाइल में बहुत बदलाव हुआ। इस इंडस्ट्री को ज्वाइन करने के बाद खुद के लिए अच्छा मेंटर ढूंढना चाहिए और मेहनत के साथ काम करना चाहिए। फिर सफलता जरूर मिलेगी। अब बहुत सारे पढ़े लिखे लोग भी नेटवर्क मार्केटिंग में आ रहे हैं।

> *"सफल डायरेक्ट सेलर बनने के लिए आपको अपनी मेंटल स्ट्रेंथ को समझना है और उसमें स्टेबिलिटी बनाए रखना है। यह आपको चुनौतियों का सामना करने में मदद करेगा।"*

डाउनफॉल के समय इंडस्ट्री छोड़ने की गलती न करें

जब टीम टूटती और डाउन फॉल आता है, तो मन थोड़ा विचलित हो जाता है। तो ऐसे समय में ही लोग डायरेक्ट सेलिंग इंडस्ट्री को छोड़ने की गलती कर देते हैं, जो कि सही नहीं है। ऐसे स्थिति में खुद को मोटिवेट रखना चाहिए और टीम को फिर से कैसे बढ़ाई जाए और उससे भी जरूरी बात कि उसे कैसे जोड़ कर रखा जाए, इस बात फोकस करना चाहिए। मैं यही कहूंगा कि डाउन फॉल के समय आप डायरेक्ट सेलिंग इंडस्ट्री को छोड़ने के बजाए आप उन कारणों को सुधारें, जिस कारण आपकी टीम टूट रही हो।

सही मेंटर चुने

अगर आप डायरेक्ट सेलिंग इंडस्ट्री में आगे बढ़ना चाहते हैं, तो सही मेंटर चुने, लगातार सीखते रहें और कभी हार न मानें। एक ऐसा मेंटर चुनें, जो आपको केवल रास्ता नहीं दिखाए, बल्कि साथ चलकर सिखाए। साथ में यह भी ध्यान रखें कि सफलता किसी विशेष वर्ग या संसाधनों की मोहताज नहीं होती। अगर आपके अंदर मेहनत, धैर्य और सीखने की इच्छा है, तो आप भी डायरेक्ट सेलिंग में बड़ा मुकाम हासिल कर सकते हैं।

कम्युनिकेशन, कनेक्शन और केयर

लीडरशिप का असली मतलब सिर्फ टारगेट पूरे कराना नहीं होता, बल्कि हर सदस्य की ग्रोथ और पहचान को अहमियत देना होता है। टीम के हर छोटे-बड़े अचीवमेंट को पहचानें और उन्हें पूरे दिल से सराहें। क्योंकि एक मजबूत टीम सिर्फ प्लान और प्रोडक्ट से नहीं बनती, बल्कि उसमें कम्युनिकेशन, कनेक्शन और केयर भी महत्व्पपूर्ण भूमिका होती है।।

टर्निंग पॉइंट

मैं एक छोटे से शहर से हूं और जैसा कि मैं ने बताया कि पढ़ाई करने के बाद में टीचर की जॉब कर रहा था। उसी दौरान मेरे एक करीबी दोस्त ने मुझे डायरेक्ट सेलिंग प्लान के बारे में बातया। मुझे उनकी बातों में सच्चाई लगी और मैं ने उनका प्लान समझा। उन्होंने मुझे कपंनी की एक मीटिंग में भी बुलाया और मैं गया भी। वहां जाकर मुझे बहुत मोटिवेशन लगा और मैंने समझ पाया कि मैं भी अपने सपनों को पूरा कर सकता हूं। वहां सब प्रॉपर एक ड्रेस कोड में थें, वो भी काफी इंस्पायर था। फिर मैंने सोच लिया कि डायरेक्ट सेलिंग इंडस्ट्री को मैं अपना करियर बनाउंगा और इसी में काम करूंगा। मैंने इस इंडस्ट्री में आकर बहुत मेहनत की है और आज भी कर रहा हूं।

सक्सेस मंत्रा (Success Mantra)

मेघराज नेहरा के सफलता के रहस्य आपको भी सफल कर सकते हैं:

- सफल डायरेक्ट सेलर बनने के लिए आपको अपनी मेंटल स्ट्रेंथ को समझना है और उसमें स्टेबिलिटी बनाए रखना है। यह आपको चुनौतियों का सामना करने में मदद करेगा।

- हर दिन खुद को पहले से बेहतर बनाने की कोशिश करें।

- डायरेक्ट सेलिंग में आपको विभिन्न चुनौतियों का सामना करना पड़ सकता है। आपको यह सीखना होगा कि कैसे आप चुनौतियों को परिभाषित करते हैं और उन्हें पार करते हैं।

- अगर आपने ठान लिया है, तो यकीन मानिए—आप भी डायरेक्ट सेलिंग में बड़ा मुकाम हासिल कर सकते हैं।

- अच्छी कम्युनिकेशन स्किल्स से आप अधिक ग्राहकों को अपने से जोड़ कर सकते हैं और उन्हें अच्छे से समझा सकते हैं।

- डायरेक्ट सेलिंग में काम करने और कुछ एचीव करने के लिए आपको कम से कम एक साल तो देना ही चाहिए।

- स्ट्रेंथ और स्टेबिलिटी के साथ साथ, सेल्फ-मोटिवेशन और सकारात्मक मानसिकता डायरेक्ट सेलिंग में सफलता की कुंजी हो सकती हैं।

- जब आप खुद और अपनी टीम को मुश्किल वक्त में मोटिवेट करके आगे बढ़ाते हैं, तभी लोग आपको लीडर मानते हैं।

- बातचीत के जरिए आप टीम को मोटिवेट रख सकते हैं— चाहे वो सफलता का जश्न हो या मुश्किल समय की सलाह।

संजय बागरिया

नाम: संजय बागरिया
पद: ग्लोबल रेड डायमंड निदेशक
कंपनी का नाम: मोदीकेयर प्रा. लि.
ज्वाइनिंग डेट: मई 1997
जन्मतिथि: अक्टूबर 1963
वर्तमान निवास: कोलकाता
ईमेल आईडी: sanjay_
bagaria2003@yahoo.co.in
अपलाइन का नाम: डॉ फिलिप और
नीना सिंह

Sanjay Bagaria

बायोग्राफी (Biography)

कुछ बड़ा करने का इरादा इनका बचपन से ही था और उन्होंने अपने हौसले के साथ हर इरादों को पूरा किया। संजय बागरिया मोदीकेयर लिमिटेड के एक सफल डायरेक्ट सेलर और ग्लोबल रेड डायमंड डायरेक्टर हैं। इनकी लाइफ और करियर दोनों की यात्रा लोगों को कुछ करने की प्रेरणा देती है। एक सफल डायरेक्ट सेलर होने के साथ ये अपनी टीम के सपनों को भी पूरा करने में मदद करते हैं। खुद की मेहनत पर इन्हें भरोसा था और समय के साथ खुद के अंदर बहुत बदलाव के साथ ये लाइफ में आगे बढ़ते गएं।

एक समय में, एक लक्ष्य पर ध्यान केंद्रित करें

अगर आपको सफलता पानी है तो एक समय में एक लक्ष्य पर ध्यान केंद्रित करें। यदि आपके पास एक ही लक्ष्य है, जिस पर कार्य करना

है। तो आपको काम करने में काफी आसानी होगी। आपका जो भी लक्ष्य है उस पर अपना सारा ध्यान केंद्रित करें क्योंकि जब तक आप अपने काम को ध्यान पूर्वक नहीं कर पाएंगे तब तक वह काम अच्छी तरह से पूरा नहीं हो पाएगा। इसलिए अगर आप सफल होना चाहते हैं तो पूरे जुनून के साथ अपने कार्य पर ध्यान केंद्रित कर के उसे लक्ष्य तक पहुंचाए।

अपनी मंजिल तक पहुंचने का रास्ता खुद ही बनाएं

हम जीवन में अक्सर दूसरे की देखा देखी करते हैं और उसी के अनुरूप काम करना शुरू कर देते हैं। कभी कभी तो किसी दूसरे के कहे हुए राह पर बिना सोचे समझे ही चलना शुरू कर देते हैं, लेकिन ऐसा करके हम अपनी मंजिल कभी हासिल नहीं कर सकते हैं। जीवन में सफलता पाने के लिए यह महत्वपूर्ण है कि आप अपनी मंजिल तक पहुंचने का रास्ता खुद ही बनाएं। अपनी ताकत और कमजोरियों का विश्लेषण करें और उन पर काम करें। यह आपको सही दिशा में आगे बढ़ने में मदद करेगा।अपने निर्णय खुद लें और अपने रास्ते का नेतृत्व करें। दूसरों की सलाह सुनें, लेकिन अंतिम निर्णय खुद ही करें।

"दुनिया की हर चीज़ ठोकर खाने से टूट जाती है। एक सफलता ही है जो ठोकर खाकर ही मिलती है। यह बात हमेशा ध्यान रखें।"

फैमिली लाइफ को एंजॉय कर सकते है

डायरेक्ट सेलिंग उद्योग की सबसे खास बात यह है कि आप यहां काम करने के लिए अपनी फैमिली लाइफ को एंजॉय कर सकते है। इस उद्योग के साथ जुड़ने के कई फायदे हैं, जैसे कि कंपनी द्वारा आपको समय-समय पर कई फैमिली टूर भी मिलते हैं।

लगातार प्रयास

आपका किया गया प्रयास ही आपको सफल बनाएगा। सफल होने के लिए निरंतर प्रयास करते रहना चाहिए। असफलता से कभी डरे नहीं। असफलता को एक सीखने का मौका मानें और उससे बिना डरे आगे बढ़ते रहें। खुद भी सफल बने और अपने टीम को भी सफल बनाएं। अपने अनुभवों और ज्ञान के माध्यम से अपनी टीम को प्रेरित करते हैं। एक सकारात्मक और सहायक वातावरण टीम के सदस्यों को प्रेरित और प्रोत्साहित करने में मदद करता है।आपका यह दृष्टिकोण न केवल आपको सफल बनाएगा बल्कि आपकी टीम को भी सफलता की ओर ले जाएगा। सबसे बड़ी बात आप कोशिश करने से कभी हार न मानें।

टर्निंग पॉइंट

1997 में, मैं नेटवर्किंग के बारे में कुछ नहीं जानता था और मार्गदर्शन या समर्थन देने वाला कोई नहीं था। यहां तक कि मोदीकेयर उत्पाद भी कोलकाता में उपलब्ध नहीं थे और मुझे उत्पाद लेने के लिए हर महीने दिल्ली जाना पड़ता था। श्री समीर मोदी से मुलाकात और उनके व्यक्तिगत स्पर्श ने मेरी सोच को पूरी तरह से बदल दिया। मैंने मोदीकेयर बिज़नेस को बहुत गंभीरता से लिया और यह मेरा निर्णायक मोड़ था।

सक्सेस मंत्रा (Success Mantra)

संजय बागरिया के सफलता के रहस्य आपको भी सफल कर सकते हैं:

- एक सफल डायरेक्ट सेलर बनने के लिए आप अपनी टीम के भीतर बहुत मजबूत व्यक्तिगत संबंध बनाएं।

- आपको एक अच्छे गुरु की आवश्यकता है।

- अपने लक्ष्य निर्धारित करें और उसे कैसे पूरा करना है इस पर ध्यान दें।

- अपनी टीम की पूरी जिम्मेदारी लें और उनका सहयोग करें।

- अपनी कंपनी की नीतियों का पालन करें।

- मंजिल उन्हें नहीं मिलती है, जिनके ख्वाब बड़े होते हैं। बल्कि मंजिल उन्हें मिलती है जिनकी कामयाबी को लेकर जिद्द बड़ी होती है।

- डायरेक्ट सेलिंग में आप अपने बॉस खुद होते हैं। अपने काम के प्रति स्वतंत्रता और जिम्मेदारी का भाव रखें।

- आपके पास जो रिसोर्सेंज हैं, उसी से ही काम की शुरूआत करें। क्योंकि समय बहुत कीमती है, उसे ऐसे ही न जाने दें।

- सफलता की सीढ़ियां अवसर की सीढ़ी पर चढ़कर ही चढ़ी जा सकती हैं।

- अपने गोल्स को छोटा करने के बजाए अपनी मेहनत को बड़ा करें।

- दुनिया की हर चीज़ ठोकर खाने से टूट जाती है। एक सफलता ही है जो ठोकर खाकर ही मिलती है। यह बात हमेशा ध्यान रखें।

- आपको अपने आप पर विश्वास करना चाहिए कि आप अपने लक्ष्यों को प्राप्त कर सकते हैं।

सफी मोहम्मद

नाम: सफी मोहम्मद
पद: गोल्ड लायन
कंपनी का नाम: .टियांजिन तियानशी इंडिया प्रा. लि.
ज्वाइनिंग डेट: 26/12/2014
जन्मतिथि: 03/03/1971
वर्तमान निवास: दिल्ली
ईमेल आईडी: safi71mohd@gmail.com
अपलाइन का नाम: अरविंद कुमार पांडे

Safi Mohammad

बायोग्राफी (Biography)

"जहाँ सोच बड़ी हो, वहाँ मंज़िलें खुद रास्ता बना लेती हैं।" "सपनों से नहीं, हौसलों से उड़ान होती है।" एक छोटे कस्बे से निकलकर महानगर की रोशनी में अपनी अलग पहचान बनाने वाले सफी मोहम्मद आज लाखों डायरेक्ट सेलर्स के लिए प्रेरणा का स्रोत हैं। उनका जीवन इस बात का प्रमाण है कि यदि दिल में आग हो, तो कोई भी चुनौती आपकी सफलता के सामने टिक नहीं सकती। सफी मोहम्मद टियांजिन तियानशी इंडिया प्रा. लि. के गोल्ड लायन लीडर हैं और डायरेक्ट सेलिंग इंडस्ट्री में करोड़ों रुपये की कमाई, असंख्य पुरस्कार, और हज़ारों लोगों के जीवन में परिवर्तन का गौरव प्राप्त कर चुके है

शुरुआत जहां संघर्ष था, वहीं आज सफलता की इमारत खड़ी है

"हर बड़ा मुकाम, छोटे-छोटे संघर्षों की कहानी होता है।" सफी जी ने जब डायरेक्ट सेलिंग की शुरुआत की, तब न उनके पास कोई बड़ा बैकग्राउंड था, न कोई फाइनेंशियल सेफ्टी नेट। लेकिन उनके पास था – जुनून, जज़्बा और एक अटूट विश्वास कि ये रास्ता उन्हें उनके सपनों तक जरूर पहुंचाएगा। "मैंने सीखा कि यदि खुद पर यकीन है, तो पूरी कायनात आपके पक्ष में काम करने लगती है।" "जो लोग खुद पर विश्वास करते हैं, वही इतिहास रचते हैं।"

बिखरने मत देना अपनी सोच को, जब टीम बिखरे

"मुसीबतों से मत डरिए, यही तो आपको महान बनाती हैं।" डायरेक्ट सेलिंग में टीम बनती है, टूटती है, और फिर से बनती है-यह चक्र चलता रहता है। लेकिन सफी का मानना है: "लीडर वो नहीं होता जो भीड़ के साथ चले, लीडर वो होता है जो अकेला चलकर भी भीड़ बना दे!" टीम टूट जाए तो भी आप न टूटें। अपने सपनों को कभी गिरवी मत रखिए। जो दोबारा उठ सकता है, वही असली विजेता होता है।

"शॉर्टकट से बचिए, लॉन्ग टर्म सोच अपनाइए। डायरेक्ट सेलिंग में कामयाबी पाने के लिए आप 3 से 5 साल ईमानदारी से दे दीजिए और अपने सिस्टम पर फोकस करीए। बिना पूरे फोकस और ईमानदारी के साथ अपने नेटवर्क और सिस्टम पर काम करते हैं, तो डायरेक्ट सेलिंग आपके जीवन को पूरी तरह बदल सकती है।"

डायरेक्ट सेलिंग: एक सुनहरा अवसर, अगर नजर सही हो

"नज़र बदलो, नज़ारे बदल जाएंगे।" डायरेक्ट सेलिंग कोई छोटा-मोटा काम नहीं है। यह वो इंडस्ट्री है जो सपनों को आकार देती है, नेताओं को जन्म देती है, और आम इंसान को खास बनाती है। "यह एक ऐसा मंच है जहाँ पढ़ा-लिखा होना ज़रूरी नहीं, बल्कि सीखने की भूख ज़रूरी है।" "यदि आप 3 से 5 साल इस बिजनेस को ईमानदारी, फोकस और जुनून के साथ देते हैं, तो यह आपको ऐसा जीवन देगा जिसकी आपने कल्पना भी नहीं की होगी।"

विनम्रता और भाषा: डायरेक्ट सेलिंग के सबसे बड़े हथियार

"शब्द तलवार से तेज़ होते हैं – और सही शब्द दिल भी जीतते हैं और नेटवर्क भी।" डायरेक्ट सेलिंग में आपका व्यवहार ही आपकी ब्रांडिंग है। आपकी बॉडी लैंग्वेज, बातचीत, और प्रेज़ेन्स ही तय करता है कि सामने वाला सिर्फ ग्राहक बनेगा या जीवनभर का टीम मेंबर। "व्यवहार बदलो, व्यापार बदल जाएगा।"

टर्निंग पॉइंट

साल 2004 में ऑटोमोबाइल इंडस्ट्री में काम कर रहे सफी मोहम्मद को पहली बार पैसिव इनकम के कॉन्सेप्ट से परिचय हुआ। "काम करो आज, इनकम आती रहे कल भी—यह विचार मेरे जीवन का टर्निंग पॉइंट था।" स्वास्थ्य समस्याओं के दौरान जब उन्होंने तिअंशि के प्रोडक्ट्स इस्तेमाल किए, तो न केवल उन्हें फायदा हुआ बल्कि उन्होंने तय कर लिया—अब यही मेरा मिशन है! उन्होंने स्वास्थ्य भी पाया और साथ ही पाया—एक सुनहरा करियर, एक सम्मानजनक पहचान, और हज़ारों परिवारों के जीवन को बदलने का अवसर। "जो थक कर बैठ गया, वो जीत से चूक गया।"

सक्सेस मंत्रा (Success Mantra)

सफी मोहम्मद के सफलता के रहस्य आपको भी सफल कर सकते हैं:

- "जिन्होंने मंज़िल से सच्चा प्रेम किया, उन्होंने रास्तों की परवाह नहीं की।"

- "रिलेशन बनाओ, रेजल्ट अपने आप आएगा।"

- "पहले व्यक्ति बनो, फिर लीडर बनो – लोग आपसे पहले आपकी सोच को फॉलो करते हैं।"

- "जिन्होंने मंज़िल से सच्चा प्रेम किया है, उन्होंने रास्तों की परवाह नहीं की।" अगर आप पूरे समर्पण और निष्ठा के साथ अपने लक्ष्य के लिए काम करते हैं, तो डायरेक्ट सेलिंग में भी आप सफलता हासिल कर सकते हैं।

- शॉर्टकट से बचिए, लॉन्ग टर्म सोच अपनाइए।, डायरेक्ट सेलिंग में कामयाबी पाने के लिए आप 3 से 5 साल ईमानदारी से दे दीजिए और अपने सिस्टम पर फोकस करीए।बिना। पूरे फोकस और ईमानदारी के साथ अपने नेटवर्क और सिस्टम पर काम करते हैं, तो डायरेक्ट सेलिंग आपके जीवन को पूरी तरह बदल सकती है।

- पहले रिलेशनशिप बनाइए, फिर प्रेजेंटेशन दीजिए।इसके अलावा किसी की ज़रूरत को समझिए, समाधान बन जाइए।

- सक्सेस तभी आएगी जब आप एक्सक्यूज़ छोड़ देंगे।

- "पहला प्रभाव आख़िरी प्रभाव बन सकता है"—अपने लुक और कॉन्फिडेंस पर काम कीजिए।

- लोगों से दोस्ती करें, सिर्फ ग्राहक न बनाएं – संबंध पहले बनते हैं, सेल्स बाद में।

- "शब्द तलवार से तेज़ होते हैं। सही शब्द इस्तेमाल करोगे, तो दिल भी जीत लोगे और बिजनेस भी।"

- डायरेक्ट सेलिंग जैसे प्रोफेशन में पहला प्रभाव बहुत मायने रखता है, और आपकी पर्सनैलिटी व पहनावा उसमें सबसे बड़ा रोल निभाते हैं। अपने लुक पर भी फोकस करें।

- अच्छे श्रोता बनें – ग्राहक की ज़रूरत समझने से ही समाधान निकलता है।

- डायरेक्ट सेलिंग में धैर्य और लंबे समय तक जुड़ाव सबसे बड़ा इन्वेस्टमेंट है। अगर आप सोचते हैं कि डायरेक्ट सेलिंग से आप एक रात में अमीर बन जाएंगे, तो आपको अपनी सोच बदलनी होगी। यह इंडस्ट्री धैर्य, समय और निरंतर मेहनत मांगती है।

- अपनी कहानी को प्रेरक बनाएं – आपकी सफलता की कहानी दूसरों को मोटिवेट करती है।

अनूप शेखावत

नाम: अनूप शेखावत
पद: सीनियर लीडर
कंपनी का नाम: प्रोवेदा मार्केटिंग
इंडिया प्रा. लि.
ज्वाइनिंग डेट: N/A
ईमेल आईडी: N/A
अपलाइन का नाम: N/A

Anoop Shekhawat

बायोग्राफी (Biography)

डायरेक्ट सेलिंग इंडस्ट्री में अनगिनत लोगों ने अपने जुनून, मेहनत और सही रणनीति के दम पर सफलता प्राप्त की है। इनमें से एक प्रेरणादायक नाम अनूप शेखावत का भी है, जिन्होंने अपनी लगन और दूरदर्शिता से न केवल खुद को स्थापित किया, बल्कि हजारों लोगों को भी सफलता की राह दिखाई। यह प्रोवेदा इंडिया के एक सफल डायरेक्ट सेलर हैं। अनूप शेखावत भी एक आम व्यक्ति की तरह इस इंडस्ट्री में आए थे। शुरुआती दिनों में कई चुनौतियाँ आईं- नकारात्मकता, असफलताएँ और संसाधनों की कमी। लेकिन उन्होंने हार नहीं मानी और लगातार सीखते रहे। शुरुआत से ही उन्होंने एक स्पष्ट लक्ष्य बनाया और उस पर केंद्रित रहे। उन्होंने हमेशा अपनी टीम को आगे बढ़ाने पर फोकस किया, क्योंकि डायरेक्ट सेलिंग व्यक्तिगत नहीं, बल्कि टीम की सफलता पर आधारित होती है।

विजन और एज्युकेशन है जरूरी

डायरेक्ट सेलिंग में सफल होने और टीम ग्रोथ के लिए एक लंबा वक्त लगता है। टीम ग्रोथ के लिए एक लीडर को टीम के सभी सदस्यों की

विजन और एज्युकेशन पर वर्क करना चाहिए। एज्युकेशन यानी कि टीम को समय-समय पर जरूरी ट्रेनिंग देते रहना जरूरी है। ट्रेनिंग में भी आपको लीडरशिप ट्रेनिंग, प्रोडक्ट के बारे में बताने की सही तरीके से ट्रेनिंग और नेटवर्किंग की ट्रेनिंग इन फैक्टर्स पर ज्यादा ध्यान देना जरूरी है। अपने टीम से रेगूलर फॉलो पर करना बहुत जरूरी हैरें ताकि हर सदस्य की प्रगति पर नजर रखी जा सके। फॉलो-अप से पता चलता है कि कौन सही दिशा में काम कर रहा है और किसे मदद की जरूरत है।

क्रिटिसिज्म और कंप्लेंट से बचें

क्रिटिसिज्म और कंप्लेंट इन शब्दों को अपनी जिंदगी और काम से दूर रखेंगे तो आप सफलता की मंजिल को जल्दी छू सकते हैं। क्रिटिसिज्म (आलोचना) और कंप्लेंट (शिकायत) से बचना किसी भी व्यक्ति को मानसिक रूप से मजबूत बनाता है और सफलता की ओर तेजी से बढ़ने में मदद करता है। आप कमियों की बजाय संभावनाओं पर फोकस करते हैं, तो आपकी सोच रचनात्मक होती है। जब लीडर शिकायत नहीं करता, तो टीम के सदस्य भी ज्यादा फोकस्ड और प्रोडक्टिव रहते हैं।

> *"एक लीडर तभी सफल होता है जब वह अपनी टीम को विजन, सही ट्रेनिंग और लगातार मार्गदर्शन देकर आगे बढ़ने के लिए तैयार करता है।"*

सामाजिक रूप से भी बढ़ते हैं

डायरेक्ट सेलिंग बिजनेस में आप न सिर्फ आर्थिक रूप से बढ़ते हैं, बल्कि सामाजिक रूप से भी बढ़ते हैं। मार्केट और लोगों के बीच आपका नाम बन जाता है। यह उद्योग लोगों को नाम, इज्जत और शौहरत बनाने का मौका देता है जो लगता है कि बिना पढ़ाई के कुछ भी नहीं कर सकते।

टर्निंग पॉइंट

साल 1998 मेरी जीवन का टर्निंग पॉइंट था, जब मैंने डायरेक्ट सेलिंग इंडस्ट्री को ज्वाइन किया था। डायरेक्ट सेलिंग में आने से पहले मैं एक छोटा सा स्कूल चलाता था। एक बार, एक दोस्त के कहने पर मैं डायरेक्ट सेलिंग की एक मीटिंग में गया था। जहां मैंने स्टेज पर लीडर्स को खुद अपने बारे में और अपने सपनों को प्राथमिकता देने के बारे में बात करते हुए देखा। वो इतनी पॉवरफुल मीटिंग थी कि जिसे देखकर मेरी मन में यही विश्वास आया कि यही वो इंडस्ट्री है, जहां मैं अपने सपनों को पूरा कर सकता हूं। अपने परिवार के लिए भी बहुत कुछ कर सकता हूं और मैंने ऐसा किया भी। मुझे डायरेक्ट सेलिंग में काम करते हुए बहुत मजा भी आता है। इसे इंडस्ट्री में काम करने के साथ मुझे दुनिया भर में घूमने का मौका भी मिला।

सक्सेस मंत्रा (Success Mantra)

अनूप शेखावत के सफलता के रहस्य आपको भी सफल कर सकते हैं:

- जब तक आपकी टीम का हर सदस्य एक स्पष्ट लक्ष्य और दिशा नहीं देखेगा, तब तक वह पूरी ऊर्जा के साथ काम नहीं कर पाएगा। एक लीडर का काम है कि वह टीम को बड़े सपने देखने और उन्हें पूरा करने की प्रेरणा दे।

- डायरेक्ट सेलिंग में व्यक्ति के पुराने अनुभव अत्यधिक लाभदायक सिद्ध होते हैं। इसलिए लगातार सीखते रहना इस व्यवसाय में सफलता की ओर ले जाता है।

- एक लीडर तभी सफल होता है जब वह अपनी टीम को विजन, सही ट्रेनिंग और लगातार मार्गदर्शन देकर आगे बढ़ने के लिए तैयार करता है।

- डायरेक्ट सेलिंग बिजनेस पर अपना फोकस ट्रेनिंग लेने और देने पर फोकस करें।

- आपके जीवन में सही लक्ष्य का होना जरूरी है। सही लक्ष्य आपको मोटिवेट करते हैं और आपके कार्य के प्रति संग्राहक बनाते हैं।

- रोज सुबह उठकर सबसे पहले अपने दिन को प्लान करें और सभी कार्य को प्लान मुताबिक पूरा करने की कोशिश भी करें।

- सही जानकारी और कौशल के बिना कोई भी क्षेत्र में आगे नहीं बढ़ सकता। डायरेक्ट सेलिंग में सफलता के लिए टीम को समय-समय पर अपडेटेड ट्रेनिंग देना जरूरी है।

- टीम से रेगुलर फॉलो-अप करें ताकि हर सदस्य की प्रगति पर नजर रखी जा सके। फॉलो-अप से पता चलता है कि कौन सही दिशा में काम कर रहा है और किसे मदद की जरूरत है।

- प्रोडक्ट की गहरी समझ और उसे सही तरीके से पेश करने की कला सिखाएं।

- टीम से रेगुलर फॉलो-अप करें ताकि हर सदस्य की प्रगति पर नजर रखी जा सके। फॉलो-अप से पता चलता है कि कौन सही दिशा में काम कर रहा है और किसे मदद की जरूरत है।

सत्यजीत परिदा

नाम: सत्यजीत परिदा
पद: सीनियर लीडर
कंपनी का नाम: ज़ो विटाफ़्लो
हेल्थलाइफ़ प्रा. लि.
ज्वाइनिंग डेट: 14-10-2011
जन्मतिथि: 03-07-1985
वर्तमान निवास: ओडिशा
ईमेल आईडी: zoewellness.jeetu@
gmail.com
अपलाइन का नाम: एन. शाह

Satyajit Parida

बायोग्राफी (Biography)

प्रोफेशनल से लेकर पर्सनल लाइफ तक में खुद को कैसे अपडेट करना चाहिए, यह आप सीख सकते सत्यजीत परिदा से। यह ज़ो विटाफ़्लो हेल्थलाइफ़ के सीनियर लीडर हैं। इनके जैसे लीडर्स से हम सिर्फ बिजनेस ही नहीं, बल्कि लाइफ मैनेजमेंट भी सीख सकते हैं, खासकर समय के साथ खुद को कैसे अपडेट करना और बुरे समय में भी मजबूत बने रहना।सत्यजीत परिदा ने खुद को समय के साथ अपडेट करते हुए नई तकनीक, मार्केटिंग स्किल्स और टीम मैनेजमेंट के तरीकों को अपनाया।एक सच्चे लीडर की तरह यह न सिर्फ खुद आगे बढ़े, बल्कि दूसरों के लिए रास्ता भी बनाया।आप इनसे बहुत कुछ सीख कर आप भी अपने करियर को एक अच्छा आयाम दे सकते हैं।

अच्छी सोच, धैर्य और डिसिप्लिन

मेरा मानना है कि अगर आपको सफल होना है, तो सिस्टम से चलना बहुत जरूरी है। एक सफल डायरेक्ट सेलर में यह तीन गुण जरूरी होना चाहिए, पहला कि सोच अच्छी रखें, धैर्य रखें और डिसिप्लिन। इस इंडस्ट्री में अच्छी सोच के साथ काम करना आपको जरूर सफलता देगा। इसके अलावा किसी भी काम को यह सोचकर न करें कि तुरंत हो जाए। उस काम पर अपना समय दें।

मार्केटिंग स्किल्स ही आगे बढ़ने में मददगार है

मार्केटिंग में मास्टरी आने से रिफ़रल्स, अपॉइंटमेंट्स और क्लोज़िंग सब आसान हो जाता है।कई लोग सोचते हैं कि सिर्फ डिग्री ही सफलता की कुंजी है। लेकिन डायरेक्ट सेलिंग में सफलता का राज होता है, मार्केटिंग स्किल्स। मार्केटिंग स्किल्स यानी वह कला जिससे आप किसी भी प्रोडक्ट, सर्विस या आइडिया को लोगों तक प्रभावी ढंग से पहुँचा सकें – खासकर डायरेक्ट सेलिंग में ये सबसे महत्वपूर्ण हथियार है।

> *"रिजेक्शन से घबराने की बजाय उसे मोटिवेशन बनाना चाहिए। हर 'ना' आपको एक कदम और सक्सेस की ओर ले जाती है।"*

खुलकर सवाल पूछना बहुत ज़रूरी है

जब तक आपको प्रोडक्ट, प्लान और सिस्टम की पूरी समझ नहीं होगी, तब तक आप दूसरों को कंफिडेंस के साथ नहीं समझा पाएंगे। इसलिए ट्रेनिंग सैशन्स में खुलकिर सवाल पूछना बहुत ज़रूरी है। जितनी जिज्ञासा और क्लैरिटी होगी, उतनी ही आपकी प्रेजेंटेशन और टीम बिल्डिंग बेहतर होगी।

टर्निंग पॉइंट

मैं एक छोटे गांव से हूं और मैं इंजीनियरिंग करना चाहता था। पढ़ाई में अच्छा था और रैंक अच्छी आने के बाद भी परिवार में उस दौरान परिवार में आई कुछ फाइनेंसियल प्रॉब्लम के कारण में इंजीनियरिंग की पढ़ाई पूरी नहीं कर पाया। फिर मैं जॉब में लग गया। एक बार मेरे एक दूर के भैया ने मुझे डायरेक्ट सेलिंग बिजनेस मॉडल में बताया और मेरा कुछ इंटरेस्ट भी आया। उस दौरान मेरा परिवार इस बिजनेस के पक्ष में नहीं था। लेकिन मैंने इस काम को करने का सोच लिया था। इसके बाद जैसे मेरे अपलाइन गाइड करते गए और मैं काम करता गया। सभी चुनौतियों को मैंने सिस्टम की गाइड से सॉल्व किया। अब तक मैं 3 लाख मेंबर तक की टीम बना चुका हूं। आज मेरी एक लग्जरी लाइफ है।

सक्सेस मंत्रा (Success Mantra)

सत्यजीत परिदा के सफलता के रहस्य आपको भी सफल कर सकते हैं:

- रिजेक्शन से घबराने की बजाय उसे मोटिवेशन बनाना चाहिए। हर 'ना' आपको एक कदम और सक्सेस की ओर ले जाती है।

- सफल व्यक्तियों की एक खूबी होती है, वो हर परिस्थिति में सकारात्मक पहलुओं को खोजने की क्षमता रखते हैं।

- आज के यूथ डायरेक्ट सेलिंग में इस लिए जल्दी सफल नहीं हो पा रहे हैं कि क्योंकि उनके अंदर धैर्य नहीं है, जोकि इस बिजनेस के लिए बहुत जरूरी है।

- टीम के सदस्यों की समृद्धि को निरीक्षण करना और उनके प्रदर्शन में सुधारने के लिए संवाद करते रहना महत्वपूर्ण है।

- आपकी कुछ नया करने की कोशिश भी आपको सफल होने में मदद कर सकती है।

- इंसान के सोच का उसके जीवन और सफलता पर काफी प्रभाव पड़ता है। क्योंकि सोच में इतनी शक्ति होती है कि वह आपके बुरे वक्त को भी अच्छे में बदल सकती है।

- फॉलो-अप लेना बहुत ज़रूरी है। पहली बार में न सही, लेकिन लगातार संपर्क में रहने से लोग आप पर भरोसा करने लगते हैं।

- एक अच्छा डायरेक्ट सेलर बनने के लिए अपने अंदर अच्छे श्रोताओं के गुण होने चाहिए।। लोगों की क्या जरूरत है उसको सुनें और समझें भी।

- डायरेक्ट सेलिंग में सफल में होने के लिए पब्लिक स्पीकिंग का गुण और सकारात्मक व्यवहार होना जरूरी है।

सुमित शर्मा

नाम: सुमित शर्मा
पद: क्राउन प्रेसिडेंट स्टार
कंपनी का नाम: इंटरनेशनल मार्केटिंग कारपोरेशन प्रा. लि.
ज्वाइनिंग डेट: 05-05-2015
जन्मतिथि: 13 अगस्त
वर्तमान निवास: असम
ईमेल आईडी: som_jsk@ rediffmail.com
अपलाइन का नाम: डॉ डीएन सिंह

Sumit Sharma

बायोग्राफी (Biography)

नेटवर्क मार्केटिंग में सफलता प्राप्त करने के लिए अच्छे संवाद कौशल की आवश्यकता होती है। तो इस गुण को सीखने के लिए आप सुमित शर्मा जैसे सफल डायरेक्ट का सहयोग ले सकते हैं। यह आईएमसी कंपनी के क्राउन प्रेसिडेंट स्टार हैं। इनके सफलता के मंत्रो के रास्ते में चलकर आप भी एक सफल डायरेक्ट सेलर बन सकते हैं। इसी के साथ आप खुद अपने टीम का भी सहयोग कर सकते हैं।

हार्ड वर्क मेरे लाइफ का सक्सेस मंत्रा है

मैं सभी डायरेक्ट सेलर से यही कहना चाहूंगा कि हार्ड वर्क करने से न डरें। मैं भी यहां सफल इसीलिए हो पाया क्योंकि मैंने कभी हार्ड वर्क करना नहीं छोड़ा। सभी इंडस्ट्री की तरह यहां भी कई तरह की चुनौतियां आईं। लेकिन मैंने सोच लिया था कि मुझे हार नहीं मानना है

और सीखते रहना है। मैंने हमेशा कुछ न कुछ नया सीखने की कोशिश की। आप यह याद रखें कि आपकी मेहनत कभी बेकार नहीं जाती, यह या तो आपको सफलता देती है या एक नया सबक सिखाती है!"

सिस्टम को डेवलप किया

मैंने अपने नेटवर्क को मजबूत बनाए रखने के लिए सबसे पहले अपने सिस्टम को डेवलप किया और अपनी टीम को सिस्टम से जोड़े रखा। मेरा मानना है कि डायरेक्ट सेलिंग में सफल होने के लिए आपके अंदर रिलेशनशिप क्वालिटी जरूर होनी चाहिए। जब आप अच्छे रिश्ते बनाते हैं, तो लोग आपको दूसरों से भी कनेक्ट कराते हैं। आपकी टीम का हर सदस्य एक परिवार की तरह होना चाहिए, जिससे वह हमेशा प्रेरित रहे। सिर्फ प्रोडक्ट या प्लान नहीं बेचें, बल्कि लोगों से जुड़ें, उनकी जरूरतों को समझें और उनकी समस्याओं का समाधान दें।

टर्निंग पॉइंट

जीवन में हमने शुरू से चुनौतियां देखी है और परिवार के लिए मैं हमेशा कुछ नया करना चाहता हूं। मेरी बहन की शादी के लिए एक लाख रूपय की जरुरत थी और न हो पाने की वजह से मेरा पूरा परिवार रोया था। वो मेरे लाइफ का टर्निंग पॉइंट था। मैंने उसी समय सोच लिया था कि मुझे कुछ करना है। पिछले 10 साल से मैं फुल टाइम डायरेक्ट सेलिंग इंडस्ट्री में काम कर रहा हूं। 2015 में मैं जॉब को छोड़कर आईएमसी के साथ जुड़ा। जॉब में रहकर मैं अपने सपनों को कभी भी पूरा नहीं कर सकता था। मैं बहुत साधारण से परिवार से था और इस इंडस्ट्री में आने के बाद मेरी लिए सबसे बड़ी उपलब्धि

यही रही है कि मैं 2018 में अपना घर बना पाया। इसके बाद भी मैंने अपने और अपने परिवार के कई सपनों को भी पूरा किया है। मैं यहां सफल इसलिए हो पाया क्योंकि मैंने पॉजिटिव सोच के साथ यहां फुल टाइम काम किया।

सक्सेस मंत्रा (Success Mantra)

सुमित शर्मा के सफलता के रहस्य आपको भी सफल कर सकते हैं:

- अगर आप बिज़नेस में सफल होना चाहते हैं, तो सिर्फ मेहनत करना ही काफी नहीं है, सही रणनीति और स्मार्ट अप्रोच अपनाना भी जरूरी है।

- बिजनेस उन्हीं का सफल होता है जो ग्राहकों की समस्याओं का समाधान निकालते हैं।

- ग्राहक क्या चाहते हैं, इसे समझकर अपनी रणनीति बनाएं।

- असफलता आपको बताती है कि क्या नहीं करना चाहिए।वही पुरानी गलतियाँ दोहराने से कुछ नहीं बदलेगा, नई रणनीति अपनाएं।

- अगर आप सफलता पाना चाहते हैं, तो टाइम को सही ढंग से मैनेज करना सबसे जरूरी है। स्मार्ट वर्क और एफिशिएंट प्लानिंग से आप कम समय में ज्यादा सफलता हासिल कर सकते हैं।

- 80% रिजल्ट सिर्फ 20% काम से आता है, इसलिए सबसे प्रभावी टास्क पर ध्यान दें।

- डायरेक्ट सेलिंग या किसी भी बिजनेस में कस्टमर का ट्रस्ट (भरोसा) ही असली संपत्ति होती है। अगर आप अपने कस्टमर के साथ अच्छे रिलेशन बनाते हैं, तो आपका बिजनेस तेजी से ग्रो करेगा।

हेमंत चांदवानी

नाम: हेमंत चांदवानी
पद: सिल्वर चेयरमैन
कंपनी का नाम: केवा काइपो
इंडस्ट्रीज प्रा. लि.
ज्वाइनिंग डेट: 09-5-2013
जन्मतिथि: 1979
वर्तमान निवास: जयपुर
ईमेल आईडी:
hemanthchandwani@gmail.com
अपलाइन का नाम: डॉ. करण गोयल

Hemant Chandwani

बायोग्राफी (Biography)

अपनी टीम के लर्निंग पर ध्यान देने वाले और उनमें से बेहतरीन लीडर्स तैयार करने वाले हेमंत चांदवानी केवा काइपो इंडस्ट्रीज के सिल्वर चेयरमैन हैं। यह खुद की सफलता के साथ टीम के लोगों के मोटिवेशन का भी पूरा ध्यान रखते हैं। हेमंत चांदवानी की कहानी से हमें जीवन में चुनौतियों का सामना करते हुए कैसे सफल होना है, यह सीखने का मौका मिलता है। खासकर जब हम इनके सफलता के रहस्यों के बारे में जानते हैं। डायरेक्ट सेलिंग के क्षेत्र में इन्होंने अपनी उद्यमिता का सबसे अच्छा उपयोग किया और अपना बेहतरीन प्रदर्शन दिया।

टीम को पारिवारिक माहौल प्रदान करें

डायरेक्ट सेलिंग बिजनेस में सफलता पाने के लिए टीम को परिवार की तरह समझना और उन्हें एक सकारात्मक व पारिवारिक माहौल प्रदान करना अत्यंत महत्वपूर्ण है। यह न केवल टीम की उत्पादकता

बढ़ाता है बल्कि उनकी प्रतिबद्धता और विश्वास को भी मजबूत करता है। टीम के हर सदस्य को यह महसूस कराएं कि यह संगठन के लिए मूल्यवान है। उनकी व्यक्तिगत समस्याओं और उपलब्धियों में रुचि लें।एक ऐसा वातावरण बनाएं जहाँ हर कोई अपनी बात खुलकर साझा कर सके।

डायरेक्ट सेलिंग जीरो से हीरो बना देता है

मेरा मानना है कि पूरे विश्व में डायरेक्ट सेलिंग ही एक ऐसा बिजनेस है, जो आपको जीरो से हीरो बना सकता है। क्या आप कभी सोच सकते हैं कि भारत में गरीबी रेखा से भी नीचें काम करने वाला व्यक्ति एक दिन ऑडी कार का मालिक बन सकता है। हां, यह संभव है डायरेक्ट सेलिंग में आकर।

> "समय एक अनमोल संसाधन है जिसका नुकसान होने पर उसे पुनः प्राप्त करना मुश्किल होता है। समय का मूल्यांकन करना नेटवर्क मार्केटर्स के लिए अत्यंत महत्वपूर्ण है।"

सपने देखने की हिम्मत रखो

जीवन में सफल बनने के लिए सपने देखना बहुत जरूरी है। वो बाद की बात है कि आपके सपने पूरे हो या न हो। इसके अलावा हमेशा सकारात्मक लोगों के साथ बैठना-उठना पसंद करें। जैसे जो लोग बड़ी-बड़ी बाते करते हैं, सपनों को पूरा करने के बारे में सोचते हैं। ऐसे लोगों की संगत आपके सपने को सच करने की चाहत को और मजबूत बनाती है।

अपनी आदत को सुधारे

डायरेक्ट सेलिंग हो या किसी भी क्षेत्र में आपको सफल होने के लिए सबसे पहले अपनी आदतों को बदलना पड़ेगा। सबसे पहले तो

खासतौर पर उन आदतों को, जो आपकी सफलता में रूकावट का कारण बन सकते हैं। आपकी खराब आदत आपके बात करने के तरीके से लेकर आपकी काम टालने तक की आदत हो सकती है।

टर्निंग पॉइंट

मैंने सोच लिया था कि मुझे कुछ बड़ा करना और एक समय ऐसा लगा कि अब कुछ करने का वक्त आ गया है। तो मैंने डायरेक्ट सेलिंग में आने का फैसला किया और आज सफलता मेरे साथ है। यह बिजनेस मॉडल मीडियम वर्ग के लिए ज्यादा अच्छा है। डायरेक्ट सेलिंग का भविष्य उज्ज्वल है और जैसे-जैसे मध्यम वर्ग अपनी खर्च करने की आदतों के प्रति जागरूक होता जाएगा और वित्तीय सहायता की तलाश करेगा, तो इसका और विस्तार होता रहेगा। ग्रैंड व्यू रिसर्च की एक रिपोर्ट के अनुसारए डायरेक्ट सेलिंग उद्योग के 2025 से 2030 तक बढ़ने की उम्मीद है।

सक्सेस मंत्रा (Success Mantra)

हेमंत चांदवानी के सफलता के रहस्य आपको भी सफल कर सकते हैं:

- अगर आपको सफल होना है तो हमेशा खुद पर विश्वास बनाए रखें।

- टीम के हर सदस्य को यह महसूस कराएं कि वह संगठन के लिए मूल्यवान है।टीम के सदस्यों के साथ नियमित संवाद बनाए रखें।

- अच्छी ग्राहक सेवा और समस्याओं का सही समय पर समाधान करें।

- समय एक अनमोल संसाधन है जिसका नुकसान होने पर उसे पुनः प्राप्त करना मुश्किल होता है। समय का मूल्यांकन करना नेटवर्क मार्केटर्स के लिए अत्यंत महत्वपूर्ण है।

- नेटवर्क मार्केटिंग में अपने क्लाइंट से नियमित संपर्क रखना महत्वपूर्ण है। संपर्क बनाए रखने से आपके संबंध और व्यवसायिक संगठन को विकसित करने में मदद मिलती है।

- भले स्थिति पक्ष में न हो या कई बार लोगों से रिजेक्शन भी मिल सकती है, पर खुद को पॉजिटिव रखें।

- हर महीने का एक लक्ष्य बनाएं और उसे पूरा करने के लिए पूरी मेहनत करें।

- अपनी सोच को बड़ा करें और हमेशा बड़ा सोचें। तभी आप लक्ष्य पूरा कर पाएंगे।

किशोर कैलास बुरकुल

नाम: किशोर कैलास बुरकुल
पद: कॉन्टिनेंटल टीम को-ऑर्डिनेटर +
गोल्ड एक्जीक्यूटिव
कंपनी का नाम: एमआई
लाइफस्टाइल मार्केटिंग ग्लोबल प्रा. लि
ज्वाइनिंग डेट: 13-08-2013
जन्मतिथि: 21-11-1986
वर्तमान निवास: नासिक, महाराष्ट्र
ईमेल आईडी: milifekishor@gmail.com
अपलाइन का नाम: नानाभाऊ कोते

Kishor Burkul

बायोग्राफी (Biography)

किशोर कैलास बुरकुल एक ऐसे प्रेरणादायक व्यक्ति हैं, जिन्होंने अपनी मेहनत, बुद्धिमत्ता और क्षमताओं का उपयोग करके डायरेक्ट सेलिंग के क्षेत्र में उल्लेखनीय सफलता हासिल की है। वह एमआई लाइफस्टाइल मार्केटिंग ग्लोबल प्राइवेट लिमिटेड कंपनी के कॉन्टिनेंटल टीम को-ऑर्डिनेटर और गोल्ड एक्जीक्यूटिव हैं। किशोर बुरकुल की कहानी यह साबित करती है कि यदि आप अपने दम पर आगे बढ़ने की हिम्मत रखते हैं, तो सफलता आपके कदमों में होती है। उन्होंने डायरेक्ट सेलिंग के क्षेत्र में अपने स्मार्ट माइंड और असीमित क्षमताओं का कुशलतापूर्वक उपयोग किया। किशोर बुरकुल ने कभी अपनी परिस्थितियों को अपनी सीमाएं नहीं बनने दीं। उन्होंने खुद पर विश्वास किया और अपने लक्ष्य के प्रति समर्पित रहे।

उद्देश्य सेट करना और उन्हें पूरा करना

एक सफल नेटवर्क मार्केटर को अपने उद्देश्यों को स्पष्ट रूप से समझने और पूरा करने के लिए प्राथमिकता देनी चाहिए। ऐसे लोगों में अपने काम के लिए समर्पित और उत्साह देखा जाता है। वे अपने उद्देश्यों के प्रति पूर्ण समर्पण रखते हैं और उन्हें पूरा करने के लिए पूरी तरह से प्रतिबद्ध रहते हैं।

सीखने के लिए समय लगता है

अगर कोई व्यक्ति डायरेक्ट सेलिंग में शुरुआत करता है, तो पहले कुछ महीनों या वर्षों में अच्छे परिणाम नहीं मिल सकते हैं। इसमें कठिनाईयों, परेशानियों और सीखने के लिए समय लगता है। इस दौरान, व्यक्ति को अपनी प्रयासों को बनाए रखने, सीखने और सुधारने की आवश्यकता हो सकती है। इस समय के दौरान, यदि व्यक्ति मेहनती, सहनशील, और संघर्षशील रहता है, तो अधिक संभावना होती है कि वह अपने लक्ष्यों की प्राप्ति में सफल होगा।

> *"सफलता के लिए सही और संवेदनशील निर्णय लेना महत्वपूर्ण है। आपको अपने लक्ष्यों की प्राप्ति के लिए सही निर्णय लेने में मदद मिलेगी"*

पर्सनल और प्रोफेशनल ट्रांसफॉर्मेशन

डायरेक्ट सेलिंग ही एक ऐसी इंडस्ट्री है, जहां आपका पर्सनल और प्रोफेशनल ट्रांसफॉर्मेशन दोनों ही होता है। बस आपको एक अच्छे मेंटर की जरूर होती है। जब आपको सही गाइडेंस मिल जाती है और यहां काम करना आपके लिए आसान हो जाता है। जिससे आप लंबे समय तक यहां टिक सकते हैं। इस उद्योग में आने के बाद मेरे खुद के लाइफस्टाइल में बहुत बदलाव हुआ। इस इंडस्ट्री को ज्वाइन करने

के बाद खुद के लिए अच्छा मेंटर ढूंढना चाहिए और मेहनत के साथ काम करना चाहिए। फिर सफलता जरूर मिलेगी। अब बहुत सारे पढ़े लिखे लोग भी नेटवर्क मार्केटिंग में आ रहे हैं।

टर्निंग पॉइंट

मैं एमएससी कंप्यूटर साइंस फर्स्ट क्लास पास हूं और डायरेक्ट सेलिंग को मैंने अपना करियर बनाया।एक छोटी सफलता पाने के बाद एक समय ऐसा आया जब टीम जीरो हुई, आय भी जीरो हो गई। परिवार वालों ने मुझे बेकार बोलना शुरू किया था। लोन की ईएमआई भरना मुश्किल हुआ था तब वो दौर मेरे जिंदगी का मुश्किल दौर था। इम्मानदारी सबसे बड़ी पंजी है, जिसे मैं निरंतरता पालन करता आया हूं और समय से मैं ने कभी हार नहीं माना।। जिस दिन माई लाइफस्टाइल के लीडर से मिला और उनके प्रोग्राम का हिस्सा बना, तो सोच बदल गई। बड़े बड़े फंक्शन देख के वो विश्वास भी आया कि मैं भी सब कुछ कर सकता हूं। मैं ने सिस्टम फॉलो किया और सफलता आज हमारे साथ है। डायरेक्ट सेलिंग के 10 साल के सफर में 5 घर, जोकि पुणे, नासिक फ्लैट सहित खुद का बंगला और 4 कारें सबसे बड़ी उपलब्धि हैं। अब 2026 में मर्सिडीज खरीदने जा रहे हैं। इसके अलावा परिवार सहित दुबई, थाईलैंड जैसे विदेशी यात्रा इनकी भी उनकी बड़ी उपलब्धियों में शामिल हैं।

सक्सेस मंत्रा (Success Mantra)

किशोर कैलास बुरकुल के सफलता के रहस्य आपको भी सफल कर सकते हैं:

- अपनी टीम के साथियों को सावधानी से चुनें और उन्हें सफल होने में मदद करें।

- सफलता के लिए सही और संवेदनशील निर्णय लेना महत्वपूर्ण है। आपको अपने लक्ष्यों की प्राप्ति के लिए सही निर्णय लेने में मदद मिलेगी।

- डायरेक्ट सेलिंग में लोगों को इंवाइट करने का सही तरीका आना ही सबसे बड़ा टास्क है और इसी पर आपको सफलता निर्भर करती है। इस उद्योग के इंवाइट करने के लिए आपके अंदर कुछ खास स्किल्स होने चाहिए।

- सफलता के उदाहरण देखना और उनसे सीखना भी महत्वपूर्ण है। आप उन लोगों के साथ काम कर सकते हैं जो पहले से ही आपके व्यवसाय में सफल हैं और उनके अनुभव से सीख सकते हैं।

- सफलता के लिए नजरिया उतना ही जरूरी है जितना कि काबिलियत।

- कोई भी निर्णय केवल वर्तमान स्थिति को सोचकर न लें। भविष्य में उसका क्या प्रभाव पड़ेगा यह भी सोच लें।

- आप अपना हर पल बहुत समझदारी और इमानदारी से उपयोग करें।

- व्यक्तियों के साथ संबंध बनाने और उन्हें समर्थन प्रदान करने की क्षमता आपके व्यवसाय को बढ़ावा देने में मदद कर सकती है।

- सफलता के लिए सबसे जरूरी है कि आप खुद के अंदर से कभी भी सीखने की चाह खत्म न होने दें।

- अपने विजन का पीछा कीजिए, पैसों का नहीं। पैसा खुद व खुद पीछे आएगा।

- लगातार प्रयास करने वाले लोगों के पास एक दिन सफलता खुद आती है।

- एक सफल इंसान संघर्ष, संकट और शिखर के प्रयास में हमेशा अकेले ही होते हैं।

कामिनी सिंह

नाम: कामिनी सिंह
पद: गोल्ड लायन
कंपनी का नाम: टियांजिन तियानशी इंडिया प्रा. लि.
ज्वाइनिंग डेट: मार्च 2015
जन्मतिथि: 26/12/1988
वर्तमान निवास: लखनऊ
ईमेल आईडी:
Kaminisingengineer@gmail.com
अपलाइन का नाम: अरविन्द कुमार पांडे

Kamini Singh

बायोग्राफी (Biography)

एक महिला घर संभालने के साथ अपने सपनों को भी पूरा कर सकती हैं। इसका एक सफल उदाहरण कामिनी सिंह भी है। इनकी की कहानी से हमें कई महत्वपूर्ण चीजें सीखने का मौका मिलता है, खासकर उन महिलाओं को घर में रहकर और परिवार की जिम्मेदारी के साथ अपना करियर बनाती हैं। कामिनी सिंह एक साधारण परिवार से हैं, लेकिन बचपन से ही इनके सपने काफी बड़े रहे हैं। लेकिन यह नहीं पता था कि उन्हें करना क्या है। इनके सपनों को एक सही दिशा दी डायरेक्ट सेलिंग इंडस्ट्री ने। यह टियांजिन तियानशी इंडिया कंपनी में गोल्ड लायन के पद पर हैं। डायरेक्ट सेलिंग के क्षेत्र में इन्होंने अपनी उद्यमिता का सबसे अच्छा उपयोग किया और अपना बेहतरीन प्रदर्शन दिया।

व्यवसायिक से व्यक्तिगत विकास तक

डायरेक्ट सेलिंग इंडस्ट्री में व्यक्तिगत विकास का अच्छा मौका हो सकता है और यह आपको न केवल व्यवसायिक बल्कि व्यक्तिगत तरीके से भी समृद्धि प्राप्त करने में मदद कर सकते हैं। यहां आपको यह सीखना होगा कि लोगों के साथ संवाद कैसे करें, टीम के सवालों का उत्तर कैसे दें और उन्हें आपकी प्रस्तावित उत्पाद या सेवा की महत्ता कैसे समझाएं।

कड़ी मेहनत है जरूरी

किसी भी काम को पूरा करने और सफलता पाने के लिए कड़ी मेहनत बहुत जरूरी है। सपनों को हकीकत में बदलने के लिए सिर्फ चाहत काफी नहीं—ज़रूरी है दिन-रात एक कर देना, मेहनत करना, डटे रहना। क्योंकि सफलता कोई संयोग नहीं होती, यह कड़ी मेहनत, निरंतर प्रयास और संकल्प का परिणाम होती है। किसी भी काम को पूरा करने और लक्ष्य को पाने के लिए मेहनत करना अनिवार्य है।

> "लोग कहते हैं किस्मत साथ दे तो सब मुमकिन है, हम कहते हैं मेहनत करो, किस्मत भी झुक जाएगी।"

बड़ी-बड़ी इमारतें देखने का सपना था

कहते हैं कि अगर आप दृढ़ निश्चय के साथ काम शुरू करते हैं तो भगवान को भी आपको सफलता देनी पड़ती है।ऐसा मेरा साथ भी हुआ और अपनी मेहनत से मैंने अपने सभी सपने पूरे किएं। जैसा कि मैं एक छोटे से गांव से थी और बड़ी-बड़ी इमारते देखने का मेरा शौक था। डायरेक्ट सेलिंग में आने के बाद मैं अब उन बड़े-बड़े इमारतों वाले शहर में रह रही हूं और विदेश तक भी घूम चुकी हूं। यह सभी सपना मेरा डायरेक्ट सेलिंग इंडस्ट्री ने पूरा किया।

टर्निंग पॉइंट

मैं गांव के एक आम परिवार से हूं और वहीं से मैंने पढ़ाई की है। मैंने पढ़ाई में बीटेक कर रखा है। जब लखनऊ में मैंने बीटेक में एडमिशन लिया तो मेरे मामा जी मुझे डायरेक्ट सेलिंग की एक मीटिंग में लेकर गएं। वहां जब मैंने लोगों की बातें सुनी तो मुझे लगा कि यही एक ऐसी इंडस्ट्री में जो मुझे सफल कर सकती है। वहां लीडर्स की लग्जरी लाइफ और जर्नी ने मुझे काफी इंप्रेस किया। मेरे मन में उस दौरान यही बात आई की बी टेक कर के उतना पैसा नहीं कमा सकती हूं, जितना की इस इंडस्ट्री में पैसा कमा सकती हूं। लेकिन एक समय ऐसा आया डायरेक्ट सेलिंग को मैं नहीं कर पा रही थी। फिर मैं ने पढ़ाई पूरी करने के बाद नौकरी की। लेकिन वहां पर बॉस की डांट और बहुत सी दिक्कते थी। मैंने सोचा कि मैं इस नौकरी को भी नहीं कर पाउंगी। मैंने सिविल की भी पढ़ाई की लेकिन वहां भी सफल नहीं हुई। इन सब स्थितियों के बाद मैंने सोचा कि मैं डायरेक्ट सेलिंग ही करूंगी। यहीं मेरी लाइफ का टर्निंग पॉइंट था। फिर मैंने टीएन्स को ज्वाइन किया। उस दौरान भी कई दिक्कतें आई। इसे ज्वाइन करने के 2 साल बाद जब मुझे मेरे मेंटर ऐ के पांडे का सहयोग और गाइंड मिली, तो इसे कर पाई। यहां दोबारा आने के बाद मैं ने मजबूर सोच के साथ मैंने डायरेक्ट सेलिंग को सीखा और मजबूत इरादे के साथ करती रही। एक समय में मेरे पास एक फोन नहीं था, लेकिन इस इंडस्ट्री में आने के बाद आज मेरे पास फोन, गाड़ी और घर सब कुछ है।

सक्सेस मंत्रा (Success Mantra)

कामिनी सिंह के सफलता के रहस्य आपको भी सफल कर सकते हैं:

- नेटवर्क मार्केटिंग के क्षेत्र में सफलता पाने के लिए सही प्रशिक्षण और ज्ञान प्राप्त करना महत्वपूर्ण है।

- डायरेक्ट सेलिंग इंडस्ट्री आपके व्यक्तिगत और पेशेवर विकास के लिए एक बेहतरीन माध्यम हो सकती है।

- हर साल एक लक्ष्य बनाएं और उसे पूरा करने के लिए पूरी मेहनत करें।

- किसी काम में अफसल होने के बावजूद भी वो खुद को एक कमजोर नहीं समझना भी सफलता की ओर बढ़ने की एक निशानी है।

- डायरेक्ट सेलिंग इंडस्ट्री में व्यक्तिगत विकास का अच्छा मौका हो सकता है और यह आपको न केवल व्यावसायिक बल्कि व्यक्तिगत भी तरीके से समृद्धि प्राप्त करने में मदद कर सकता है।

- हर बड़ी सफलता के पीछे होती है एक लंबी मेहनत की कहानी। मेहनत करो, दुनिया बदलो।

- लोग कहते हैं किस्मत साथ दे तो सब मुमकिन है, हम कहते हैं मेहनत करो, किस्मत भी झुक जाएगी।

- सही समय पर सही जगह पर सही कार्य करने के लिए टाइम मैनेजमेंट का मजबूत होना अति आवश्यक है इसके अभाव में सफलता भी दूर चली जाती है।

गौरव बजाज

नाम: गौरव बजाज
पद: डायमंड
कंपनी का नाम: एमआई
लाइफस्टाइल मार्केटिंग ग्लोबल प्रा. लि
ज्वाइनिंग डेट: अगस्त 2013
जन्मतिथि: 23-12-1983
वर्तमान निवास: गुड़गांव - दिल्ली
ईमेल आईडी: hamarabajaj@
gmail.com
अपलाइन का नाम: मुबीन

Gaurav Bajaj

बायोग्राफी (Biography)

गौरव बजाज की सफलता की कहानी उन लोगों के लिए प्रेरणास्रोत है, जो डायरेक्ट सेलिंग में बड़ा मुकाम हासिल करना चाहते हैं। एमआई लाइफस्टाइल मार्केटिंग ग्लोबल प्रा. लि में डायमंड पद तक पहुंचना उनकी मेहनत, समर्पण और स्पष्ट दृष्टिकोण का परिणाम है। यह अपने लक्ष्य को लेकर बहुत स्पष्ट रहते हैं और निरंतर उसी पर ही कार्य करते रहते हैं, जबतक कि वो पूरा न हो जाए।

ना अपना धैर्य खोया, और ना ही हार मानी

मेरा जन्म और पालन-पोषण एक मध्यम वर्गीय परिवार में हुआ है और आप सरकारी स्कूलों के बच्चों को जानते हैं। कर्मचारी स्थानांतरण के कारण एक स्थान से दूसरे स्थान पर जाते रहते हैं, लेकिन फिर भी मैंने अपने बचपन के अधिकांश वर्ष हरियाणा के सिरसा में बिताए हैं। अपनी उच्च शिक्षा के लिए मैं गुड़गांव - दिल्ली आया और कंप्यूटर विज्ञान में

बैचलर ऑफ इंजीनियरिंग (बीई) पूरा किया। उसके बाद मैंने अपनी पहली और आखिरी नौकरी की, जो आज की दुनिया में भी कई लोगों के लिए एक सपना है। मैं एक MNC में सॉफ्टवेयर डेवलपर के रूप में काम किया और यह एक प्रमुख पत्रिका बिजनेस टुडे के अनुसार भारत में काम करने वाली शीर्ष 10 कंपनियों में से एक थी। मैं अपने व्यवसाय का हर जगह विस्तार कर रहा हूँ और वर्तमान में अपने परिवार के साथ गुड़गांव, दिल्ली में रहता हूँ। मुझे लगता है कि जब कई प्रयासों के बाद भी यह व्यवसाय आगे नहीं बढ़ रहा था, तो मेरे जीवन में एक ऐसी स्थिति आई जहां मुझे अपना अपार्टमेंट और गुड़गांव शहर छोड़ने के लिए मजबूर होना पड़ा पूरी तरह से। लेकिन मैंने ना अपना धैर्य खोया, और ना ही हार मानी। कभी-कभी आपको अपने सपनों को पूरा करने के लिए अपने जीवन में अपनी सबसे ज्यादा प्रिय चीजों को भी छोड़ना पड़ता है।

30 से 45 मिनट ख़ुद को दें

सफल लोगों में से लगभग 90 फ़ीसदी लोग हर दिन 30 से 45 मिनट ख़ुद को बेहतर बनाने में लगाते हैं। इसके लिए वो एज्युकेशन किताबे पढ़ते हैं और मोटिवेशनल लोगों की बाते सुनते हैं। जितना समय आप खुद में इंवेस्ट करेंगे, उससे आपको सफलता के रास्ते उतने ही जल्दी मिलेंगे। इससे आपको काम में भी काफी आसानी होगी और आपका खुद का व्यक्तित्व निखरेगा।

बातचीत, मीटिंग, कार्यक्रम, परामर्श और रिपीट

मैं अपनी टीम को प्रेरित और व्यवस्थित करने के लिए 5 चरणों की प्रक्रिया बेहद प्रभावी है। अपनी टीम को प्रेरित और व्यवस्थित करने के लिए 5 चरणों की प्रक्रिया का पालन करता हूं। जिसमें शामिल हैं, बातचीत, मीटिंग, कार्यक्रम, परामर्श और उन बातों को रिपीट। यह टीम के विकास, लक्ष्य प्राप्ति और मनोबल को बढ़ाने में मदद करती है।एक सिस्टम बनाकर ही आप विस्तार भी कर सकते हैं और अपनी टीम को ताकत भी दे सकते हैं।

छोटे-छोटे कदम बढ़ाएं

सफलता के लिए जरूरी मूलभूत सिद्धांत वे मजबूत स्तंभ हैं, जो किसी भी व्यक्ति को अपने लक्ष्य तक पहुँचने में मदद करती है। सफलता पाने के लिए आपको अपना लक्ष्य पूरी तरह स्पष्ट होना चाहिए। रोज़ लक्ष्य को पूरा करने के लिए छोटे-छोटे कदम बढ़ाएं। निरंतरता ही सफलता का असली मंत्र है। छोटे-छोटे कदम बढ़ाने से आपके असफल होने के उम्मीद कम होगी।

टर्निंग पॉइंट

डायरेक्ट सेलिंग में मैं किसी प्लानिंग के साथ नहीं आया था और वास्तव में मैंने कभी नहीं सोचा था कि मैं इस तरह का बिज़नेस करूंगा। अपनी नौकरी के दौरान एक सामान्य दिनचर्या में मुझे बड़े भाई का फ़ोन आया और उसने मुझसे पूछा कि अगले दिन कोई आएगा और मुझे पैसे देने होंगे, फॉर्म भरना होगा और कुछ दस्तावेज देने होंगे। मैंने पूछा कि यह किस लिए है क्या और उसने कहा कि हम एक व्यवसाय शुरू कर रहे हैं। अगले दिन एक अनजान व्यक्ति मेरे पास आता है और यह सब लेता है। मैंने कभी उम्मीद नहीं की थी कि जीवन बदलने वाला है और कभी भी पहले जैसा नहीं रहेगा।

सक्सेस मंत्रा (Success Mantra)

गौरव बजाज के सफलता के रहस्य आपको भी सफल कर सकते हैं:

- खुद को किसी से कम समझना, खुद के साथ अन्याय करना होता है। आप किसी दूसरे से कम नहीं है। अगर आपसे

कोई ज्यादा कामयाब है तो इसका मतलब यह नहीं कि आप किसी से कम है।

- अगर आप सच बोलते हैं तो आपको कुछ भी याद रखने की जरूरत नहीं है।

- हर समस्या का समाधान होता है।इस बात को ध्यान में रखते हुए कभी घबराए नहीं।

- सफलता के लिए आपका व्यवहार भी उतना ही महत्वपूर्ण है जितना कि क्षमता।

- नेटवर्क मार्केटिंग उद्योग में बदलाव हमेशा होता रहता है। आपको नई तकनीकों और नीतियों को सीखने की आदत खुद में डालनी चाहिए।

- आपको नियमित रूप से अपने टीम के कार्य का समीक्षण करना चाहिए ताकि आपको पता रहे कि आपकी टीम सफलता के किस स्टेज पर है।

- सफल नेटवर्क मार्केटर अपने उद्योग में निष्ठा की भावना रखते हैं। इससे आप लक्ष्य तक आसानी से पहुंच सकते हैं।

- व्यक्तियों के साथ संबंध बनाने और उन्हें समर्थन प्रदान करने की क्षमता आपके व्यवसाय को बढ़ावा देने में मदद कर सकती है।

- सफलता के लिए सबसे जरूरी है कि आप खुद के अंदर से कभी भी सीखने की चाह खत्म न होने दें।

एस बी प्रसाद

नाम: भगवान प्रसाद (एस बी प्रसाद)
पद: स्टार गोल्ड लॉयन (अपकमिंग डायरेक्टर)
कंपनी का नाम: टियांजिन तियानशी इंडिया प्रा. लि.
ज्वाइनिंग डेट: 01-01-2016
जन्मतिथि: N/A
वर्तमान निवास: सासाराम, बिहार
ईमेल आईडी: dynamicdreamerssuccess@gmail.com
अपलाइन का नाम: अरविंद केआर पांडे और अजय केआर कुशवाह

SB Prasad

बायोग्राफी (Biography)

अगर आपको डायरेक्ट सेलिंग इंडस्ट्री को समझना है तो आप भगवान प्रसाद (एस बी प्रसाद) से भी समझ सकते हैं। इनका काम करने का तरीका काफी स्मार्ट है और इनसे काफी कुछ सीखा जा सकता है। यह टियांजिन तियानशी इंडिया प्रा. लि. के स्टार गोल्ड लॉयन (अपकमिंग डायरेक्टर) हैं। भगवान प्रसाद के उदाहरण को देखकर, आप उनके काम के तरीके से कुछ सीख सकते हैं और उनके समर्पण और योगदान से प्रेरणा प्राप्त कर सकते हैं। उनके तरीके और उनकी दृष्टिकोण से आप डायरेक्ट सेलिंग में सफलता प्राप्त करने के लिए नए विचार प्राप्त कर सकते हैं। डायरेक्ट सेलिंग इंडस्ट्री में कई डायरेक्ट सेलर सफल हुए हैं, लेकिन बहुत ही कम समय में तेजी से ग्रो करने और रियलिटी अचीव करने वाले डायरेक्ट सेलर में से यह एक हैं।

अपने मेंटर पर भरोसा करना जरूरी है

डायरेक्ट सेलिंग में सफल होने के लिए आपका आपके मेंटर पर भरोसा होना बहुत जरूरी है। एक अच्छा मेंटर न केवल आपके व्यवसाय के विकास में मदद करता है, बल्कि वह आपको सही दिशा में मार्गदर्शन भी देता है और कठिन समय में प्रेरित करता है। जब आप अपने मेंटर पर विश्वास करते हैं, तो आप उनकी सलाह और अनुभव से बेहतर फैसले ले सकते हैं, जो आपकी सफलता के रास्ते को आसान बनाते हैं।

पहले लक्ष्य को चुनें, फिर आगे बढ़ें

एक समय में एक ही लक्ष्य पर ध्यान केंद्रित करने का महत्वपूर्ण और प्रभावी तरीका हो सकता है। जब आप अपना पूरा ध्यान और एनर्जी एक ही लक्ष्य पर समर्पित करते हैं, तो आपके प्रयास बढ़ जाते हैं, जिससे आपके साथ सफलता की संभावनाएं बढ़ती हैं। लेकिन एक ही लक्ष्य पर ध्यान केंद्रित करने से पहले यह महत्वपूर्ण है कि आप अपने लक्ष्य को ध्यान से चुनें और उसके प्रति पूरी तरह से समर्पित रहें।

"सफल नेतृत्व का मूल अंश है स्पष्ट दृष्टि। इसके लिए लक्ष्य को स्पष्ट रूप से देखना और उस दिशा में काम करना महत्वपूर्ण है"

राइट सिस्टम का प्रयोग करके ग्रोथ को बढ़ाना संभव है

डायरेक्ट सेलिंग इंडस्ट्री में राइट सिस्टम का प्रयोग करके ग्रोथ को बढ़ाना संभव है, परंतु इसमें तरीके से काम करना महत्वपूर्ण है। यहां कुछ बेहतरीन तरीके हैं जो आपको डायरेक्ट सेलिंग में सफलता प्राप्त करने में मदद कर सकते हैं। सही ढंग से प्रशिक्षित और समर्थ दल

तैयार करना महत्वपूर्ण है। नए सदस्यों को उत्कृष्ट प्रशिक्षण और समर्थन प्रदान करना उन्हें सफलता की दिशा में मदद कर सकता है।

टर्निंग पॉइंट

भगवान प्रसाद एक छोटे से गांव में जन्में हैं और एक समय में उनके लिए शिक्षा लेना भी बहुत मुश्किल था। डायरेक्ट सेलिंग में आने से पहले मैं मेरा जीवन बहुत गरीबी और बीमारी में निकल गया। 10वी के बाद 12वीं की पढ़ाई के लिए मेरी पिता जी के पास पैसे नहीं थें। फिर पिता जी के सहयोग के लिए मैंने मेडिकल स्टोर में नौकरी करना शुरू कर दिया था। इससे परिवार को काफी सपोर्ट मिला। 8वी क्लास में मेरी शादी भी हो गई थी। परिवार की जिम्मेदारी मेरे भी उपर थी। फिर एक कंपनी में मैंने मार्केटिंग का काम किया, लेकिन वहां कुछ समय बाद कमिशन चेन को बंद कर दिया गया और मैं फिर से सड़क पर आ गया था। इसके बाद भी मैंने कई काम किया लेकिन किस्मत ने साथ नहीं दिया। एक समय में मैं डिप्रेशन में चला गया था और उसके चलते मुझे शुगर की बीमारी भी हो गई। बाय हार्ट सर्जरी भी हो चुकी है। लेकिन डायरेक्ट सेलिंग में आने के बाद मेरी जिंदगी बदल गई। टिएंस कंपनी को मैंने अपने भाई के कहने पर ज्वाइन किया। मेरे भाई ने ही मुझे सलाह दी कि टिएंस में एक ऐसी मशीन है, जो शरीर में आपकी बीमारी के बारे में बताती है। फिर मैंने उसे खरीदा और बिहार आकर मशीन का इस्तेमाल किया और सप्लीमेंटस भी खाएं। इससे मेरी बीमारी ठीक होने लगी। इस अनुभव के बाद मेरे मन में यही आया कि मेरे जैसे दुनिया में करोड़ों लोग होंगे। जिन्हें इसकी जरूरत है, तो यही सोचकर मैंने इस बिजनेस को अपना करियर बनाया और कंपनी के साथ जुड़ गया। जब डायरेक्ट सेलिंग में आया तो मुझे पता चला कि यहां अमीर भी बना जा सकता है। फिर मैंने अपना इरादा मजबूत कर लिया कि मुझे डायरेक्ट सेलिंग बिजनेस ही करूंगा। इसके बाद मैंने लगकर काम शुरू किया और कुछ महीनों में ही मेरे पास कार आ गई। सबसे बड़ी अचीवमेंट रही 1.5 साल में रॉयल्टी भी अचीव करना।

सक्सेस मंत्रा (Success Mantra)

भगवान प्रसाद (एस बी प्रसाद) के सफलता के रहस्य आपको भी सफल कर सकते हैं:

- अपने गोल्स को छोटा करने के बजाए अपनी मेहनत को बड़ा करें।

- सफल नेतृत्व का मूल अंश है स्पष्ट दृष्टि। इसके लिए लक्ष्य को स्पष्ट रूप से देखना और उस दिशा में काम करना महत्वपूर्ण है।

- आप खुद पर विश्वास करते हैं, तो आप अपने लक्ष्यों की ओर अधिक सकारात्मक और संघर्षपूर्ण ढंग से बढ़ सकते हैं।

- कॉन्फिडेंस इस इंडस्ट्री में सफलता प्राप्त करने के लिए एक महत्वपूर्ण और अनिवार्य गुणवत्ता है। यह न केवल आपको अपनी क्षमताओं को पहचानने में मदद करता है, बल्कि आपको आगे बढ़ने में भी सहारा प्रदान करता है।

- इस डिजिटल युग में आप अपनी बड़ी टीम बनाने के लिए सोशल मीडिया का इस्तेमाल कर सकते हैं।

- किसी सिस्टम के नियमों का पालन करते हुए अगर आप बदलाव महसूस करते हैं, तो उसे अपनी स्थिति के हिसाब से अनुकूलित करना भी जरूरी होता है।

- हर सिस्टम में अनुशासन का पालन करना आवश्यक है, चाहे वह आपके उत्पाद के प्रचार-प्रसार के तरीके हों या बिक्री की प्रक्रिया। यह आपको व्यस्तता से बचाकर लक्ष्यों की ओर निर्देशित रखता है।

- डायरेक्ट सेलिंग में सफल होने के लिए एक नियम और बांध लें कि 3 प्लान आपको डेली शेयर करना है।

विनय सिंह

नाम: विनय सिंह
पद: गोल्ड लायन
कंपनी का नाम: टियांजिन तियानशी इंडिया प्रा. लि.
ज्वाइनिंग डेट: 2018
जन्मतिथि: 14-03-1991
वर्तमान निवास: कानपुर नगर
ईमेल आईडी: nvinaysingh36@gmail.com
अपलाइन का नाम: -

Vinay Singh Gautam

बायोग्राफी (Biography)

नेटवर्क बनाना डायरेक्ट सेलिंग में वाकई सबसे बड़ी चुनौती है, लेकिन सही सोच और सही एक्शन से यह सबसे बड़ी ताकत भी बन जाती है। डायरेक्ट सेलिंग में सबसे ज्यादा दिक्कत आती है लोगों का नेटवर्क बनाने में। बहुत से लोग इस मुश्किल में हार मान लेते हैं, लेकिन जो डटे रहते हैं, वही इतिहास बनाते हैं। ऐसी चुनौतियों का सामना करते हुए कैसे टीम बनाएं, इसके लिए सफल डायरेक्ट सेलर के रूप में एक उदाहरण हैं, टियांजिन तियानशी इंडिया के गोल्ड लायन, विनय सिंह।

पहले गोल्स फिक्स करना पड़ेगा

डायरेक्ट सेलिंग हो या ज़िंदगी का कोई भी क्षेत्र बिना लक्ष्य के काम करना मतलब अंधेरे में तीर चलाना है। कोई भी बड़ी सफलता पाने के लिए सबसे पहला स्टेप होता है, स्पष्ट लक्ष्य तय करना। अगर गोल तय नहीं किया, तो आप समझ नहीं पाएंगे कि किस दिशा में आपको जाना

है। आपका मोटिवेशन जल्दी खत्म हो जाएगा। गोल फिक्स करने का सही तरीका है कि आप तय करें कि आप डायरेक्ट सेलिंग में क्या हासिल करना चाहते हैं, और अपने बड़े लक्ष्य को छोटे-छोटे स्टेप्स में बांटिए।आप हर दिन के छोटे टारगेट तय करें और ईमानदारी से पूरा करें।

हर इवेंट में अपनी टीम के साथ शामिल होना अनिवार्य बनाइए

डायरेक्ट सेलिंग में इवेंट्स केवल मीटिंग्स नहीं होती, बल्कि ये असली जगह होती है जहाँ नया विज़न मिलता है, जोश और आत्मविश्वास बढ़ता है और टीम भावना मजबूत होती है। जब भी कोई नेटवर्क मार्केटिंग का इवेंट हो आप खुद भी जाएं, और अपनी पूरी टीम को भी साथ लेकर जाएं। क्योंकि इवेंट्स में शामिल होने से नेटवर्किंग मजबूत होती है, टीम का मनोबल बढ़ता है और लोग अपनी सफलता की कहानी बनाते हैं।

फॉलो-अप कीजिए, दबाव नहीं बनाइए

अगर आप किसी को बार-बार कॉल या मैसेज करते हैं, तो सामने वाला दबाव महसूस करता है। उसे लगता है कि आप सिर्फ अपना फायदा देख रहे हैं। नतीजा, वह आपसे दूर भागने लगता है। इसलिए धैर्य से काम लें और सही तरीका अपनाएं।आप सामने वाले से एक बार जानकारी दीजिए। फिर उन्हें सोचने और निर्णय लेने का समय दीजिए। बीच-बीच में फॉलो-अप कीजिए, दबाव नहीं बनाइए।

"नए डायरेक्ट सेलर को मैं यही कहना चाहूंगा कि अगर आपको डायरेक्ट सेलिंग सफल होना और शुरुआत में आने वाली मुश्किलों का पार करना है, तो शुरू के 2 से 3 साल अपने अपलाइन के दिमाग से चलें। वो जैसा कहें आप बस उसे फॉलो करें। ऐसा करने से सफलता आपको मिलनी ही मिलनी है॥"

टर्निंग पॉइंट

डायरेक्ट सेलिंग में आने से पहले मैं इंजीनियर था और साल 2018 में मैं ने डायरेक्ट सेलिंग कंपनी को ज्वॉइन किया, जो मेरी लाइफ का टर्निंग पॉइंट था। उस साल मुझे दिवाली की छुट्टी में घर आना था, लेकिन आने से पहले वर्क प्रेशर के चलते मेरी छुट्टी कैंसल कर दी गई। जो मुझा अच्छा नहीं लगा और मैंने रिजाइन कर दिया। क्योंकि पिछले 2 सालों से मैं घर नहीं आया था। उसी दौरान मुझे मेरे ग्रेट अपलाइन मिले, जिन्होंने मुझे इस इंडस्ट्री के बारे में बताया और फिर मैं एक सेमिनार में गया। जहां जाकर मेरे दिल ने कहा कि हां यहीं इंडस्ट्री मेरे लिए है और मैंने इसे ज्वाइन कर लिया। मेहनत तो सभी इंडस्ट्री में करनी पड़ती है, यहां पर भी है। डायरेक्ट सेलिंग की सबसे अच्छे बात है कि यहां पैसे के साथ फ्रीडम है। जहां जॉब के दौरान में 2 साल में एक बार छुट्टी के लिए परेशान रहता था, वहीं यहां पर मैं अब 15 देश घूम चुका हूं। 2030 तक एक बड़ी बेस्ट टीम के साथ मेरा हेलीकॉप्टर लेने का सपना है।

सक्सेस मंत्रा (Success Mantra)

विनय सिंह के सफलता के रहस्य आपको भी सफल कर सकते हैं:

- आपका धैर्य आपकी प्रोफेशनलिज्म को दर्शाता है, और प्रोफेशनल लोग ही इस इंडस्ट्री में लंबे समय तक टिकते हैं।

- एक अच्छा डायरेक्ट सेलर बनने के लिए आप खुद पर हमेशा विश्वास बनाए रखें, चाहे कैसी भी स्थिति हो।

- जो शुरुआत में नेटवर्क बनाने की चुनौती को स्वीकार कर लेता है, वही आगे चलकर नेटवर्क से इनकम कमाता है।

- यहां आप नये लोगों से मिलते हैं और कंपनी की तरफ से आपको ट्रेनिंग भी मिलती है, तो इन सभी चीजों से आपका व्यक्तित्व विकास होता है।

- नए डायरेक्ट सेलर को मैं यही कहना चाहूंगा कि अगर आपको डायरेक्ट सेलिंग सफल होना और शुरुआत में आने वाली मुश्किलों का पार करना है, तो शुरू के 2 से 3 साल अपने अपलाइन के दिमाग से चलें। वो जैसा कहें आप बस उसे फॉलो करें। ऐसा करने से सफलता आपको मिलनी ही मिलनी है।

- छोटी मीटिंग, प्रॉडक्ट डेमो, प्लान प्रजेंटेशन—कुछ भी हो, लेकिन रोज एक्टिव रहिए।

- शुरुआती दिनों में प्लान दिखाने के लिए आप अपने अपलाइन या सीनियर की मदद ले सकते हैं लेकिन जितना जल्दी हो सके खुद से प्लान दिखाना सीखिए।

- हर सुबह 1-2 संभावित व्यक्तियों को अप्रोच करें और अपॉइंटमेंट फिक्स करें।

रूपेस थलवाल

नाम: रूपेस थलवाल
पद: क्राउन डायमंड डायरेक्टर और फाउंडर
कंपनी का नाम: वीएलसीसी वेलसाइंस प्रा. लि.
ज्वाइनिंग डेट: 09-07- 2009
जन्मतिथि: 03-03-1985
वर्तमान निवास: ऋषिकेश, उत्तराखंड
ईमेल आईडी: Spreadhappiness 734@gmail.com

Rupess Thalwal

बायोग्राफी (Biography)

आज के समय में नौकरी से एक अच्छी लाइफस्टाइल मेंटेन करना मुश्किल है। ऐसे में डायरेक्ट सेलिंग इंडस्ट्री ने लोगों को बहुत सपोर्ट किया हैं। इस इंडस्ट्री को कई डायरेक्ट सेलर्स ने अपनी कड़ी मेहनत से लीड करते हुए आगे पहुंचाया है। उनमें से एक हैं रूपेस थलवाल, जो कि वीएलसीसी वेलसाइंस प्राइवेट लिमिटेड के क्राउन डायमंड निदेशक और टीम टीम लेट सक्सीड के संस्थापक है। इन्होंने खुद की सफलता के साथ अपने एजुकेशन सिस्टम से टीम ग्रोथ में भी बेहतरीन भूमिका निभाई है। रूपेस थलवाल जैसे सफल डायरेक्ट सेलर्स की कहानी से हमें यह सिखने को मिलता है कि डायरेक्ट सेलिंग इंडस्ट्री लोगों को एक अच्छी लाइफस्टाइल में सहारा प्रदान कर सकती है। सक्सेस प्राप्त करने के लिए उन्होंने कुशलता, उत्साह, और सही दिशा में मेहनत की है। रूपेस थलवाल ने यह साबित किया है कि यदि आप

मेहनत, निष्ठा, और उत्साह के साथ काम करते हैं, तो डायरेक्ट सेलिंग इंडस्ट्री में सफलता प्राप्त करना संभव है।

डायरेक्ट सेलिंग में आने का सफर

20 साल से इस शानदार इंडस्ट्री के साथ जुड़ा हूं। मेरा सबसे पहला चेक 210 रुपये का आया था, जो मुझे आज भी याद है। अगर शुरुआत की बात बताऊं तो मैं डायरेक्ट सेलिंग इंडस्ट्री के लिए बिल्कुल भी फिट नहीं था। "मैं एक निम्न वर्गीय किसान परिवार से हूं" ग्रेजुएशन करते करते ही डायरेक्ट सेलिंग मे आ गया। ना पैसा था ना कोई टू वीलर था मेरे पास। लिफ्ट मांग मांग कर ही बिज़नेस को बिल्ड करना शुरू किया। मेरी फैमिली बिल्कुल नहीं चाहती थी कि मैं इस काम को करूं। जिन्होंने मुझे जॉइन करवाया उन्होंने ही कह दिया कि हम नहीं कर रहे हैं, बेकार है यह काम और तुम भी मत करो। कोई जॉब सर्च कर लो, लेकिन मैंने हिम्मत नहीं हारी।मै रोज सुबह घर से निकल जाता था और रात को ही घर में एंट्री करता था। इतने पैसे नही होते थे कि दिन में कुछ खा पाऊं। परले जी बिस्किट और पानी पी कर ही अपना दिन काटता था। एक साल से ज्यादा का समय मैंने एशे ही व्यतीत किया। इतनी हिम्मत नही होती थी कि माता जी को बोलो की मुझे दिन के लिए एक टिफिन तैयार कर दो ऐश भी नही था कि मैं बोलता तो वो नही देते क्योंकि पर घर पर इतना काम होता था कि मैं बोल नही पता था। और उनको परेशान भी नही करना चाहता था।

रॉबर्ट टी. कियोसाकी की कैसेट सुनकर ही दिन की शुरुआत करता था

ईश्वर के आशीर्वाद से मेरे लिए ये अच्छा रहा कि मेरी शुरुआत किताब के माध्यम से हुई। रोज सुबह उठकर किताबों या, बिजनेस स्कूल (रॉबर्ट टी. कियोसाकी) की कैसेट सुनकर ही दिन की शुरुआत करता

था। जीत आपकी मेरी सबसे पहली किताब थी जिसने मेरे सोचने के तरीके को बदल कर रख दिया।

बिजनेस के बेसिक कंसेप्ट को समझना महत्वपूर्ण है

डायरेक्ट सेलिंग में सफलता पाने के लिए वर्क प्रोसेस को समझना बेहद जरूरी है। जब आप डायरेक्ट सेलिंग में आते हैं, तो सबसे पहले इस बिजनेस के बेसिक कंसेप्ट को समझना महत्वपूर्ण है। इसके लिए ट्रेनिंग प्रोग्राम, वेबिनार्स ज्वॉइनिंग और मेंटर्स के द्वारा दी गई गाइड पर चलना जरूरी है। शुरुआत में छोटे छोटे लक्ष्य बनाइये। उनको अचीव कीजिये। इससे सेंस ऑफ अचीवमेंट आएगा फिर थोड़ा बड़े फिर और बड़े लक्ष्य रखिये। ये एक प्रॉसेस है जिस पर मैंने काम किया है।

डायरेक्ट सेल्लिंग जॉइन करने का बिज़नेस नही है। बल्कि डिसाइड करने का बिज़नेस है।

अपलाइन की महत्वपूर्ण भूमिका होती है

जब मैं डायरेक्ट सेलिंग में आया तो जिन्होंने मुझे जॉइन करवाया उन्होंने कुछ ही दिनों बाद छोड़ दिया। फिर मैंने सर्च किया कि अपलाइन में ओर कोन कोन है। और भाग्य वश मेरी मुलाकात श्री महावीर कैंतुरा जी से हुई। और जिनके साथ मिलकर बिजनेस को बिल्ड किया और डायरेक्ट सेलिंग की बारीकियों को सीखा। आज वो मेरे बहुत अच्छे मित्र वा मेंटोर भी है। श्री अमिताभ वालिया जी मेरे एक और गुरु है, जिससे जीवन जीने के सफल सूत्र सीखे। यह एक अच्छे और स्मार्ट डायरेक्ट सेलर होने के साथ बेहतरीन अपलाइन और कोच भी हैं। यह अपने टीम को मोटिवेशन सपोर्ट के साथ मीटिंग, प्लानिंग और नेटवर्किंग की कला को लेकर सही गाइडेंस भी देते रहते हैं। जिससे उनकी टीम भी अपने काम में एक बेहतरीन भूमिका निभा पा रही है।

अपलाइन को अपनी टीम को लगातार प्रेरित करना चाहिए। प्रेरणा से टीम के सदस्यों को कठिनाइयों का सामना करने का मोटिवेशन मिलता है और वे अपने लक्ष्यों की ओर बढ़ सकते हैं। नियमित मीटिंग के माध्यम से टीम को अपडेट रखना और उनकी समस्याओं का समाधान करना महत्वपूर्ण है। इससे टीम में एकता और सहयोग बढ़ता है।

"इस इंडस्ट्री में यूथ अगर आना चाहते हैं तो एक बात की गांठ बांध लें कि जैसे आपके जॉब के लिए पढ़ाई में समय दिया है। उसी तरह इसमें भी आपको नेटवर्क टीम BUILD करने के लिए समय देना होगा।"

बिजनेस पर पूरा विश्वास रखें

डायरेक्ट सेलिंग बिजनेस में सफलता पाने के लिए सबसे महत्वपूर्ण बात है कि आप इस बिजनेस पर ना केवल पूरा विश्वास रखें बल्कि दृढ़विश्वास में परिवर्तित करे और डायरेक्ट सेल्लिंग को अपना मुख्य काम बनाएं। अगर आप अपने नेटवर्क मार्केटिंग बिजनेस पर दृढ़विश्वास करेंगे, तो आप इसे पूरी तरह से समर्पित कर पाएंगे। ट्रस्ट के बिना, आप न तो प्रभावी ढंग से काम कर पाएंगे और न ही दूसरों को इस बिजनेस के प्रति प्रेरित कर पाएंगे

दुनिया आपके बारे में क्या सोचती हैं। इस बात से ज्यादा फर्क नही पड़ता। आप खुद के बारे मे क्या सोचते हैं सबसे बड़ा फर्क इस बात से पड़ता है।

पर्सनेलिटी भी डेवलप हो जाती है

एक सफल डायरेक्ट सेलर के रूप में इनकी कहानी सबको लुभा देने वाली है। इन्होंने अपने करियर में कई अलग-अलग तरह का अनुभव किया, लेकिन उन सभी में सबसे अच्छा उद्योग डायरेक्ट सेलिंग का

लगा। इस उद्योग में पैसे के साथ सीखने के लिए भी बहुत कुछ है। सबसे खास बात कि यहां आकर सभी की पर्सनेलिटी भी डेवलप हो जाती है। सेल्फ ट्रांसफॉर्मेशन जो भी करेगा उसको सफ़लता 100% मिलेगी। बस खुद को बेहतर बनाने पर सबसे ज्यादा ध्यान दो। या अपनी टीम के लोगो को भी तैयार करें।

टर्निंग पॉइंट

2006 में एक मेगा सलेब्रेश प्रोग्राम में गया था। मेरे जीवन का पहला प्रोग्राम था जहां पर 700 लोगो को एक साथ देखा। वहां संतोष नायर जी से मिलना हुआ, जो कि मेरे जीवन का टर्निंग पॉइंट था। उस इवेंट के बाद का कुछ और नही सोचा केवल डायरेक्ट सेलिंग में ही कॅरियर बनाना है बस यही एक ही मकसद था मेरा और जिसमें मैं सफल भी हुआ। मैं रोज सुबह घर से निकल जाता था और रात को ही एंटर करता था। मैंने खुद से वादा किया था कि मैं जब तक रोज 7 प्लान ना कर लूं घर नही जाऊंगा। मेरे पास इतने पैसे नहीं होते थे कि लंच कर पाऊं। पारले जी बिस्कुट और पानी पी पी कर ही अपना काम चलाता था। लिफ्ट मांग मांग कर आता जाता था और बहुत बार लिफ्ट भी नहीं देते थे लोग फिर मेरा मकसद होता था कि स्पीड ब्रेकर तक पहुंचना होता था जहां से लिफ्ट मिलना थोड़ा आसान होता था क्योंकि स्पीड ब्रेकर मे लोगों की स्पीड धीरे होती थी।

सक्सेस मंत्रा (Success Mantra)

रूपेस थलवाल के सफलता के रहस्य आपको भी सफल कर सकते हैं:

- टाइम निकालकर नेटवर्क मार्केटिंग से जुड़ी किताबे पढ़ते रहें, इससे आपको काफी फायदा होगा।

- सबसे पहले तो लोगों को इस इंडस्ट्री या जिस इंडस्ट्री में काम करना चाहते हैं, उसके बारे में अच्छे से समझना

चाहिए। यह इंडस्ट्री कैसे काम करती है इसके बारे में अच्छे से रिसर्च करें।

- आपका सेल्फ टॉक मजबूत होना चाहिए बंद आंखो से आप अपने सुनहरे भविष्य को देख पा रहे हैं, ऐसा ही एक वीडियो अपने दिमाग में बनाइये या उसको रोज विजुअलाइज़ कीजिये।

- इस इंडस्ट्री में यूथ अगर आना चाहते हैं तो एक बात की गांठ बांध लें कि जैसे आपने जॉब के लिए पढ़ाई में समय दिया है। उसी तरह इसमें भी आपको नेटवर्क टीम सेट करने के लिए समय देना होगा।

- निराशा आपके काम में बाधा डाल सकती है इसलिए हमेशा निराशाजनक बातों से खुद को दूर रखें और सकारात्मक रहें।

- अमीर बनने का सपना पूरा करने के लिए आपको अपने नेटवर्क टीम बनाने में कड़ी मेहनत करनी होगी।

- डायरेक्ट सेलिंग में सफल होने के लिए ज्ञान और स्किलL की बहुत जरूरत होती है। इसके लिए सबसे अच्छा तरीका है कि सफल लोगों की कहानियां पढ़ें या एक्टिव ग्रोइंग अपलाइन की संगत में रहे।

- इसे आठ घंटे की नौकरी की तरह न करें। क्योंकि आप नोकरी नहीं एक ऐसे बिजनेस को डेवलप कर रहे हैं, जो आपकी आने वाली जेनरेशन को भी सिक्योर करेगी। इसलिए शुरुआत में जितना हो सके समय दें।

- सफल होने के लिए जरूरी है कि आप समय के महत्व को समझें। तभी सी समय आपको सफलता देगी।।

- आपको अपने टीम के सदस्यों को प्रशिक्षित करने का कौशल होना चाहिए ताकि वे अपने कार्य को बेहतर तरीके से कर सकें।

- "समय प्रबंधन पर ध्यान दें, क्योंकि बिना सही समय प्रबंधन के सफलता हासिल करना मुश्किल होता है।"

- याद रखिये एक मिनट मे जिंदगी नही बदल सकती किन्तु एक मिनट में लिए गये निर्णय से जीवन जरूर बदल सकता है।

प्रतिष्ठा यादव

नाम: प्रतिष्ठा यादव
पद: स्टार गोल्ड लायन
कंपनी का नाम: टियांजिन तियानशी इंडिया प्रा. लि.
ज्वाइनिंग डेट: अगस्त 2010
जन्मतिथि: 28/09/1983
वर्तमान निवास: N/A
ईमेल आईडी: N/A
अपलाइन का नाम: N/A

Pratistha Yadav

बायोग्राफी (Biography)

डायरेक्ट सेलिंग इंडस्ट्री महिलाओं के लिए सिर्फ एक करियर नहीं, बल्कि आत्मनिर्भरता और नेतृत्व का मंच भी है। आज की महिलाएं घर भी संभालना चाहती हैं और करियर में भी मुकाम बनाना चाहती हैं, ऐसे में डायरेक्ट सेलिंग एक ऐसा विकल्प है, जो उन्हें समय, आत्मनिर्भरता और पहचान, तीनों देता है। इसमें नाम बनाने वाली सफल महिलाओं में टियांजिन तियानशी इंडिया की सफल लीडर प्रतिष्ठा यादव भी शामिल हैं। ये उन महिलाओं के लिए एक मिसाल हैं, जो घर संभालने के साथ अपने करियर में भी बहुत कुछ करना चाहती हैं। डायरेक्ट सेलिंग में आने के बाद न ही केवल इन्होंने अपना नाम कमाया बल्कि कई महिलाओं का भी करियर संवारने में अहम भूमिका निभाई।

मेहनत और धैर्य का इन्वेस्टमेंट करना होता है

कई बार असफल होने के बाद मैंने यह सिखा कि इस इंडस्ट्री में सफल होने के लिए सीखना और धैर्य के साथ मेहनत करना भी बहुत

जरूरी है। डायरेक्ट सेलिंग में लोग अक्सर उत्साह और मोटिवेशन के साथ शुरुआत करते हैं। लेकिन शुरुआती कुछ महीनों में जब न सैलरी आती है, न पैसा दिखता है, तो बहुत से लोग मायूस होकर छोड़ देते हैं। यही सबसे बड़ा मिसअंडरस्टैंडिंग है। इंडस्ट्री नौकरी नहीं है, जहाँ हर महीने की एक तय सैलरी मिलती है। यह एक बिजनेस है, जहाँ शुरुआत में समय, मेहनत और धैर्य की इन्वेस्टमेंट करनी होती है। लेकिन जब रिजल्ट आने लगते हैं, तो आमदनी उस सैलरी से कई गुना ज्यादा होती है।

खुद को मेंटली बहुत मजबूत रखें

मेंटल स्ट्रेंथ इस इंडस्ट्री का सबसे बड़ा हथियार है। रिजेक्शन तो हर कदम पर मिलेगा, लेकिन असली विजेता वही है जो ना सुनने के बाद भी डटे रहे। प्रतिष्ठा यादव जैसे सफल लोगों की कहानी यही सिखाती है कि कभी हार नहीं माननी चाहिए।उन्होंने भी कई बार ना सुनी, लेकिन उन्होंने इसे अपनी कमजोरी नहीं बनने दी। हर रिजेक्शन को उन्होंने एक सीढ़ी की तरह इस्तेमाल किया और आज लाखों लोगों के लिए प्रेरणा बन गए।

> *"कई बार असफल होने के बाद मैंने यह सिखा कि इस इंडस्ट्री में सफल होने के लिए सीखना और धैर्य के साथ मेहनत करना भी बहुत जरूरी है।"*

टर्निंग पॉइंट

अपनी पढ़ाई पूरा करने के बाद मैं डायरेक्ट सेलिंग इंडस्ट्री में आई। शादी के पहले मैं डायरेक्ट सेलिंग में बहुत थोड़े समय के लिए थी, लेकिन तब सफल नहीं हो पाई थी। कहीं न कहीं मुझे ऐसा लगने लगा यहां सफलता नहीं मिलने वाली। मैं इस इंडस्ट्री को छोड़कर आगे बढ़ चुकी थी। लेकिन शादी के बाद मैं और मेरे हस्बैंड दोनों के

पास नौकरी नहीं था। घर चलाना बहुत मुश्किल था। फिर एक दिन मुझे मेरी अपलाइन ने फिर एक कंपनी के बारे में बताया और मुझे जरूरत भी थी। मेरा ऑनलाइन से बस एक सही सवाल था कि क्या मैं 10 से 12 हजार कमा पाउंगी। उन्होंने कहा कि हां, मुझ पर विश्वास रखों तुम्हें सब मिलेगा। यहीं मेरे लाइफ का टर्निंग पॉइंट रहा। उसके बाद भी कई तरह के चैलेंज आएं, एक समय पर फिर ऐसा लगा कि यहां काम नहीं हो पाएंगा और छोड़ देना चाहिए। लेकिन फिर हमने अपने दिमाग को समझाया और खुद की नेगेटिविटी का पॉजिटिविटी में बदला। यकिन मानिए तब जो काम मैं एक साल में नहीं कर पा रही थी, वो मैंने 20 दिनों में पूरा कर लिया। आज सफलता मेरे पास है। एक समय मैं 10 हजार के लिए परेशान थी और आज डायरेक्ट सेलिंग में आने के बाद मैं इंटरनेशनल ट्रिप कर रही हूं।

सक्सेस मंत्रा (Success Mantra)

प्रतिष्ठा यादव के सफलता के रहस्य आपको भी सफल कर सकते हैं:

- प्रतिष्ठा यादव ने अपनी करियर में ग्रोथ माइंसेट का सही उपयोग करने का कारगर तरीके से दिखाया है। उन्होंने बेहतरीन प्रोग्रामों और स्कीमों से अपनी क्षमताओं को बढ़ावा दिया।

- टीम मेकिंग स्किल्स नेटवर्क मार्केटर्स के लिए एक महत्वपूर्ण तत्व है, जो सफलता के लिए आवश्यक है। यह भी आपके अंदर जरूर होना चाहिए।

- नेटवर्क मार्केटिंग में सिर्फ प्रोडक्ट या प्लान जानना ही काफी नहीं होता, बल्कि "एक स्पष्ट योजना" और "टीम को साथ लेकर चलने की यूनिटी स्किल्स" भी सफलता की कुंजी होती है।

- एक अच्छा डायरेक्ट सेलर बनने के लिए अपने अंदर अच्छे श्रोताओं के गुण होने चाहिए।। लोगों की क्या जरूरत है उसको सुनें और समझें भी।

- र इंसान को उसकी भाषा और स्तर पर समझिए—यही असली नेटवर्किंग है।

- तैयारी ही विश्वास की जननी है, और डायरेक्ट सेलिंग में किसी भी नए व्यक्ति से मिलने से पहले की गई तैयारी यह तय करती है कि वह बातचीत प्रेरक बनेगी या साधारण।

- डायरेक्ट सेलिंग से जुड़कर हम बहुत ही अच्छे इनकम और बहुत ही अच्छा भविष्य बना सकते हैं। लेकिन लोग इस इंडस्ट्री की ताकत को समझ नहीं पाते हैं।

संजीव कुमार

नाम: संजीव कुमार
पद: लीडर
कंपनी का नाम: वेदालेक्स वर्ल्ड क्लास प्रोडक्ट्स प्रा. लि.
ज्वाइनिंग डेट: 13-06-2023
जन्मतिथि: 04-04-1978
वर्तमान निवास: करनाल, हरियाणा
ईमेल आईडी: drsanjeev.crown@gmail.com
अपलाइन का नाम: N/A

Sanjeev Kumar

बायोग्राफी (Biography)

कई लोग अमीर बनने का बस सपना ही देखकर रह जाते हैं। बहुत कम लोग अपने सपने को मेहनत से पूरा कर पाते है। ऐसे ही वेदालेक्स वर्ल्ड क्लास प्रोडक्ट्स के संजीव कुमार हैं। इन्होंने डायरेक्ट सेलिंग इंडस्ट्री में आने को बाद बहुत कुछ सीखा भी और लोगों को सिखाया भी। संजीव कुमार जैसे सफल व्यक्तियों की कहानियां हमें यह सिखाती हैं कि सफलता का सूची आपकी मेहनत, उम्मीद, और संघर्ष पर निर्भर करता है। उनकी जीवनी से हमें मिलता है कि सपनों को पूरा करने के लिए आत्म-नियंत्रण, समर्पण, और उत्साह अत्यंत महत्वपूर्ण होते हैं।

जेन्युइन बिजनेस मॉडल है

डायरेक्ट सेलिंग एक लीगल और जेन्युइन बिजनेस मॉडल हो सकता है, जिसमें लोग उत्पादों या सेवाओं को सीधे ग्राहकों को बेचते हैं।

इसका मतलब है कि डायरेक्ट सेलिंग कंपनियों को व्यापारिक एथिक्स, नियमों, और विधियों का पालन करना होता है। नेटवर्किंग टीम बनाने में लोगों को दिक्कत हो सकती है, इसलिए महत्वपूर्ण है कि उन्हें सच्चाई और समझदारी से समझाया जाए कि डायरेक्ट सेलिंग एक विश्वसनीय और जिम्मेदार बिजनेस हो सकता है।

अपने जीवन की जिम्मेदारी लेना

सफल लोग अपने जीवन और अपने फैसलों की पूरी जिम्मेदारी लेते हैं। सफल लोग अपनी असफलताओं या कमियों के लिए दूसरों को दोष नहीं देते हैं। इसके बजाय, वे अपनी गलतियों को स्वीकार करते हैं और गलतियों से सीख कर आगे बढ़ते हैं। वे अपने समय की कीमत को बखूबी जानते हैं।

वन मैन आर्मी थीम पर वर्क न करें

डायरेक्ट सेलिंग में कई चैलेंज और चुनौतियों का सामना करने के बाद मैंने यह अनुभव किया कि डायरेक्ट सेलिंग में वन मैन आर्मी जैसा थीम वर्क नहीं करता है। यानि कि एक शहर और किसी व्यक्ति पर ही निर्भर नहीं होना है। इसलिए मैंने अलग-अलग राज्यों में जाकर अलग-अलग टीम बनाई और उनकी ग्रोथ के लिए लगातार प्रयास करता हूं। अलग-अलग जगहों में टीम बनाने से आपके डाउनफॉल की उम्मीद काफी कम होगी।

टर्निंग पॉइंट

डायरेक्ट सेलिंग में आने से पहले मैं डॉक्टर की प्रैक्टिस में रहा था। 10 साल की प्रैक्टिस के बाद साल 2007 में फिर मैं डायरेक्ट सेलिंग इंडस्ट्री में आ गया। मैं आज के समय में मरीजों को भी देखता हूं और उन्हें कंपनी आयुर्वेदिक दवाएं भी देता हूं। डायरेक्ट सेलिंग इंडस्ट्री ने

मेरे जीवन को ही बदल दिया। यहां मुझे कई तरह की दिक्कत भी आईं। कई बार मेरी लांखों की इनकम हजारों में चली गई। जब ये डाउन फॉल आया तो मैंने टीम मैनेजमेंट पर भी वर्क किया। फिर टीम ग्रोथ के लिए अलग-अलग राज्यों पर फोकस किया। डायरेक्ट सेलिंग में आने के बाद मेरा अपनी गाड़ी होने का और इंटरनेशनल ट्रिप करने का, दोनों ही सपना पूरा हुआ। जो मेरे लाइफ का सबसे बड़ा टर्निंग पॉइंट था।

सक्सेस मंत्रा (Success Mantra)

संजीव कुमार के सफलता के रहस्य आपको भी सफल कर सकते हैं:

- हमेशा मल्टीपल तरीके से कामों को करने के की कोशिश करें। लेकिन हां, रास्ता हमेशा सही चुने और शॉर्ट कट की तरफ न भागें।

- अलग-अलग शहरों में अपनी टीम बढ़ाए और उनकी ट्रेनिंग पर खास मेहनत करें।

- अगर आपको जीवन में सफल होना है तो काम के साथ हमेशा खुद को भी महत्व दें।

- आपको अपने टीम के सदस्यों को प्रशिक्षित करने का कौशल होना चाहिए ताकि वे अपने कार्य को बेहतर तरीके से कर सकें।

- महिलाओं के लिए ये सबसे अच्छा उद्योग है, इसे घर बैठे आसानी से किया जा सकता है। लेकिन घर पर इसे ऑफिस की तरह जरूरी काम के रूप में लें।

- एक बात को ध्यान रखें कि हमारी समस्याओं का समाधान तो केवल हमारे पास ही है दूसरों के पास तो केवल सुझाव है।

- हमेशा चुनौतियों को स्वीकार करना चाहिए इससे सफलता मिलेगी या तो शिक्षा।

- आपके विचार और आपकी मानसिकता से ही आपकी सफलता की कहानी बनती है, और आपको उस रास्ते पर आगे बढ़ने की प्रेरणा सकते हैं।

फालगुन मेहता और अंकित प्रकाश

नाम: फालगुन मेहता और अंकित प्रकाश

पद: एनेजिक डिस्ट्रीब्यूटर

कंपनी का नाम: एनाजिक इंडिया केंगेन वाटर प्रा. लि.

ज्वाइनिंग डेट: N/A

जन्मतिथि: 08-03-1972

वर्तमान निवास: सूरत

ईमेल आईडी: mehtafalgun@hotmail.com

अपलाइन का नाम: विक्रम और अंकित

Falgun Mehta

बायोग्राफी (Biography)

फालगुन मेहता और अंकित प्रकाश की सफलता सच में प्रेरणादायक है। डायरेक्ट सेलिंग में उनकी कड़ी मेहनत, एजुकेशन सिस्टम और टीम ग्रोथ में योगदान उन्हें एक अलग पहचान देता है। एनेजिक इंडिया केंगेन वाटर के एनेजिक डिस्ट्रीब्यूटर के रूप में, वे न केवल अपने लिए बल्कि अपनी पूरी टीम के लिए सफलता की राह बना रहे हैं। उनका टीम वर्क और एकता पर जोर देना इस बात को साबित करता है कि सही मार्गदर्शन और समर्पण से कोई भी ऊंचाइयों को छू सकता है। खुद की सफलता के साथ टीम ग्रोथ में भी बेहतरीन भूमिका निभाने वाले फालगुन मेहता एफएमसीजी, फास्ट मूविंग कंज्यूमर प्रोडक्ट के अध्यक्ष हैं। इसके अलावा चैंबर ऑफ कॉमर्स रिटेल कमेटी और सूरत

एयरपोर्ट कमेटी के भी अध्य्यक्ष हैं। अंकित प्रकाश महावीर इंटरनेशनल के सीईओ भी हैं। यह हमेशा टीम के सदस्यों के बीच सहयोग और साझेदारी को प्रोत्साहित करते नजर आते हैं। हमने इस प्रत्यक्ष बिक्री उद्योग की धारणा को बदल दिया है। बहुत सारे बड़े बिल्डर, बड़े व्यवसाय के मालिक, क्रिकेटर, राजनेता, फिल्म स्टार हमारी टीम में हमारे साथ हैं। हमने व्यवसाय को अगले स्तर और पेशेवर तरीके से बदल दिया है और यही कारण है कि हम सभी राज्यों और 18 देशों में काम कर रहे हैं।

टीम को हमेशा मैं मोटिवेट किया

हमने अपने नेटवर्क को बढ़ाने के लिए सबसे पहले विश्वास और संबंध बनाया अपनी टीम के साथ, साथ ही अपनी टीम मेंबर को ट्रेनिंग मीटिंग के माध्यम से नई जानकारी प्रोवाइड किया। हमने अपनी टीम को हमेशा मैं मोटिवेट किया और कभी उनको डिमोटिवेट नहीं होने दिया। मैंने उन्हें हर दिन कुछ ना कुछ टारगेट दिया।

कॉरपोरेट की तरह ट्रेनिंग देनी चाहिए

शुरुआत हमारी टीम कई बार टूटी है। हम मेहनत कर के 400 से 500 लोगों की टीम बनाने के बाद भी वो टूट जाती थी। फिर हमें समझ आया कि डायरेक्ट सेलिंग में भी हमें कॉरपोरेट की तरह ट्रेनिंग देनी चाहिए। ताकि लोगों को सही ट्रेनिंग मिल सके कि इस इंडस्ट्री में कैसे काम करना और लंबे समय तक बने रहने और सफल होने के लिए क्या करना चाहिए। जब लोगों को उनका सफल भविष्य इसमें नजर आएगा। तब ही आप सफल हो पाएंगे।

रिजेक्शन आम बात है

डायरेक्ट सेलिंग में रिजेक्शन आम बात है, लेकिन आत्मविश्वास से भरपूर व्यक्ति इससे घबराता नहीं, बल्कि सीख कर आगे बढ़ता है।

यही हमने भी किया और आपको भी करना चाहिए। क्योंकि डायरेक्ट सेलिंग में आत्मविश्वास से भरा व्यक्ति अपने प्रोडक्ट्स, प्लान और आइडियाज को बेहतर तरीके से शेयर कर सकता है।एक कॉन्फिडेंट लीडर के तौर पर आप अपनी टीम को सही दिशा दिखा सकता है।

रिजेक्शन को सकारात्मक रूप से लें

डायरेक्ट सेलिंग में ना सुनना आम बात है, लेकिन इसे अपनी असफलता नहीं बल्कि कुछ सीखने का मौका समझना चाहिए। आपको यह बात भी समझनी होगी कि हर व्यक्ति की सोच, जरूरतें और प्राथमिकताएं अलग होती हैं। यदि कोई आपको कोई ना कहता है, तो यह जरूरी नहीं कि वह हमेशा के लिए मना कर रहा है। आप आगे फिर प्रयास कर सकते हैं। हर बार जब कोई मना करता है, तो वह आपको अपने तरीके सुधारने और अपनी प्रस्तुति को और प्रभावी बनाने का मौका देता है। जो लोग सफल हुए हैं, उन्होंने भी कभी न कभी ना सुना होगा। लेकिन उन्होंने हार मानने के बजाय, इसे एक प्रेरणा के रूप में लिया और आगे बढ़े।

> *"डायरेक्ट सेलिंग में सफल होने के लिए पहले इस उद्योग में काम के स्टेजेस को समझें। इससे आपके लिए सफलता तय करना आसान होगा।"*

समय के साथ आगे बढ़ें

बदलते समय के साथ कम्युनिकेशन स्किल्स, डिजिटल मार्केटिंग, लीडरशिप और सेल्स तकनीक जैसी स्किल्स को अपडेट करना जरूरी है। आज के दौर में सोशल मीडिया, ऑनलाइन मीटिंग, वेबिनार और डिजिटल टूल्स का उपयोग करके ज्यादा से ज्यादा लोगों तक पहुंचा जा सकता है।

टर्निंग पॉइंट

डायरेक्ट सेलिंग बिजनेस में आने से पहले से हम एफ.एम.सी.जी. जैसे ट्रेडिशनल बिजनेस जुड़े हुए हैं और इस ट्रेडिशनल बिजनेस में हम दोनों का एक लंबा अनुभव रहा है। जिसका इस्तेमाल हमने डायरेक्ट सेलिंग इंडस्ट्री में भी किया है। फाल्गुन मेहता के पास डिस्ट्रीब्यूटर्स की एक लंबी चेन संपर्क में है और अंकित प्रकाश की एक्सपर्ट सेल और मार्केटिंग अधिक है। तो इस तरह से इन दोनों ने अपने अनुभव को एक ताकत की तरह मिलाकर काम किया। एनेजिक कंपनी से जुड़ना हमारे जीवन का एक ऐसा टर्निंग पॉइंट था, जिसने हम बस सफलता ही दी है। यहां हम दोनों ने एक महीने में ही सफलता का वो मुकाम हासिल किया है, जिसे करने के लिए लोगों सालों-साल मेहनत करते हैं। हमें मिली सफलता आसान नहीं थी, इसमें शुरुआत में बहुत से चैलेंज आए। लेकिन हमने उन असफलताओं के कारण पर ध्यान किया और टीम की ग्रोथ पर फोकस किया। हम सभी जानते हैं कि कैंगन वाटर की मशीन कितनी महंगी आती है और अधिक कीमत होने की वजह से भारत में इसे लोग खरीदने से पीछे भाग रहे थें। फिर हमने लोगों को इसके फायदे बताएं। ऐसा करने में काफी समय गया। लेकिन 5 साल के हमारे इस बिजनेस में अब हम दूसरों की मदद करने में भी सक्षम हो गए हैं।

सक्सेस मंत्रा (Success Mantra)

फाल्गुन मेहता और अंकित प्रकाश के सफलता के रहस्य आपको भी सफल कर सकते हैं:

- डायरेक्ट सेलिंग में सफल होने के लिए पहले इस उद्योग में काम के स्टेजेस को समझें। इससे आपके लिए सफलता तय करना आसान होगा।

- जब आपके अंदर कॉन्फिडेंस होता है, तो लोग आपको सुनना पसंद करते हैं और आपसे जुड़ना चाहते हैं।

- जब लोग "ना" कहते हैं, तो उसे सीखने का अवसर मानें। यह समझें कि हर व्यक्ति का नजरिया अलग होता है।

- बदलते दौर के साथ नई चीजें सीखें और अपनी कार्यशैली में सुधार करें।

- बदलते दौर के साथ नई चीजें सीखें और अपनी कार्यशैली में सुधार करें।

- खुद को लक्ष्य देना और उसे पूरा करने की आदत डालना सफलता की ओर बड़ा कदम है।

- इस इंडस्ट्री में लगातार प्रयास और उत्साह सफलता की कुंजी है।

सुजीत सिंह

नाम: सुजीत सिंह
पद: लीडर
कंपनी का नाम: केवा काइपो
इंडस्ट्रीज प्रा. लि.
ज्वाइनिंग डेट: N/A
ईमेल आईडी: N/A
अपलाइन का नाम: N/A

Sujit Kumar Singh

बायोग्राफी (Biography)

मेहतन आपका वक्त अपने दिन जरूर बदलती है। ऐसे ही एक उदाहरण हैं केवा काइपो इंडस्ट्रीज के लीडर सुजीत सिंह। डायरेक्ट सेलिंग इंडस्ट्री से अब तक ये करोडो रूपय कमा चुके हैं और साथ ही अपने टीम के ग्रोथ में भी मदद की। सुजीत सिंह ने डायरेक्ट सेलिंग इंडस्ट्री में शुरुआत साधारण स्तर से की थी, लेकिन अपनी मेहनत, लगातार सीखने और टीम को मजबूत करने की सोच के साथ, आज वे सफल डायरेक्ट सेलर बनें।

एक आम आदमी के लिए बेस्ट बिजनेस मॉडल है

अगर एक आम आदमी को बिजनेस करना है, तो डायरेक्ट सेलिंग उसके लिए सबसे बेहतरीन विकल्प है। क्योंकि यहां आपको यहां बना-बनाया बिजनेस मॉडल और सिस्टम मिलता है, बहुत ही कम पूंजी में शुरुआत करने का मौका मिलता है, और सबसे बड़ी बात कि यहां कंपटीशन नहीं, सहयोग की संस्कृति है। डायरेक्ट सेलिंग इंडस्ट्री में आपकी सफलता दूसरों की मदद करने से जुड़ी है।

अपने सपनों को लक्ष्य बनाओ और पूरी लगन से जुट जाओ

डायरेक्ट सेलिंग में कामयाबी सिर्फ सिस्टम से नहीं, बल्कि आपकी सोच, विश्वास और समर्पण से आती है। अगर आप वाकई में सफल होना चाहते हैं, तो अपने सपनों को सिर्फ ख्वाब मत रहने दो, उन्हें लक्ष्य में बदलो। उस लक्ष्य को हासिल करने के लिए सही मानसिकता अपनाओ, खुद पर पूरा विश्वास रखो और लगन के साथ लगातार काम करो।

> *"डायरेक्ट सेलिंग में आने से पहले आप अपने डीम और गोल को क्लीयर कर के आएं। पहले आप सोच लें कि आपको करना क्या है और जब आप दिल से यहां काम करना चाहें, तभी आएं।"*

डीप लेवल पर जाकर काम करता हूं

डायरेक्ट सेलिंग को मैं ने जनून के साथ किया और अपनी पूरी मेहनत इस इंडस्ट्री में लगा दिया। ग्रोथ करने के साथ मुझे काफी चुनौतियों का भी सामना करना पड़ा। सबसे बड़ा चैलेंज यह था कि मेरे टीम के 7 बेस्ट लीडर से ने एक साथ टीम छोड़ दी थी। इसका कारण कास्ट प्रॉब्लम उन्हें लग रही थी। लेकिन ऐसे टाइम पर मैंने हार नहीं मानी और खुद का चैलेंज दिया कि अब अपनी टीम नहीं टूटने दूंगा और मैंने अपना पूरा जोर लगा दिया। बस उस टाइम मैंने खुद को टूटने नहीं दिया। इसी मनोबल के साथ मैं खड़ा रहा और आज सफल हूं। कभी-कभी खुद को चैलेंज देना भी एक मोटीवेशन का काम करता है। अब एक पोजीशन पाने के बाद भी मैंने आज अपने काम करने का तरीका नहीं बदला। मैं आज भी टीम के साथ डीप लेवल पर जाकर काम करता हूं। कोई भी टीम का सदस्य मुझे मीटिंग के लिए बुलाता है, तो मैं उसमें जरूर जाता हूं।

टर्निंग पॉइंट

एल एल बी और मास कम्यूनिकेशन के अलावा कई और हायर डिग्री लेने के बाद में आरो इंस्टॉलेशन के काम में आ गया था। लेकिन कही न कही मेर मन में हमेशा एक बात चलती थी कि कुछ बड़ा करना चाहता हूं। इस दौरान मैंने डॉ अशोक रस्तोगी का सेमिनार देखा और मेरे दिमाग में यह क्लिक होने लगा कि वो आईआईटी टॉपर होकर डायरेक्ट सेलिंग में आ गए और 9 लाख रुपये महीना कमा रहे हैं। तो जरूर इस बिजनेस में कुछ खास बात है। फिर एक दिन मेरे शॉप में मेरा ज्यूनियर कही से एड देखकर एक नंबर लेकर आया और बोला सर इस पर कॉल करों। मैं पूछा नेटवर्क मार्केटिंग है, तो उसने कहा हां, तो मैंने पहले तो मना कर दिया। लेकिन उसके काफी प्रेशर डालने पर कॉल किया और फिर उनके प्लान को समझा। यहीं से ही डायरेक्ट सेलिंग इंडस्ट्री में मेरी एंट्री हो गई। फिर आरओ के काम से डायरेक्ट सेलिंग में आना मेरे लाइफ का टर्निंग पॉइंट था।

सक्सेस मंत्रा (Success Mantra)

सुजीत सिंह के सफलता के रहस्य आपको भी सफल कर सकते हैं:

- अगर आप भी एक बड़े सपने के साथ छोटे कदम से शुरुआत करना चाहते हैं, तो डायरेक्ट सेलिंग आपके लिए एक सुनहरा अवसर हो सकता है।

- डायरेक्ट सेलिंग उसी यात्रा का नाम है: जहां सपने, सोच और मेहनत मिलकर सफलता की कहानी लिखते हैं।

- आपके सामने जो चुनौतियां आ रही है उनके बारे में अपने अपलाइन से बात करें। आपका काम आसान हो जाएगा।

- अपने लक्ष्य के प्रति सिंसियर होना बहुत जरूरी है, तभी यहां सफलता मिल सकती है।

- डायरेक्ट सेलिंग में आने से पहले आप अपने डीम और गोल को क्लीयर कर के आएं। पहले आप सोच लें कि आपको करना क्या है और जब आप दिल से यहां काम करना चाहें, तभी आएं।

- "छोटे प्रयास जब नियमित रूप से किए जाते हैं, तो वो बड़ी जीत में बदलते हैं।" छोटी-छोटी आदतें ही भविष्य में बड़ी सफलताओं की नींव बनाती हैं। उन लक्ष्यों तक पहुँचने के लिए हर दिन की छोटी-छोटी आदतों को गंभीरता से निभाना पड़ता है।

- सोशल मीडिया पर अपनी प्रोफाइल को प्रोफेशनल और इंस्पिरेशनल बनाएं – वहां से भी लोग जुड़ते हैं।

- लोगों से जुड़ना सीखें – नेटवर्किंग इस बिज़नेस की जान है।यह बिजनेस सिर्फ प्रोडक्ट बेचने का नहीं है, बल्कि रिलेशनशिप बिल्डिंग और नेटवर्किंग का बिजनेस है।

निर्मला गागरे

नाम: निर्मला गागरे
पद: रुबी डायरेक्टर
कंपनी का नाम: रियांश मल्टीट्रेड
प्रा. लि.
ज्वाइनिंग डेट: 17-09-22
जन्मतिथि: 29-12-94
वर्तमान निवास: संगमनेर
ईमेल आईडी:
nirmalagagare550@gmail.com
अपलाइन का नाम: लक्ष्मण तौर

Nirmala Gagare

बायोग्राफी (Biography)

जिन घरों में लड़कियों को अपने पंख फैलाने और उड़ने की अनुमति दी जाती है, वो लड़कियां अपने लक्ष्य तक जरूर पहुंचती हैं। छोटे से गांव में रहने वाली एक मध्यम वर्ग परिवार की बेटी निर्मला घाघरे की कहानी कुछ ऐसी ही है। उनकी कहानी यह दिखाती है कि समाज में स्त्री पुरुष में समानता और बेटियों को आत्मनिर्भर बनाने का महत्व बढ़ रहा है। उन्होंने अपने सभी सूपनों को पूरा किया और दूसरी लड़कियों के सपने को पूरा करने में पूरा सहायोग भी दिया। यह एक अच्छी गृहशोभा होने के साथ रियांश मल्टिट्रेड कंपनी की ब्लू डायमंड हैं। यह एक सफल डायरेक्ट सेलर होने के साथ एक अच्छी बेटी,वाइफ, अच्छी इंसान, बेहतरीन मोटीवेशनल स्पीकर और बेस्ट लीडर भी हैं। इन्होंने घर से लेकर बाहर तक की अपनी सभी जिम्मेदारियों को बखूबी निभाया है।

डायरेक्ट सेलिंग में आने का सफर

निर्मला गागरे का जन्म नीमगांव जाली में भास्कर बाजीराव दिवटे के एक साधारण गरीब किसान परिवार में हुआ था। शिक्षा के प्रति जुनून रखने वाली और बचपन से ही अपने सपनों को साकार करने की इच्छा रखने वाली निर्मला ने अपनी प्राथमिक शिक्षा पूरी करने के बाद बचपन में ही शादी कर ली। बाल विवाह के कारण पढ़ाई बीच में ही छोड़नी पड़ी और एक छोटी सी लड़की का सरकारी अधिकारी क्लास वन ऑफिसर बनने का सपना अधूरा रह गया। पति अरुण गागरे की आय 12,000 प्रति माह थी, जिसमें पूरे परिवार का गुजारा करना मुश्किल था।

सफल होने के लिए संघर्ष जरूरी है

ऐसा कहा जाता है कि हीरे में जितने अधिक गुण होते हैं, बाजार में उसकी कीमत उतनी ही अधिक होती है। व्यक्ति के जीवन में भी ऐसा ही होता है। उसके जीवन में जितने अधिक संघर्ष सामने आएंगे, वह संघर्षों के बीच उतना ही मजूबत होकर आगे बढ़ता जाएगा और और चमकता जाएगा। परिस्थितियों की छतरी पर पैर रखकर संघर्ष से दुनिया खड़ी करने वाली निर्मला अरुण गागरे की कहानी भी कुछ ऐसी ही है।

इंडस्ट्री से मिले सहयोग को, सफलता में इंवेस्ट करें

डायरेक्ट सलिंग में सफल होना है, तो इसे खुद के बिजनेस जैसा समझें। इंडस्ट्री द्वारा मिली कई सभी फैलिसिटीज, चाहे वो ब्रांडिंग हो या टीम लीडर्स का सहयोग हो, उन सभी का सही इस्तेमाल कर के आप अपने लिए सफलता का रास्ता तय कर सकते है।

सफल नेता ही, सफल डायरेक्ट सेलर होता है

निर्मला घाघरे का मानना है कि एक सफल डायरेक्ट सेलर बनने के लिए नेतृत्व गुणों का होना बहुत जरूरी है। खुद के लिए भी अपनी

टीम की ट्रेनिंग के लिए भी। नेतृत्व एक विशेष कला है, जो टीम को बेहतरीन ढंग से संभालने में मदद करती है। कुछ लोगों में यह कला विकसित में मिलती है और कुछ जिनके पास नहीं है, तो भी सीखी जा सकती है। नेतृत्व का गुण हर कोई सीख सकता है और अपने अंदर विकसित कर सकता है। इसमें समय लग सकता है और सीखते हुए कुछ असफलताओं का सामना भी करना पड़ सकता है। असफलताओं से सीखकर आगे बढ़ना ही सफलता की सीढ़ी है।

सकारात्मक और अच्छी सोच रखें

सकारात्मक सोच रखना बहुत ज्यादा जरूरी है, इसीलिए सकारात्मक सोच रखें। जब तक आपका माइंड सकारात्मक सोच नहीं रखेगा तब तक आप नेगेटिविटी से भरे रहेंगे और आप कुछ बेहतर नहीं सोच पाएंगे इसीलिए अपने आप को सकारात्मक रखें अच्छी सोच है और कुछ अच्छा करने के बारे में सोचें सकारात्मक रहने से आपके अंदर एक नई ऊर्जा देखने के लिए मिलेगी और फेस पर एक अलग स्माइल रहती है।

योजनाओं को बनाने के साथ उस पर चलना भी जरूरी है

किसी भी क्षेत्र में सफल होने के लिए योजना बहुत जरूरी है। इसलिए आप अपने कार्यक्षेत्र को लेकर योजनाएं बनाएं और उस पर कार्य करें। टाइम मैनेजमेंट भी पूरा ध्यान रखें और अपने कार्यों को प्राथमिकता दें। योजनाबद्ध तरीके से काम करने से आप अपने लक्ष्यों की ओर तेजी से बढ़ सकते हैं।

टर्निंग पॉइंट

कोरोना महामारी के दौरान निर्मला घाघरे को जियो टेलीकॉलिंग का काम मिल गया और वह बहुत खुश थीं। लेकिन कोरोना के बाद महंगाई के इस प्रकोप में घर का खर्च कैसे चलाया जाए यह सवाल फिर खड़ा हो गया और जियो का वर्क फ्रॉम होम का काम भी बंद हो गया। ऐसी स्थिति में समय-समय पर आने वाली पारिवारिक समस्याओं का सामना कैसे किया जाए यह सवाल उठा और जीवन में एक ऐसा क्षण आया जिसने इस पूरे अंधेरे जीवन में आशा की किरण जगा दी। लक्ष्मणजी तौर ने रियांश मल्टी ट्रेड प्राइवेट लिमिटेड और रियांश के प्रोडक्ट और बिजनेस प्लान के बारे में जानकारी दी। फिर अंधेरी जिंदगी में यू-टर्न आया और ऐसी रोशनी के जागने से जिंदगी को नया मोड़ मिला।

सक्सेस मंत्रा (Success Mantra)

निर्मला घाघरे के सफलता के रहस्य आपको भी सफल कर सकते हैं:

- सफलता के लिए सही और संविदानशील निर्णय लेना महत्वपूर्ण है। इससे आपको अपने लक्ष्यों की प्राप्ति के लिए सही निर्णय लेने में मदद मिलेगी।

- सफल लोगों के अंदर एक गुण होता है कि वे अपनी गलती को कभी दोहराते नहीं हैं।

- समय का सही तरीके से प्रबंधन करना महत्वपूर्ण है। आपको अपने उद्देश्य को हासिल करने के लिए समय का सही तरीके से उपयोग करना होगा।

- अपनी टीम के साथियों को सावधानी से चुनें और उन्हें सफल होने में मदद करें।

- अपने विजन का पीछा कीजिए, पैसों का नहीं। पैसा खुद व खुद पीछे आएगा।

- लगातार प्रयास करने वाले लोगों के पास एक दिन सफलता खुद आती है।

- यदि आप खुद पर विश्वास करते हैं और समर्पण के साथ मेहनत करते हैं, तो कोई भी सपना असंभव नहीं है।

- हमेशा उस दिशा में चलें जहाँ आपका डर है। आत्मविश्वास वहीँ छुपा होता है।

- डायरेक्ट सेलिंग का बिजनेस एक ऐसा बिजनेस है, जिसको बहुत ही कम लागत में शुरू किया जा सकता है। इस अवसर का आप पूरा लाभ उठाएं।

- अगर आपको लगता है कि आपमें कोई कमजोरी है, जो आपकी सफलता को रोक सकती है, तो उसे पहले ठीक करने की कोशिश करें।

मुरारी मधुकर महाले

नाम: मुरारी मधुकर महाले
पद: कॉन्टिनेंटल टीम को ऑर्डिनेटर
कंपनी का नाम: माई लाइफस्टाइल मार्केटिंग ग्लोबल प्रा. लि.
ज्वाइनिंग डेट: जनवरी 2014
जन्मतिथि: 01-03-1997
वर्तमान निवास: औरंगाबाद
ईमेल आईडी: murarimm73@gmail.com
अपलाइन का नाम: यूटीसी किशोर अहिरे

Murari Mahale

बायोग्राफी (Biography)

बहुत कम लोग होते हैं, जो असफलता के बाद भी सफलता के लिए लगातार प्रयास करते रहते हैं। ऐसे ही एक सफल लीडर है मुरारी मधुकर महाले, माई लाइफस्टाइल मार्केटिंग ग्लोबल प्राइवेट लिमिटेड कपंनी के कॉन्टिनेंटल टीम को ऑर्डिनेटर हैं। एक सफल डायरेक्ट सेलर के तौर पर इनसे सीखने को बहुत कुछ मिल सकता है आपको। यह बेस्ट ट्रेनिंग कोच भी हैं। उनकी सफलता इस बात का उदाहरण है कि लगातार प्रयास और सही दिशा में मेहनत करने से असफलता को सफलता में बदला जा सकता है। वे अपनी ट्रेनिंग और कोचिंग से नए डायरेक्ट सेलर्स को सही दिशा दिखाते हैं और उनकी सफलता में योगदान देते हैं।

कॉन्फिडेंस बिल्ड-अप हुआ

डायरेक्ट सेलिंग सिर्फ एक बिजनेस नहीं, बल्कि व्यक्तिगत विकास का एक बेहतरीन मंच भी है। यहां 100 लोगों के सामने बात करने

की हिम्मत और अपनी बात प्रभावी तरीके से रखने की कला विकसित होती है। इस इंडस्ट्री में आने के बाद न केवल मेरी कम्युनिकेशन स्किल्स में सुधार हुआ, बल्कि कॉन्फिडेंस भी बढ़ता चला गया।

सही समय पर एक्शन लें

सफलता पाने के लिए कोई सही समय नहीं होता है। किसी भी काम के लिए तुरंत एक्शन लेते हैं, इसीलिए वो सफल हो पाते हैं। आपने अक्सर लोगों को कहते सुना होगा ये काम अभी नहीं करेंगे, जब सही समय आएगा तक करेंगे। लेकिन सफल व्यक्ति ठीक इसका उल्टा करते हैं। वो किसी भी समय का उपयोग करके खुद के लिए सफलता की राह बना सकते है। वो किसी भी काम को करने के लिए सही समय का इंतजार नहीं करते हैं, बल्कि काम के लिए तुरंत एक्शन लेते हैं। उनकी यही आदत उन्हें सफल बनाती है।

> *"डायरेक्ट सेलिंग बिजनेस में टीम बनाने के लिए आपको सही लोगों की पहचान करना आना जरूरी है। अपने अंदर इस गुण को भी डेवलप करें।"*

नेटवर्क मार्केटिंग को अपने करियर के रूप में देखना

जिस दिन से आप नेटवर्क मार्केटिंग को अपने करियर के रूप में देखना शुरू कर देंगे उस दिन आपको यहां सफलता के रास्ता भी मिलने लगेंगे। नेटवर्क मार्केटिंग को अपने करियर के रूप में देखना एक अच्छा और उपयुक्त विचार हो सकता है, खासतर अगर आपकी महत्वाकांक्षा है कि आप अपने करियर में अपनी पहचान बनाना चाहते हैं और लम्बे समय तक टिकने वाला आय बनाना चाहते हैं।

अपने टारगेट ऑडियंस की पहचान करें

किसी भी व्यवसाय की तरहए आपका उत्पाद या सेवा संभवतः आबादी के एक विशेष उपसमूह के लिए सबसे उपयुक्त है। आपको इस सबसेट की पहचान करने और यह जानने की ज़रूरत है कि आपका आदर्श टार्गेट कौन है ताकि आप अपनी मार्केटिंग स्किल्स के साथ आउटरीच कर सकें। जैसे कि किसी मार्केटिंग और सेल्स में काम कर रहे लोगों को अपने से जोड़ेंगे तो आपकी एक मजबूत टीम जल्दी तैयार हो जाएगी। इससे आपका समय भी बचेगा और सफलता के रास्ते भी जल्दी बनेंगे।

टर्निंग पॉइंट

डायरेक्ट सेलिंग बिजनेस में मैं साल 2014 में आया था और मुझे इस बिजनेस में लेकर आएं, वो मेरे पिता और अपलाइन थें। इस बिजनेस में हमारा सेकेंड जेनरेशन हैं। मैं अपनी पिता की सहायता करने के लिए इस बिजनेस में आया था। फिर 2015 में मैंने डायरेक्ट सेलिंग इंडस्ट्री को अपने करियर के रूप में देखना शुरू किया और कड़ी मेहनत शुरू की। शुरुआत में मुझे चैलेंज भी बहुत आएं क्योंकि जब मैंने इसमें काम शुरू किया तो मैं पढ़ाई कर रहा था। तो मेरे फ्रेंड ग्रुप में सब स्टूडेंट थें। तो टीम नहीं बन पा रही थी। फिर मेरे पिता के सहयोग से मैंने अपने फ्रेंड के माता-पिता से बात की। फिर धीरे-धीरे मुझे सफलता मिलना शुरू हुई। मैं लगातार रिजेक्शन को स्वीकार करते हुए आगे बढ़ता गया। आज मैं अपनी टीम की ग्रोथ के लिए काम कर रहा हूं।

सक्सेस मंत्रा (Success Mantra)

मुरारी मधुकर महाले के सफलता के रहस्य आपको भी सफल कर सकते हैं:

- नेटवर्क मार्केटिंग आपको सीधे अपनी टीम के नेतृत्व की कला सीखने का मौका देता है, जिससे आप एक सफल बिजनेस की दिशा में अग्रणी बन सकते हैं।

- आप अपने टीम को मोटीवेट करने, उन्हें मार्गदर्शन करने, और सही दिशा में प्रेरित करने का सीधा अनुभव प्राप्त कर सकते हैं।

- डायरेक्ट सेलिंग बिजनेस में टीम बनाने के लिए आपको सही लोगों की पहचान करना आना जरूरी है। अपने अंदर इस गुण को भी डेवलप करें।

- डायरेक्ट सेलिंग में सफल होने के लिए आपको अपने नेटवर्क मार्केटिंग के स्किल को अच्छा करना है और एक अच्छी कंपनी की तलाश करनी है।

- इस इंडस्ट्री सफल होने के लिए आपको मेहनत और योग्यता की आवश्यकता होती है। इन बातों पर ध्यान दें।

- समय आपका साथ तब देगा जब आप समय के महत्व को समझेंगे।

- एक सफल नेटवर्क मार्केटर को अपने उद्देश्यों को स्पष्ट रूप से समझने और पूरा करने के लिए प्राथमिकता देनी चाहिए।

- आप अपना हर पल बहुत समझदारी और इमानदारी से उपयोग करें।

- सपना चाहे कितना भी बड़ा क्यों न हो, अगर आप सच्चे मन से काम करते हैं, तो रास्ते खुद-ब-खुद बनते जाते हैं।

विजय नायक

नाम: विजय नायक
पद: डायमंड
कंपनी का नाम: ईबायोटोरियम नेटवर्क प्रा. लि.
ज्वाइनिंग डेट: 09-10-2020
जन्मतिथि: 19-12-1960
वर्तमान निवास: नवसारी, गुजरात
ईमेल आईडी: vijaynaik191260@gmail.com
अपलाइन का नाम: फाउंडर लीडर

Vijay Naik

बायोग्राफी (Biography)

चलते हुए पैरों को रास्ता अपने आप मिल जाता है। ऐसी ही कुछ कहानी है, अपनी मेहनत से सफलता की मंजिल हासिल करने वाले विजय नायक की है, जो ईबायोटोरियम नेटवर्क प्राइवेट लिमिटेड में डायमंड के पद पर एक सफल डायरेक्ट सेलर हैं। उनके काम और जीवन जीने के तरीकों को लेकर उनके इरादे बहुत मजबूत हैं, जो दूसरों को भी प्रेरणा देते हैं। विजय नायक की कहानी उन सभी के लिए प्रेरणादायक है, जो डायरेक्ट सेलिंग या किसी भी अन्य क्षेत्र में सफलता प्राप्त करना चाहते हैं।

सही कंपनी आपकी सफलता तय करती है

मैं एक ऐसी कंपनी के साथ जुड़ा जिसके प्रोडक्ट वाकई में इतने अच्छे थें कि मेरे साथ कई लोगों को उनकी अपनी स्वास्थ्य समस्याओं में आराम मिला। टीम बहुत तेजी से बढ़ी क्योंकि साधारण तथ्य यह था

कि लोग उत्पादों का उपयोग करने से बेहतर महसूस कर रहे थे। वेलनेस उत्पादों ने लोगों को न केवल छोटी-मोटी बीमारियों से उबरने में मदद की, जिनमें गठिया, रक्तचाप और साइनस शामिल हैं, लेकिन केवल इन्हीं तक सीमित नहीं हैं, बल्कि कैंसर, पाचन और कई अन्य स्वास्थ्य संबंधी समस्याएं भी शामिल हैं। उन उपयोगकर्ताओं से प्रशंसापत्र आ रहे थे जिन्होंने इन उत्पादों का आनंद लिया और इनसे लाभ उठाया।

नाकामी का डर हटाएं, सफलता सुनिश्चित करें

कहा जाता है कि असफलता का मतलब है कि सफलता का प्रयास पूरे मन से नहीं किया जाना। यानी असफलता किसी काम को दुबारा और अच्छे तरह से करने का मौका देती है इसी तरह जब आप तय करते हैं कि चाहे कुछ भी हो, कितनी भी मेहनत पड़े, हमें लक्ष्य पाना ही है। जब ये संकल्प सफल कर लेंगे तो आगे जरूर बढ़ेंगे। डायरेक्ट सेलिंग की सफलता में यही संकल्प आपको सफल बनाता है।

खुद को समर्पित करने के लिए तैयार रहना चाहिए

जीवन में सफलता पाने के लिए हमें खुद को समर्पित करने के लिए तैयार रहना चाहिए। हमारे मौके और सफलता हमारे कार्यों, संकल्पों, और प्रयासों के परिणामस्वरूप होते हैं। जब हम मेहनत करते हैं, निरंतर सीखते हैं, और संघर्ष करते हैं, तो हम अपने जीवन को बेहतर बना सकते हैं और अपने लक्ष्यों को प्राप्त कर सकते हैं। डायरेक्ट सेलिंग में आपको अधिक बार संघर्ष का सामना करना पड़ सकता है, खासकर जब लोग आपके प्रस्ताव को अस्वीकार करते हैं। आपको इसे पॉजिटिव तरीके से लेना होगा।

> "आपकी जिंदगी और करियर दोनों ही एक नाव की तरह है, हमेशा उसे सही दिशा में ले कर जाएं, नहीं तो नाव डूब सकती है।"

अपनी क्षमता पर भरोसा रखें

कोई भी काम शुरू करने से पहले अपने मन को यह पूरी तरह समझा दें कि मैंने जो सपना देखा है उसे मैं पूरा कर सकता हूं। जो व्यक्ति अपनी सोच को अपनी मानसिक दशा को हमेशा सकारात्मक रखता है, उसे सफल होने से कोई भी नहीं रोक सकता। क्योंकि जैसे ही हम नकारात्मक सोचना शुरू करते हैं, हम अपने लक्ष्य से दूर होते जाते हैं।

खुद पर अनुशासन रखें

सफलता पाने के लिए अनुशासन का होना बहुत जरूरी है। समय पर काम करें और टाइम मैनेजमेंट का भी पालन करें। अनुशासन के लिए एक प्रभावी दैनिक रूटीन बनाएं और उसका पालन करें। इसके लिए आपका समय पर उठना, समय पर काम करना और दूसरों के समय की कीमत समझना, ये सभी बातें जरूरी है। अपनी टीम के सदस्यों को प्रोत्साहित करें और उन्हें प्रेरित करें, ताकि वे भी अपने नेटवर्क को बढ़ा सकें।

टर्निंग पॉइंट

मेरे करियर की शुरुआत डायरेक्ट सेलिंग इंडस्ट्री में वर्ष 1997 में एक प्रोडक्ट-बेस्ड कंपनी के साथ पार्ट-टाइम के रूप में हुई थी। धीरे-धीरे इस कार्य में रुचि और सफलता मिलने लगी, और वर्ष 2001 में मैंने इसे पूर्णकालिक (फुल-टाइम) रूप से अपनाया। वर्ष 2000 की शुरुआत में भारत की पहली बाइनरी कंपनी में पायनियर बनकर काम किया और ऑल इंडिया में रिकॉर्ड ब्रेक करते हुए जीवन में एक महत्वपूर्ण मोड़ यानी कि टर्निंग पॉइंट आया। इंटरनेशनल प्रोडक्ट बेस में काम करते हुए मर्सिडीज़ बेंज जैसी लग्ज़री उपलब्धि भी प्राप्त की। डायरेक्ट सेलिंग इंडस्ट्री में काम करते हुए पूरे परिवार के साथ वर्ल्ड टूर करने का अवसर भी मिला।

सक्सेस मंत्रा (Success Mantra)

विजय नायक के सफलता के रहस्य आपको भी सफल कर सकते हैं:

- मेरी कामयाबी का एक ही मंत्र है, सही समय पर सही निर्णय लेना।

- मैं सोच-विचार के बाद ही पैसा खर्च करता हूं, क्योंकि मैंने जीवन में बहुत से बुरे दिन देखे हैं और लोगों को भी यही सलाह देता हूं।

- एक जमाने में नौकरी कर चुका हूं, इसलिए जानता हूं कि नौकरी में कभी सपने पूरे नहीं हो सकते हैं, इसलिए लोगों को भी यही सलाह देता हूं कि आपके सपने को पूरा करने का मौका डायरेक्ट सेलिंग उद्योग ही दे सकता है।

- डायरेक्ट सेलिंग में सफल होना है तो समस्याओं को लेकर बैठें नहीं बल्कि तुरंत उसका समाधान करें।

- आपने पूरे दिन क्या काम किया और आपसे क्या गलतियां हुईं सोते समय एक बार सभी बातों को याद करें और अपने अगले दिन को बेहतर बनाने की कोशिश करें।

- यदि आपको अपनी क्षमता पर भरोसा है, तो काम चाहें कितना भी मुश्किल हो आप कर ले जाएंगे।

- आपकी जिंदगी और करियर दोनों ही एक नाव की तरह है, हमेशा उसे सही दिशा में ले कर जाएं, नहीं तो नाव डूब सकती है।

- हमेशा चुनौतियों को स्वीकार करना चाहिए इससे सफलता मिलेगी या तो शिक्षा।

धर्मेंद्र सोलंकी

नाम: धर्मेंद्र सोलंकी
पद: लीडर
कंपनी का नाम: N/A
जन्मतिथि: 03/05/1978
वर्तमान निवास: भोपाल
ईमेल आईडी: harsh.sobm@ gmail.com
अपलाइन का नाम: N/A

Dharmendra Solanki

बायोग्राफी (Biography)

धर्मेंद्र सोलंकी की कहानी से हमें अगर कुछ सीखना है, तो यह है कि आत्मनिर्भरता, संघर्षशीलता, और सही दिशा में काम करने की आदत से कैसे व्यक्ति अपने लक्ष्यों की प्राप्ति में सफल हो सकता है। धर्मेंद्र सोलंकी ने अपने दम पर खुद को सफलता की ऊँचाइयों तक पहुंचाया है। उन्होंने डायरेक्ट सेलिंग के माध्यम से खुद को आत्मनिर्भर बनाने का साहस दिखाया है। धर्मेंद्र सोलंकी हर्बल लाइफ के सफल लीडर हैं। इनकी कहानी एक प्रेरणास्पद है, जो दिखाती है कि सपनों को सच करने के लिए कठिनाइयों का सामना करना और मेहनत करना कितना महत्वपूर्ण है।

2 से 3 साल तक लर्निंग एटीट्यूड के साथ काम करना चाहिए

टीम को मजबूत करने के लिए प्रयास बहुत जरूरी है। मैं लोगों से यही कहता हूं कि अगर किसी को डायरेक्ट सेलिंग में बने रहना और सफल होना है, तो उसे इस इंडस्ट्री को सिर्फ 2 से 3 साल तक बिजनेस में लर्निंग एटीट्यूड के साथ काम करना चाहिए। फिर आपको टीम

बनाते समय भी बहुत सी बातों का ध्यान रखना चाहिए, जैसे कि इसमें कौन पार्ट टाइम इनकम के लिए आना चाहता है या कोई मेरी तरह इस इंडस्ट्री में अपना करियर बनाना चाहता है। अगर किसी का विजन है कि डायरेक्ट सेलिंग में मुझे कुछ करना है, तो मैं उसके साथ ट्रेनिंग और लर्निंग में समय देता हूं। अगर आप ऐसे लोगों की टीम बनाएंगे तो आपकी टीम की ग्रोथ अच्छी होगी।

जानकारी और सामर्थ्य का होना

सफल डायरेक्ट सेलर वहाँ तक पहुँचते हैं जहाँ उनके बेचे जा रहे उत्पाद या सेवाओं की अच्छी जानकारी और सामर्थ्य होता है। आपको अपने उत्पादों की अच्छी जानकारी होनी चाहिए ताकि आप अपने ग्राहकों को सही तरीके से सलाह दे सकें।

बेहतरीन रूप से संवाद करने की क्षमता होनी चाहिए

सफल डायरेक्ट सेलर होने के लिए उत्कृष्ट संचार कौशल अत्यंत महत्वपूर्ण हैं। आपको लोगों के साथ बेहतरीन रूप से संवाद करने की क्षमता होनी चाहिए ताकि आप उन्हें आपके उत्पादों या सेवाओं के प्रति प्रेरित कर सकें।

नियमित स्वयं विकास: इस इंडस्ट्री में रहकर नियमित रूप से खुद को विकसित करना आवश्यक है। नए उत्पादों और बदलते बाजार में कदम रखने के लिए स्वयं को समय-समय पर अपग्रेड करना आवश्यक है।

मेहनत और समर्पण है जरूरी

यह सच है कि डायरेक्ट सेलिंग इंडस्ट्री में आपको बड़ी निवेश की आवश्यकता नहीं होती है, लेकिन यहां मेहनत जरूर लगती है।

सफलता पाने के लिए मेहनत, समर्पण, और विश्वास बहुत महत्वपूर्ण हैं। डायरेक्ट सेलिंग में सफल होने के लिए आपको नेटवर्क बनाने के साथ उत्पादों का जानकारी भी होना जरूरी है।

टर्निंग पॉइंट

डायरेक्ट सेलिंग में आने से पहले मेरे जिंदगी एक आम आदमी की तरह था। माता-पिता बचपन में ही नहीं रहें। बड़ी बहन ने हमारा पालन-पोषण किया। काफी गरीबी में मेरा बचपन गुजरा और सरकारी स्कूल से पढ़ाई की और छोटी-छोटी नौकरियां की। फिर मेरी डीएम ऑफिस में जॉब लग गई और बाबू की पोस्ट में मैं काम कर रहा था। उसी दौरान में चचेरे भाई ने डायरेक्ट सेलिंग के बारे में बताया। यह 2001 की बात है और उस दौरान मैं छुट्टी के दौरान इंदौर जाता था। उसी दौरान मेरे भाई ने मुझे डायरेक्ट सेलिंग की एक मीटिंग में इनवाइट किया। वहां मैंने जब सुना तो मुझे कुछ बड़ा करने का एक रास्ता दिखा। फिर मैंने इसे पार्ट टाइम शुरू किया, लेकिन इसमें ज्यादा समय नहीं दे पा रहा था। फिर मुझे लगा कि डायरेक्ट सेलिंग को अच्छे से करने के लिए इसमें पूरा समय देना होगा। मैं नौकरी छोड़कर भोपाल आ गया और मुझे घर वालों के गुस्से का सामना भी करना पड़ा। वो समय आसान नहीं था, लेकिन मैंने मन बना लिया था और मैंने हिम्मत नहीं हारा। मैं कोशिश करता गया और आज मैं सफल भी हूं। जब मैंने पहली कंपनी ज्वाइन किया तो मैं समझ गया कि डायरेक्ट सेलिंग में बहुत पैसा है, अगर इसमें अच्छे से मन लगाकर काम किया जाए, जैसा कि आप एक अपना बिजनेस करते हैं।

धर्मेंद्र सोलंकी के सफलता के रहस्य आपको भी सफल कर सकते हैं:

- अपनी टीम में हमेशा ट्रिपल RRR फार्मूले पर काम करे, जैसे कि रिक्रूटमेंट (नई भर्ती), रिपर्चेज़ (लगातार खरीदी), रिटेनिंग (बनाये रखना)।

- डायरेक्ट सेलिंग में कई चुनौतियाँ हो सकती हैं, और आपको मानसिक रूप से मजबूत और संघर्ष करने की क्षमता होनी चाहिए।

- अपने उद्देश्यों और सपनों के प्रति समर्पित रहें और खुद को प्रेरित रखें।

- सफलता का मार्ग कई रुकावटों और चुनौतियों से भरपूर होता है, लेकिन सकारात्मक मानसिकता, मेहनत, और सहयोग से आप अपने लक्ष्यों को हासिल कर सकते हैं।

- समय का ठीक तरीके से प्रबंधन करना आवश्यक है। टाइम मैनेजमेंट से ही सफलता जल्दी हासिल की जा सकती है।

- डायरेक्ट सेलिंग व्यवसाय में जोश के साथ काम करेंगे तो आपके सकारात्मक प्रभाव से सफलता भी आपके कदम चूमेंगी।

- अपनी टीम को मोटिवेट करें, जब पूरी टीम में जोश होगा, तो सफलता खुद-ब-खुद पास आएगी।

- जोश और आत्मविश्वास के साथ किया गया हर काम सफलता की ओर एक कदम होता है!

- पॉजिटिव सोच, अच्छी किताबें और सही लोगों का साथ आपको हमेशा ऊर्जावान रखेगा।

आनंद तिवारी

नाम: आनंद तिवारी
पद: डायमंड
कंपनी का नाम: रूट प्योर मार्केटिंग
प्रा. लि.
ज्वाइनिंग डेट: 02-11-2022
जन्मतिथि: 12 सितंबर
वर्तमान निवास: जबलपुर
ईमेल पता: rootpure.anand@
gmail.com
अपलाइन: सुबोध कुमार

Anand Tiwari

बायोग्राफी (Biography)

आनंद तिवारी की कहानी उन सभी के लिए प्रेरणादायक है, जो डायरेक्ट सेलिंग या किसी भी अन्य क्षेत्र में सफलता प्राप्त करना चाहते हैं। उनकी मेहनत, समर्पण और सकारात्मक दृष्टिकोण ने उन्हें सफलता की ऊंचाइयों तक पहुंचाया है। आनंद तिवारी रूट प्योर मार्केटिंग प्राइवेट लिमिटेड में एक सफल डायरेक्ट सेलर और डायमंड के पद पर हैं। उनकी जीवन और करियर यात्रा कई लोगों को प्रेरित करती है। डायरेक्ट सेलिंग को लेकर इनकी सोच लोगों को इस उद्योग की तरफ काफी प्रभावित करती है।इनके काम और जीवन जीने के तरीकों को लेकर उनके इरादे बहुत मजबूत हैं। यह दृढ़ता और आत्मविश्वास उन्हें दूसरों के लिए एक प्रेरणास्रोत बनाते हैं।

सफलता केवल सोच में नहीं, एक्शन भी जरूरी है

नेटवर्क मार्केटिंग में सफलता पाने के लिए एक अच्छा एक्शन टेकर बनना अत्यंत आवश्यक है। एक मजबूत योजना बनाएं जो आपके लक्ष्यों तक पहुंचने में मदद करे। इस योजना में छोटे-छोटे कदम शामिल होंए, जिन्हें आप दैनिक आधार पर पूरा कर सकते हैं। अपने कामों की प्राथमिकता तय करें। सबसे महत्वपूर्ण और प्रभावी कार्यों को पहले पूरा करें। अपने समय का सदुपयोग करें। हर दिन का एक शेड्यूल बनाएं और उसका पालन करें।

मजबूत टीम बनाने पर फोकस करें

डायरेक्ट सेलिंग में सफल होने के लिए एक लीडर के तौर पर मजबूत टीम बनाने पर फोकस करें। एक मजबूत टीम बनाने के लिए मैंने इस बात पर ज्यादा ध्यान नहीं दिया कि जल्दी से जल्दी से ज्यादा लोग जुड़ते जाएं। बल्कि ऐसे लोगों को जोड़ने की कोशिश किया जो इस उद्योग में एक्टिव रहना चाहते हैं और भी उनके साथ मजबूती से काम कर सकूं।

> *"सफलता का कोई शॉर्टकट नहीं होता। इसके लिए कड़ी मेहनत और समर्पण की आवश्यकता होती है।"*

सीखते और आगे बढ़ते रहें

डायरेक्ट सेलिंग नए अवसर देता है और आप यहां जितना सीखने का प्रयास करेंगे, उतना ही आगे बढ़ते जाएंगे। हर उद्योग की तरह नेटवर्क मार्केटिंग उद्योग भी लगातार बदल रहा है। इसे एक प्रोफेशनल पैटर्न के रूप में भी अब देखा जाने लगा है। इसलिए यह महत्वपूर्ण है कि आप सिखते रहें और आगे बढ़ते रहें। नए मार्केटिंग स्किल्स और रणनीतियों के बारे में पढ़ें और जानें।

टीम लर्निंग पर भी ध्यान दें

डायरेक्ट सेलिंग में सफल होने के लिए जितना जरूरी है एक मजबूत टीम बनाना है। टीम बनाने के साथ उतना ही जरूरी है कि टीम में जो लर्निंग करने वाले लोग हैं उन्हें चुनकर नेक्स्ट लीडर बनाने के लिए तैयार करना होगा। इसके अलावा टीम पर भी ध्यान दें और टीम में अचीवर्स लीडर को प्रोत्साहन के लिए भी काम करते रहना चाहिए।

टर्निंग पॉइंट

जिंदगी अपनी होती है लेकिन रिमोट बॉस के पास होता है। लेकिन ऐसा नहीं होना चाहिए और आपका रिमोट केवल आपके हाथ ही हो। दुनिया से चले जाने के बाद भी आपका परिवार आर्थिक रूप से मजबूत हो। मैं डायरेक्ट सेलिंग में आया और मैंने सिर्फ सिस्टम को फॉलो किया। यहीं से मेरी सफलता की कहानी शुरू हुई। असफलता ही हमारा टीचर होती है कभी भी खुद से भरोसा नहीं टूटना चाहिए चाहे कितनी बड़ी असफलता आपने क्यों न देखी हो।

सक्सेस मंत्रा (Success Mantra)

आनंद तिवारी, के सफलता के रहस्य आपको भी सफल कर सकते हैं:

- डायरेक्ट सेलिंग में जब तक आप काम में लगे रहेंगे, आप और बेहतर होते रहेंगे। जैसे-जैसे आप बेहतर होते जाते हैं, इससे आपका आत्मविश्वास भी बढ़ेगा और यही सफलता की सीढ़ी है।

- अपने समय का सदुपयोग करें। हर दिन का एक शेड्यूल बनाएं और उसका पालन करें।

- महत्वाकांक्षा सफलता का मार्ग है। दृढ़ता वह वाहन है जिससे आप वहां तक पहुंचते हैं।

- जीत तब सबसे प्यारी होती है जब आप हार जान चुके होते हैं।

- सफलता का कोई शॉर्टकट नहीं होता। इसके लिए कड़ी मेहनत और समर्पण की आवश्यकता होती है।

- अपने काम और टीम के लिए कमिटेड रहें, तभी आप सफलता हासिल कर सकते हैं।

- नेटवर्क मार्केटिंग के भी अपने कुछ रूल्स हैं। जिसे ध्यान देना और पालन करना बहुत जरूरी है।

- हमेशा याद रखिए सफलता के लिए किया गया आपका अपना संकल्प, किसी भी और संकल्प से ज़्यादा महत्व रखता है।

सत्यवान विट्ठल कदम

नाम: सत्यवान विट्ठल कदम
पद: नेटसर्फ नेशनल मेंटर
कंपनी का नाम: नेटसर्फ कम्युनिकेशंस प्रा. लि.
ज्वाइनिंग डेट: 11-10-2004
जन्मतिथि: 01-10-1972
वर्तमान निवास: सोलापुर
ईमेल आईडी:
satyavankadam34@gmail.com
अपलाइन का नाम: प्रमोद सुगरे

Satyavan Kadam

बायोग्राफी (Biography)

कहते हैं न कि अगर आपको खुद पर विश्वास है, तो जीत आपको मिलकर के ही रहती है। ऐसी ही एक कहानी है सत्यवान विट्ठल कदम की, जो कि नेटसर्फ कम्युनिकेशन प्राइवेट लिमिटेड में नेटसर्फ नेशनल मेंटर के पद पर हैं। मेंटर के रूप में उनकी उपलब्धि इस बात का प्रमाण है कि यदि व्यक्ति खुद पर विश्वास रखे और निरंतर संघर्ष करे, तो सफलता अवश्य मिलती है। उनकी यात्रा हमें यह सिखाती है कि आत्मनिर्भरता और संघर्षशीलता सफलता की कुंजी हैं। इस व्यवसाय में आने वाली चुनौतियों का सामना करते हुए सत्यवान विट्ठल कदम पिछले कुछ सालों से लगातार सफलता की सीढ़ियां चढ़ते चले आ रहे हैं।

अच्छी कंपनी से टीम ग्रोथ मिलेगी

जब मैं अपनी कंपनी के साथ जुड़ा था, तो उसके अच्छे प्रोडक्ट से वजह से भी मेरे साथ बहुत लोग जुड़ें। जब मैंने ऑर्गेनिक फॉर्मिंग का प्रोडक्ट इस्तेमाल किया तो उस साल हमारी खेती और उत्पादन की मात्रा बढ़ी। आसपास के किसान यह देखकर वो भी मेरे साथ जुड़ने लगे और मैं एक टीम बना पाया। डायरेक्ट में सफल होने के लिए एक अच्छी कंपनी के साथ जुड़ना भी बहुत जरूरी है।

अनुभव लेने के बाद छोड़ने की गलती न करें

शुरुआत में चुनौतियां तो बहुत आई। 3 से 4 साल तो इस इंडस्ट्री में कैसे काम करना है, यह अनुभव लेने में ही निकल जाता है। लोग यही गलती कर देते हैं कि अनुभव लेने बाद हार मानकर इसे छोड़ देते है। लेकिन ऐसा नहीं करना चाहिए, उन्हें यह याद रखना चाहिए कि अनुभव लेने के दौरान ही चुनौतियां आती हैं, जब एक बार अनुभव आ जाता है, तब आप सही चीजें कर के सफलता प्राप्त कर सकते हैं।

डायरेक्ट सेलिंग में बहुत स्कोप है

आज के समय में सबसे डिजिटल हो चुका है और लोग घर बैठे सामान मंगाना चाहते हैं। वो भी एक तरह का डायरेक्ट सेलिंग है। तो ऐसे में डायरेक्ट सेलिंग का भविष्य बहुत उज्ज्वल है। यहां एक अच्छा करियर बनाया जा सकता है। इसके अलावा अब डायरेक्ट सेलिंग सिर्फ घर-घर जाकर बेचने तक सीमित नहीं हैए बल्कि आप ऑनलाइन भी अपने बिजनेस को तेजी से बढ़ा सकते हैं।

> "डायरेक्ट सेलिंग में सफलता के लिए मार्केटिंग स्किल्स, कम्युनिकेशन और बिजनेस नॉलेज को लगातार सुधारना बहुत जरूरी है।"

चुनौतियां आना एक स्वाभाविक प्रक्रिया है

जीवन में चुनौतियां आना एक स्वाभाविक प्रक्रिया है। इन चुनौतियों से हम सीखते हैं, अपनी मानसिकता को मजबूत करते हैं और अपने लक्ष्यों की दिशा में आगे बढ़ते हैं। जिम्मेदारी का भार सहना और उसे ठोस तरीके से निभाना हमारे सामर्थ्य को बढ़ावा देता है और हमें आत्म-विश्वास प्रदान करता है।

खुद को ग्रोथ की दिशा के ओर ले जाना होगा

नेटवर्क मार्केटिंग को लेकर कुछ लोगों ने अपने मन में गलत धारणा बना ली है। असल में इन लोगों को इसके बारे में कुछ पता नहीं रहता है, वे किसी रिश्तेदार, दोस्त के कहने से इसमें आते हैं और फिर अपने असफल होने पर इसे गलत बताते हैं। लेकिन इसमें सफल होने के लिए मेहनत के साथ आपको अपने व्यक्तित्व में भी बदलाव करना होगा। खुद को ग्रोथ की दिशा के ओर ले जाना होगा।

टर्निंग पॉइंट

डायरेक्ट सेलिंग इंडस्ट्री में मैं साल 2004 में आया था और अब 7 करोड़ के लगभग इनकम कर चुका हूं। इस इंडस्ट्री ने मेरी जिंदगी बदल दी है। मैंने पढ़ाई बहुत ज्यादा नहीं की और डायरेक्ट सेलिंग में आने से पहले मैं फार्मिंग का काम करता था। एक बार हमारे गांव में एक साहब आएं, जो ऑर्गेनिक फार्मिंग के बारे में बता रहे थें। फिर उन साहब ने मुझे बिजनेस प्रपोजल के बारे में बताया और मुझसे पूछा कि क्या यह बिजनेस करना चाहोगे। मेरा यही जवाब था कि मुझे पैसे कमाने है और मैं जुड़ना चाहूंगा। मुझे इस बिजनेस की सबसे अच्छी बात लगी कि इसमें जगह और कोई लंबी इंवेस्टमेंट नहीं चाहिए थी। सिर्फ 6 हजार रूपय का पहला प्रोडक्ट लेना था। इतने पैसे भी मेरे

पास नहीं थें। मैंने अपनी पत्नी का मंगलसूत्र गिरवी रखकर पैसा जमा किया। बुरा तो मुझे लग रहा था, पर यह मेरे जीवन का सबसे सही फैसला था।

सक्सेस मंत्रा (Success Mantra)

सत्यवान विट्ठल कदम के सफलता के रहस्य आपको भी सफल कर सकते हैं:

- जीवन इतना आसान नहीं है, मुसीबतों का आदि बनना जरूरी है और डायरेक्ट सेलिंग में सहन शक्ति ही आपको कामयाब बनाती है।

- अगर आपको लगता है कि आपकी सफलता को रोकने वाली कोई कमी है, तो उसे पहले दूर करने की कोशिश करें।

- डायरेक्ट सेलिंग बिजनेस पर अपना फोकस ट्रेनिंग लेने और देने पर फोकस करें।

- डायरेक्ट सेलिंग में सफलता के लिए मार्केटिंग स्किल्स, कम्युनिकेशन और बिजनेस नॉलेज को लगातार सुधारना बहुत जरूरी है।

- अपलाइन से मार्गदर्शन लें। उनके अनुभव से सीखें, इससे आपकी राह आसान होगी।

- डायरेक्ट सेलिंग में आने के लिए और इसमें सफल होने के लिए इस इंडस्ट्री के बारे में पहले रिसर्च करें, फिर जुड़ें और उसके बाद विचलित न हो।

- सेल्फ-इंप्रूवमेंट और बिजनेस से जुड़ी किताबें पढ़ें, और सेमिनार में भाग लें।

- सही लक्ष्य निर्धारण करने से आप यह जान पाते हैं कि किस तरह कार्य को पूरा किया जा सकता है और कौनसे संसाधनों की आवश्यकता होती है।

- सिर्फ बोलना नहीं, बल्कि सामने वाले की जरूरतों को सुनना भी जरूरी है।

सुमित विश्वकर्मा

नाम: सुमित विश्वकर्मा
पद: अल्टोस सम्राट
कंपनी का नाम: अल्टोस एंटरप्राइजेज
प्रा. लि.
ज्वाइनिंग डेट: फरवरी 2012
जन्मतिथि: 20-09-1983
वर्तमान निवास: भुबनेश्वर (ओडिशा)
ईमेल आईडी: altossamrat@
gmail.com
अपलाइन का नाम: रजत कर

Sumit Vishwakarma

बायोग्राफी (Biography)

सुमित विश्वकर्मा, अल्टोस एंटरप्राइजेज प्राइवेट लिमिटेड के अल्टोस सम्राट के रूप में अपनी पहचान बना चुके हैं। उन्होंने अपनी टीम के व्यक्तित्व विकास में महत्वपूर्ण योगदान दिया है और डायरेक्ट सेलिंग इंडस्ट्री में अपनी एक खास जगह बनाई है। डायरेक्ट सेलिंग में सफलता सिर्फ उत्पाद बेचने तक सीमित नहीं होती, बल्कि यह एक सशक्त नेतृत्व, प्रभावी नेटवर्किंग, और ठोस रणनीति पर निर्भर करती है। सुमित विश्वकर्मा ने अपने दृढ़ संकल्प, प्रतिबद्धता, और उत्कृष्ट प्रबंधन कौशल से यह साबित किया है कि सही मार्गदर्शन और मेहनत से कोई भी व्यक्ति सफलता की ऊंचाइयों को छू सकता है।

एक व्यापक नेटवर्क बना सकते हैं

नेटवर्क मार्केटिंग एक विशेष प्रकार का विपणी प्रणाली है जिसमें उत्पाद या सेवाएं सीधे उपभोक्ताओं तक पहुंचाने के लिए व्यक्तिगत

बिक्रीकर्ताओं या सदस्यों को शामिल किया जाता है। इसका अर्थ है कि आप नए लोगों को जोड़कर एक व्यापक नेटवर्क बना सकते हैं और उन्हें उत्पादों या सेवाओं के लिए प्रचार-प्रसार करने के लिए प्रेरित कर सकते हैं।

मेहनत + नेटवर्किंग स्किल्स = असीमित कमाई

डायरेक्ट सेलिंग में सफलता का सबसे बड़ा मंत्र है – मेहनत + नेटवर्किंग स्किल्स = असीमित कमाई।डायरेक्ट सेलिंग में कोई सीमा नहीं है। आपकी सोच, मेहनत और नेटवर्किंग स्किल्स ही यह तय करती हैं कि आप कितनी ऊंचाई तक पहुंच सकते हैं। इसलिए सही रणनीति के साथ लगातार प्रयास करते रहना चाहिए।

"जो लोग मुश्किल हालात में भी समाधान खोजते हैं, वे ही विजेता बनते हैं।"

जो मिले उसे पॉजिटिविटी के साथ स्वीकारें

हार अक्सर तब होती है जब हम उन चीजों को बदलने में अपना समय और ऊर्जा बर्बाद करते हैं, जो हमारे नियंत्रण में नहीं होतीं। सफलता का मूल मंत्र यह है कि हम परिस्थितियों को कोसने के बजाय उन्हें उपलब्ध अवसरों को पहचानें और उनका बेहतर उपयोग करें। आपको जो परिस्थिति मिली है, उसमें बेहतर कुछ करने की कोशिश करें। जिस तरह आप करेले की सब्जी को पनीर में नहीं बदल सकते हैं, बल्कि करेले को ही बेहतर स्वाद के साथ बनाने की कोशिश करते हैं। यह नियम आपको अपने जीवन में भी अपनाना चाहिए।

टर्निंग पॉइंट

साल 2012 में मैंने अल्टोस एंटरप्राइजेज प्राइवेट लिमिटेड को ज्वाइन किया था। यह मेरी लाइफ का एक ऐसा टर्निंग पॉइंट था, जिसने मुझे

सफल करने के साथ मेरे जीवन को भी बदल दिया। जब मैं रजत कर जी से मिला और कई प्रोग्राम का हिस्सा भी बना तो मुझे समझ आया कि एक अच्छी कंपनी और अपलाइन के सहयोग से बड़ा पैसा कमाया जा सकता है। शुरुआत में यह विश्वास करना मुश्किल होता है कि आप करोड़पति बना सकते है, लेकिन खुद की मेहनत पर विश्वास कर के आगे बढ़ना चाहिए और मैंने भी यही किया।

सक्सेस मंत्रा (Success Mantra)

सुमित विश्वकर्मा के सफलता के रहस्य आपको भी सफल कर सकते हैं:

- जो लोग मुश्किल हालात में भी समाधान खोजते हैं, वे ही विजेता बनते हैं।

- *जो चीज़ें आपके हाथ में हैं, उन्हें बेहतर बनाने पर ध्यान दें, क्योंकि वही आपको आगे बढ़ने में मदद करेंगी।*

- सफलता आसान है बस सही समय पर सही तरीके से वह करो जो सही है।

- अपनी कमजोरी को देखने की कोशिश करें और उसे अपनी ताकत में बदल दें, यही सफलता है।

- हमेशा याद रखें कि प्रयास और संघर्ष के शब्दकोष में भी सफलता ही पहले आती है।

- सफल सेल्स मार्केटिंग के लिए हमेशा आपको प्लानिंग पैटर्न में काम करना चाहिए।

- अपने नेटवर्क को बढ़ावा देने के लिए नए सदस्यों को अपने नेटवर्क में जोड़ने का प्रयास करें।

- सफलता प्राप्त करने के लिए एक अच्छी योजना बनाना बहुत महत्वपूर्ण है, और उसे सही तरीके से अनुसरण करना भी उतना ही महत्वपूर्ण है।

- जीवन मे जितना जरूरी सफल व्यक्तियों से सलाह लेना हैं। उतना ही जरूरी असफल व्यक्तियों के अनुभव से भी सीखना होता हैं। सफल व्यक्ति ऐसे अनेक तरीके बता सकते है जिन्हें अपनाकर आप सफल हो सकते हैं।

के डी सिंह

नाम: के डी सिंह
पद: एलाइट एक्जीक्यूटिव
कंपनी का नाम: रेनाटस वेलनेस
प्रा. लि.
ज्वाइनिंग डेट: 16-10-2021
जन्मतिथि: 03-11-1966
वर्तमान निवास: एसएएस नगर
(मोहाली)
ईमेल आईडी: kdnavneet@
yahoo.in
अपलाइन का नाम: राजवीर सेखों और वीरभान चौधरी

K.D. Singh

बायोग्राफी (Biography)

के डी सिंह जैसे व्यक्तियों का उदाहरण देखकर हमें यह सिखने को मिलता है कि डायरेक्ट सेलिंग उद्योग में उच्च स्तर की साक्षरता और संघर्ष क्षमता से किसी भी कठिनाइयों को पार किया जा सकता है। वे एक मजबूत नेटवर्क बिल्डर और मार्केटिंग के क्षेत्र में महारत रखते हैं और इसके माध्यम से अपने बिजनेस को सफलता की ओर ले जा रहे हैं।

नेटकर्व मार्केटिंग के कॉन्सेप्ट समझना जरूरी है

लोग ना नेटवर्क मार्केटिंग में जो सबसे बड़ी गलती करते हैं, वो यह करते है कि वो नेटकर्व मार्केटिंग के कॉन्सेप्ट को नहीं समझते हैं। वो सिर्फ इस बात पर फोकस करते हैं कि कहीं-कहीं से बस किसी को जोड़ लो और उनकी आई डी लगा लो। इस गलती के कारण न टीम बहुत लंबे समय तक चल पाती है और न ही उनमें नेटकर्व मार्केटिंग

वाला एटिटयूड आता है। इसलिए 5 साल का समय देते हुए सिखना और काम करना चाहिए।

> *"सच्चा लीडर दूसरों पर निर्भर नहीं रहता, वह खुद उदाहरण बनता है। अगर आप खुद लगातार नए लोगों से जुड़ते रहेंगे, तो आपकी टीम भी आपको देखकर वही आदत अपनाएगी।"*

अपने जीवन की जिम्मेदारी लेना

सच्ची सफलता की शुरुआत तभी होती है जब आप यह मान लेते हैं कि—"मेरी जिंदगी की दिशा और दशा की जिम्मेदारी सिर्फ मेरी है।" डायरेक्ट सेलिंग ही नहीं, किसी भी क्षेत्र में असली बदलाव तब आता है जब हम अपने जीवन की पूरी जिम्मेदारी खुद उठाते हैं।डायरेक्ट सेलिंग में भी आपकी तरक्की, आपकी टीम की मजबूती, आपकी इनकम, सब आपकी सोच, फैसलों और मेहनत पर निर्भर करती है।

टर्निंग पॉइंट

मैं पुलिस की लाइन में था और फुटबॉल जैसे खेल का मुझे बहुत शौक रहा है। पुलिस की जॉब से नेटवर्क मार्केटिंग में आना मेरी लाइफ का टर्निंग पॉइंट था। मैं इस इंडस्ट्री में कोई प्लानिंग कर के नहीं आया था। पुलिस के जॉब के साथ मैं कुछ पार्ट टाइम कोई काम ढूंढ रहा था। उसी दौरान मुझे फुटबॉल स्पोर्ट में जो मेरे सीनियर थें। उन्होंने नेटवर्क मार्केटिंग के बारे में बताया और फिर मैंने उनके प्लान का समझा और ज्वॉइन किया। फिर धीरे-धीरे पार्ट टाइम से फुल टाइम में आ गया।

सक्सेस मंत्रा (Success Mantra)

के डी सिंह के सफलता के रहस्य आपको भी सफल कर सकते हैं:

- लोग अक्सर नेटवर्क मार्केटिंग में आकर सिर्फ एक ही बात पर फोकस करते हैं—"किसी को जोड़ लो, आईडी लगा लो

और आगे बढ़ जाओ।" लेकिन यही सोच उन्हें आगे चलकर रुकावट बन जाती है। असल में, नेटवर्क मार्केटिंग सिर्फ लोगों को जोड़ने का खेल नहीं है, ये एक लोगों को तैयार करने की प्रक्रिया है।

- आत्म-विश्वास से बात करें – भरोसे से भरी बात लोगों को आकर्षित करती है।

- आज लोग आपको सबसे पहले ऑनलाइन देखते हैं, फिर ऑफलाइन मिलते हैं। इसलिए आपकी सोशल मीडिया प्रोफाइल आपके बिजनेस का पहला इंप्रेशन है।

- "सफलता के राज़ और असफलता की चेतावनियाँ—दोनों को सुनिए, समझिए और सीखिए।"

- एक अच्छी इमेज और स्ट्रॉन नेटवर्किंग के लिए आप लोगों को इस इंडस्ट्री का प्लान समझाएं और जुड़ने को भी बोलें।

- सपनों को हकीकत में बदलने के लिए एक ठोस योजना बनानी और उसे ईमानदारी से फॉलो करना जरूरी है।

- अगर आप सच में एक लीडर बनना चाहते हैं, तो आपको अपनी ग्रोथ और अपनी लीड जनरेशन का पूरा नियंत्रण खुद संभालना होगा।

- मॉर्निंग रूटीन सेट करें – सुबह की जीत, पूरे दिन की जीत होती है।

- सच्चा लीडर दूसरों पर निर्भर नहीं रहता, वह खुद उदाहरण बनता है। अगर आप खुद लगातार नए लोगों से जुड़ते रहेंगे, तो आपकी टीम भी आपको देखकर वही आदत अपनाएगी।

लक्ष्मण विठ्ठलराव तौर

नाम: लक्ष्मण विठ्ठलराव तौर
पद: ब्लू डायमंड
कंपनी का नाम: रियांश मल्टीट्रेड प्रा. लि.
ज्वाइनिंग डेट: 15-12-2021
जन्मतिथि: 02-06-1979
वर्तमान निवास: संगमनेर
ईमेल आईडी: laxmantaur7725@gmail.com
अपलाइन का नाम: दत्तात्रेय मांडे

Laxman Taur

बायोग्राफी (Biography)

इनके जीवन में कई चुनौतियां आईं, लेकिन कभी भी इन्होंने डर कर अपने कमद पीछे नहीं बढ़ाएं। यही आज इनके सफल होने का राज भी है। सफलता की सीढ़ी चढ़ने वाले लक्ष्मण विठ्ठलराव तौर, रियांश मल्टी ट्रेड प्राइवेट लिमिटेड के ब्लू डायमंड हैं। हमेशा यह खुद भी कुछ नया करने की कोशिश करते हैं और अपने टीम के लिए भी सहायक रहते हैं। डायरेक्ट सेलिंग एक ऐसा बिजनेस है, जो एक बार इसे अच्छे से समझ लें और इस पर सालों टिका रहे, तो सफलता उनके कदम चूमती है। इस बात को बहुत कम उम्र में ही लक्ष्मण विठ्ठलराव तौर ने समझ लिया था।

मॉरल वैल्यू पर चलने वाली कंपनी के साथ जुड़ें

डायरेक्ट सेलिंग इंडस्ट्री में सफल होने के लिए एक अच्छी कंपनी के साथ जुड़ना, एक सही रोडमैप देता है और कंपनी का सहयोग आपके

सफलता का सबसे बड़ा सोर्स होता है। इसलिए किसी भी कंपनी के साथ जुड़ते समय यह यह सुनिश्चित करना महत्वपूर्ण है कि आप एक मॉरल वैल्यू पर चलने वाली कंपनी के साथ जुड़ें। डायरेक्ट सेलिंग में सफलता प्राप्त करने के लिए उत्पाद और सही कंपनी का सही चयन दोनों ही महत्वपूर्ण है।

टीम ग्रोथ ही आपकी और बिजनेस की ग्रोथ है

अपने नेटवर्क को बनाना और उसे बनाए रखना डायरेक्ट सेलिंग में सफलता की कुंजी है। आपके नेटवर्क से ही आपकी टीम बढ़ेगी और टीम ग्रोथ ही आपकी और बिजनेस की ग्रोथ है। इसके लिए अपने टीम के सदस्यों को नियमित ट्रेनिंग और विकास के अवसर प्रदान करें। उन्हें नए उत्पादों, रणनीतियों और तकनीकों के बारे में जानकारी दें।

> *"इस बिजनेस में इस बात का ध्यान रखें कि आपके संपर्क में आने वाला हर व्यक्ति ग्राहक नहीं बनेगा, लेकिन सकारात्मक मानसिकता बनाए रखने और लगातार बने रहने से आपको बाधाओं को दूर करने और सफलता प्राप्त करने में मदद मिलेगी।"*

एक्स्ट्रा इनकम सोर्स के रूप में भी शुरुआत कर सकते हैं

यह डायरेक्ट सेलिंग इंडस्ट्री में साल 2013 से हूं और इन्होंने अपने करियर की शुरूआत 2013 में की थी। इस इंडस्ट्री मे मैं ने पहले 6 महिने में खुद की न्यू ब्रांड कार पर्चेस किया था। आप डायरेक्ट सेलिंग इंडस्ट्री को एक एक्स्ट्रा इनकम सोर्स के रूप में भी शुरुआत कर सकते हैं और इसमें अपने गोल को अचीव कर सकते हैं। जब आप इसमें धीरे-धीरे सेट हो जाएंगे, तो इसमें फुल टाइम अपना करियर बना सकते हैं। इस नेटवर्क से आप करोड़ों कमा सकते हैं। डायरेक्ट सेलिंग इंडस्ट्री में सफलता का एक ही राज है, जो व्यक्ति जितनी बड़ी टीम बनाएगा, वह उतनी ही बड़ी सफलता पाएगा।

निष्ठा और समर्पण

बहुत कम लोग होते हैं जो जिंदगी की हजारों कठिनाइयों का सामना करते हुए सफल बन पाते हैं। इनमें से एक लक्ष्मण विठ्ठलराव तौर हैं। डायरेक्ट सेलिंग में सफलता प्राप्त करने के लिए आपको निष्ठा और समर्पण के साथ काम करना होगा। सफलता अगर बढ़ानी है, तो समय-समय पर कठिनाइयों का सामना करना होगा और उसमें भी अपनी मंजिल की दिशा में समर्पित रहना होगा।

टर्निंग पॉइंट

जब जिंदगी मे मैंने पहला ट्रेनिंग लिया था 2014 में। तब पहली बार मुझे ये एहसास हुआ था की मेरे परिस्थिति के लिए मैं खुद जिम्मेदार हूं और इसे खुद बदलना हे। नेटवर्क मार्केटिंग में जब जुडा तब मुझे पता चला की अमीर बनने के लिए अमीर के पास कई सारे रास्ते हैं, पर गरीब का अमीर बनने का बस यही एक रास्ता है। मैं नेटवर्क मार्केटिंग मे आने से पहले मजदूरी किया करता था, जब यहां पर लोगों की बड़ी सफलता देखा तो मैंने भी जीवन मे पहली बार बडा सपना देखा फोर व्हीलर का और रात दिन मेहनत करता गया और पहले 6 महीने में पूरा किया। तब जाकर मुझे ये पता चला की जो में सोच सकता हूं, तो मैं सब कर सकता हू और तब से लेकर आज तब मैंने मेरा हर सपना पूरा किया जो मुझे चाहिए था।

सक्सेस मंत्रा (Success Mantra)

लक्ष्मण विठ्ठलराव तौर के सफलता के रहस्य आपको भी सफल कर सकते हैं।

- अपने लक्ष्यों को स्पष्ट और सटीक रूप में निर्धारित करें। इससे आपको यह पता चलेगा कि आपको क्या हासिल करना है और आप उसके लिए क्या कदम उठा सकते हैं।

- आपके द्वारा बेचे जा रहे उत्पादों की गहन समझ होना महत्वपूर्ण है। अपने प्रोडक्ट के बारे में पूरी जानकारी रखें।

- सही समय पर सही जगह पर सही कार्य करने के लिए टाइम मैनेजमेंट का मजबूत होना अति आवश्यक है।

- डायरेक्ट सेलिंग बिजनेस में सफलता के लिए अक्सर चुनौतियों और अस्वीकृति का सामना करने के लिए लचीलापन और दृढ़ता की आवश्यकता होती है।

- इस उद्योग में ग्रोथ के साथ चुनौतियां भी बहुत है, तो ऐसे में डरें नहीं, बल्कि अपने अपलाइन की मदद लें।

- आज के डिजिटल वर्ल्ड में अपने प्रोडक्ट सेलिंग के लिए सोशल मीडिया की मदद लें और खुद को अपडेट करें।

- इस बिजनेस में इस बात का ध्यान रखें कि आपके संपर्क में आने वाला हर व्यक्ति ग्राहक नहीं बनेगा, लेकिन सकारात्मक मानसिकता बनाए रखने और लगातार बने रहने से आपको बाधाओं को दूर करने और सफलता प्राप्त करने में मदद मिलेगी।

भारत के मशहूर डायरेक्ट सेलिंग कंपनी के सीएमडी की बायोग्राफी

भारत की डायरेक्ट सेलिंग इंडस्ट्री में कई प्रेरणादायक लीडर्स हैं, जिन्होंने अपने विज़न, नेतृत्व और समर्पण से लाखों लोगों के जीवन को प्रभावित किया है। यहां कुछ प्रमुख डायरेक्ट सेलिंग कंपनियों के चेयरमैन और मैनेजिंग डायरेक्टर (CMD) की संक्षिप्त बायोग्राफ़ी प्रस्तुत की जा रही है:

छगन राठौड़

नाम: छगन राठौड़
पद: फाउंडर एंड मैनेजिंग डायरेक्टर
कंपनी का नाम: सनेज मार्केटिंग प्राइवेट लिमिटेड
जन्मतिथि: 09- 01-1982
वर्तमान निवास: पुणे
ईमेल आईडी: Info@mysunedge.com
वेबसाइट: www.mysunedge.com

Chhagan Rathod

बायोग्राफी (Biography)

कहते हैं न कि मन में रखा गया विश्वास एक दिन आपको रास्ता और सफलता दोनों ही देती है।डायरेक्ट सेलिंग में बहुत की कम लोग बेहतरीन काम के साथ इसमें लंबे समय तक टिके रहते हैं। जिनमें से एक छगन राठौड़ हैं, जो कि सनेज मार्केटिंग प्राइवेट लिमिटेड के फाउंडर एंड मैनेजिंग डायरेक्टर हैं। इन्होंने अपने काम से कभी कोई समझौता नहीं किया और अपनी टीम को सक्षम बनाने में पूरी मदद की। एक फाउंडर के रूप में यह कंपनी की सफलता के साथ लोगों की सफलता और अच्छे करियर के लिए लगातार प्रयास कर रहे हैं। डायरेक्ट सेलिंग में अपनी संघर्ष को लेकर ज्यादा परेशान न हो। संघर्ष का नाम सुनते ही हमें लगता है कि काफी मेहनत और मुश्किलों का सामना करना पड़ेगा। लेकिन एक सफल व्यक्ति जानता है कि संघर्ष की अलगी सीढ़ी सफलता है।

सनेज मार्केटिंग प्राइवेट लिमिटेड

सनेज मार्केटिंग प्राइवेट लिमिटेड एक मल्टी-लेवल मार्केटिंग नेटवर्क कंपनी है, जिसकी शुरूआत छगन राठौड़ ने की। एक साधारण प्रयास के रूप में शुरू हुआ यह बिज़नेस आज 300 से अधिक प्रोडक्ट के पोर्टफोलियो के साथ एक बड़ा बिज़नेस बन गया है। हमारी रेंज में आयुर्वेद, सौंदर्य देखभाल, व्यक्तिगत देखभाल, स्वास्थ्य, पोषण, ऑर्थो देखभाल, महिलाओं की देखभाल, फ़ूड और घर के उत्पाद शामिल हैं, जिनमें से प्रत्येक को गुणवत्ता और प्रभावकारिता के उच्चतम मानकों के साथ तैयार किया गया है।

डायरेक्ट सेलर से सीएमडी तक का सफर

डायरेक्ट सेलिंग में मैंने अपना एक लंबा समय दिया है और यहां काम करने से लेकर अपनी कंपनी लॉन्च तक में मैं एक बात का ध्यान रखा कि काम एथिकल हो। सिद्धांतों पर चलने के साथ मुझे कई मुश्किले भी आईं, लेकिन मैं इस बात में बहुत अटल था कि हम सिद्धांत के रास्ते से हटेंगे नहीं। इसके कारण 4-5 बड़े लीडर्स हमें छोड़ के भी चले गएं। इसके लिए डायरेक्ट सेलिंग के लिए अच्छी कंपनी का चुनाव भी बहुत जरूरी है। जो लोग लंबे समय से डायरेक्ट सेलिंग में फाइट कर रहे हैं, उनकी एक सबसे बड़ी गलती होती है, सही और एक अच्छी कंपनी का ना चुनाव कर पाना। डायरेक्ट सेलिंग में आने के बाद कई चैलेंज फेस करने के बाद मुझे यह एहसास हुआ कि लोगों की ग्रोथ के लिए एक अच्छे प्रोडक्ट वाली कंपनी का होना जरूरी है। मेरी टीम के लोगों ने भी मुझे काफी मोटीवेट किया, तो साल 2015 में मैंने अपनी कंपनी सनेज मार्केटिंग प्राइवेट लिमिटेड को लॉन्च किया।

कपंनी का विजन

जैसा कि हम भविष्य की ओर देखते हैं, स्वास्थ्य और तंदुरुस्ती के प्रति हमारी प्रतिबद्धता अटल है। हम अपने ग्राहकों की बदलती जरूरतों को

पूरा करने के लिए अपने उत्पाद लाइनों का विस्तार और अपनी सेवाओं को बेहतर बनाने के लिए नवाचार करना जारी रखते हैं। हमारा लक्ष्य एक ऐसी दुनिया बनाना है जहाँ स्वास्थ्य सभी के लिए सुलभ हो और जहाँ हर व्यक्ति को स्वस्थ, समृद्ध और संतुष्ट जीवन जीने का अवसर मिले।

"एक मजबूत टीम बनाना और सहयोग करना" किसी भी संगठन या प्रोजेक्ट की सफलता की कुंजी होती है।

सीखने के बाद उसे तुरंत अमल में लाएं

डायरेक्ट सेलिंग में आगे बढ़ने के लिए लगातार सीखते रहना और ज्ञान लेना बहुत आवश्यक है। कई बार लोग यह गलती करते हैं कि मीटिंग में जाएंगे या किताबे पढ़ेंगे और उसे मोटीवेट होकर यह सोचते हैं कि मैं इन बातों का ध्यान रखूंगा, लेकिन रोजाना की आदतों में उन बातों को अमल नहीं करते हैं। ज्ञान तभी सच्चे अर्थों में प्रभावी होता है, जब उसे व्यवहार में लाया जाता है। सिर्फ़ किताबों में पढ़ने या थ्योरी में महारत हासिल करने से कोई फायदा नहीं होता, अगर हम उसे अपने रोज़मर्रा के जीवन में लागू नहीं करते।

हार्डवर्किंग लीडर्स का चुनाव करें

डायरेक्ट सेलिंग टीम ग्रोथ के लिए लोग अलग-अलग शहरों में भागते हैं, लेकिन मेरा मानना है कि अधिक शहरों में फैलने के साथ इस बात भी ध्यान देना कि जिस शहर में आपके पास एक अच्छी टीम है, पहले उसके टर्नओवर को बढ़ाने में फोकस करना। वहां अपने हार्ड वर्किंग टीम लीडर्स को तैयार करना।

स्पष्ट लक्ष्य और उद्देश्य तय करें

टीम को स्पष्ट रूप से यह समझने की जरूरत होती है कि उनका उद्देश्य क्या है और उनकी भूमिका क्या है। जब हर सदस्य को यह

पता होता है कि वे किस दिशा में काम कर रहे हैं, तो उनके प्रयास एक दिशा में केंद्रित रहते हैं।

टर्निंग पॉइंट

मैं एक छोटे से गांव में से हूं और वहां जाकर कोई यह देखकर यकीन नहीं कर सकता है कि यहां का कोई व्यक्ति बड़ा बिजनेस कर सकता है। बिजनेस का गोल मुझे मेरे पिता जी से मिला है। वो कहते थें कि सपने केवल बिजनेस से ही पूरे किया जा सकते हैं। पढ़ाई भी हमने बहुत मुश्किल से किया है। डायरेक्ट सेलिंग में आने से पहले पिता जी के साथ मैंने कुछ दिन खेती किया। फिर इसके बाद पुणे जॉब के लिए आ गया। कई दिन जॉब ढूंढने के बाद मुझे जाकर जॉब मिली। इसके बाद मैंने कई जॉब किया। जॉब में जब चैलेंज आते थें तो मुझे लगता था कि मैं जरूर कुछ बड़ा कर सकता हूं। अपने इस विचार के बारे में मैंने अपने दोस्त में एक बार इस बारे में बात किया। वो डायरेक्ट सेलिंग के साथ पार्ट टाइम जुड़ा हुआ था। फिर कुछ समय बाद उसने मुझे भी डायरेक्ट सेलिंग के बारे में बताया और एक सेमिनार में भी लेकर गया। लेकिन शूज न पहनने के कारण मुझे वहां एंट्री नहीं मिली। फिर दूसरे सेमिनार में गया और मैंने वहां सब देखा और सुनाए तो मुझे यकिन हो गया कि एक यही इंडस्ट्री ही है, जो मेरे सपनों को पूरा कर सकती है। फिर मैं जुड़ गया डायरेक्ट सेलिंग के साथ।

सक्सेस मंत्रा (Success Mantra)

छगन राठौड़ के सफलता के रहस्य आपको भी सफल कर सकते हैं:

- संयम और अनुशासन दो ऐसे ससस्त्र हैं, जो डायरेक्ट सेलिंग में सफलता पाने में मदद करते हैं।

- नेगेटिव लोगों से दूरी बनाएं – एनर्जी बचाइए, फोकस सही जगह लगाइए।

- "एक मजबूत टीम बनाना और सहयोग करना" किसी भी संगठन या प्रोजेक्ट की सफलता की कुंजी होती है।

- जिस कंपनी के लिए काम कर रहे हैं, उसके बारे हमेशा अपडेट रहें। आपको खुद उस कंपनी का बिजनेस प्लान के बारे में पूरी तरह से जानकारी होना चाहिए।

- सफलता एक बार की घटना नहीं है, बल्कि एक लगातार चलने वाली प्रक्रिया है। इसलिए, हमेशा सीखते रहें, खुद को बेहतर बनाएं और नए अवसरों को अपनाएंएं।

- नेटवर्किंग के लिए जब आप किसी नए व्यक्ति को अपने बिजनेस प्लान बता रहे हो उस समय बीच बीच में उसे आपकी कंपनी के या आपके साथ के लोगों की सफलता के बारे में भी बताएं।

- धैर्य रखें और अपने लक्ष्यों को प्राप्त करने के लिए समय लें। सफलता तुरंत नहीं मिलती है, लेकिन निरंतर प्रयास से यह अवश्य प्राप्त होगी।

- हर हफ्ते एक ट्रेनिंग जरूर अटेंड करें – सीखते रहना ही लीडरशिप का आधार है।

- लोगों से दोस्ती करें, सिर्फ ग्राहक न बनाएं – संबंध पहले बनते हैं, सेल्स बाद में।

एन शाह

नाम: एन शाह
पद: ज़ो.वेलनेस के संस्थापक
कंपनी का नाम: ज़ो.वेलनेस
जन्मतिथि: 19-01-1968
वर्तमान निवास: नोएडा
ईमेल आईडी: nshah.eazyways@
gmail.com,
वेबसाइट: www.zoewellness.in

N. Shah

बायोग्राफी (Biography)

ज़ो. वेलनेस के संस्थापक एन शाह की कहानी हमें यह सिखाती है कि रास्ते चाहे जितने भी मुश्किल क्यों न हों, अगर इरादा मजबूत हो, तो मंज़िल जरूर मिलती है। डायरेक्ट सेलिंग इंडस्ट्री में इन्होंने अपना एक अलग ही मुकाम बनाया है। अपने बेहतरीन काम के साथ इन्होंने इस इंडस्ट्री को बहुत अच्छे से रिप्रेजेंट किया है। डायरेक्ट सेलिंग इंडस्ट्री में एन शाह ने न सिर्फ़ अपने लिए एक खास पहचान बनाई, बल्कि अपने काम, दृष्टिकोण और समर्पण से इस इंडस्ट्री को गौरवपूर्ण रूप से प्रतिनिधित्व भी किया। एन शाह की लीडरशिप में ज़ो.वेलनेस ने न सिर्फ़ लाखों डायरेक्ट सेलर्स को उनके गोल्स तक पहुँचाया, बल्कि उन्हें एक सुरक्षित करियर, आत्मविश्वास और बेहतर भविष्य भी दिया।

ज़ो. वेलनेस प्राइवेट लिमिटेड

ज़ो. वेलनेस एक डायरेक्ट सेलिंग कंपनी है, जो विभिन्न उत्पादों की बिक्री और नेटवर्क मार्केटिंग के माध्यम से व्यवसाय करती है। गरीबी और बेरोजगारी को मिटाने के दृष्टिकोण से प्रेरित होकर, श्री शाह ने

एक मामूली शुरुआत के साथ ज़ो वेलनेस की स्थापना की। आज, यह भारत भर में 6 मिलियन से अधिक लोगों के विशाल नेटवर्क के साथ एक संपन्न उद्यम के रूप में खड़ा है। डायरेक्ट सेलिंग की शक्ति में उनके अटूट विश्वास ने अनगिनत व्यक्तियों को वित्तीय स्वतंत्रता और व्यक्तिगत विकास प्राप्त करने में सक्षम बनाया है।

कपंनी का विजन

नेटवर्क मार्केटिंग में तीन दशकों से अधिक के अनुभव रखने वाले अनुभवी उद्यमी एन. शाह के अटूट समर्पण ने लाखों लोगों के लिए प्रेरणा का प्रतीक बना दिया है। एक व्यापक डायरेक्ट सेलिंग कंपनी ज़ो वेलनेस, जो वीटा फ्लो हेल्थ केयर प्राइवेट लिमिटेड का एक ब्रांड है और कंपनी का विज़न अपने उत्पाद को देश के हर उपभोक्ता तक पहुंचाना है, भले ही वे देश के सबसे दूरदराज के कोने में स्थित हों। ज़ो वेलनेस के पास अपनी कुशल टीम के साथ महत्वपूर्ण विशेषज्ञता है और यह डायरेक्ट सेलिंग/ट्रेडिंग कंपनियों के बीच एक बड़ा ब्रांड बनने का इरादा रखता है।

खुद को अपडेट करें

डायरेक्ट सेलिंग में कम्युनिकेशन और मार्केटिंग स्किल्स वाकई महत्वपूर्ण होते हैं। इन्हें सीखने और परिपूर्ण करने के लिए आपको कुछ महत्वपूर्ण तरीके अपनाने चाहिए, जैसे कि नेटवर्क मार्केटिंग को समझें कि क्या है, डायरेक्ट सेलिंग में किस तरह की बातचीत की शैली चलती है। इसके अलावा मार्केटिंग ज्ञान प्राप्त करें और डायरेक्ट सेलिंग के लिए खुद को अपडेट करें।

ट्रेनिंग प्रोग्राम को जरूर अटैंड करें

नेटवर्क मार्केटिंग इंडस्ट्री में सफलता सिर्फ प्रोडक्ट बेचने से नहीं, बल्कि सीखने और ग्रो करने से मिलती है। इसके लिए इस इंडस्ट्री में

ज़ो.वेलनेस आपको बहुत ही बेहतरीन ट्रेनिंग प्रोग्राम देता है, उस प्रोग्राम को अटेंड करके आप अपने बिजनेस को बहुत ऊंचाई पर लेकर जा सकते हैं। ट्रेनिंग प्रोग्राम्स से न केवल नॉलेज बढ़ती है, साथ ही कॉन्फिडेंस और टीम बिल्डिंग स्किल्स भी डेवलप होती हैं। नेटवर्क मार्केटिंग में ट्रेनिंग प्रोग्राम्स एक ऐसी सीढ़ी हैं, जो नए और पुराने दोनों ही डिस्ट्रीब्यूटर्स को सफलता की ऊँचाइयों तक पहुंचा सकती हैं।

चुनौतियों को अवसर में बदलना

उद्यमी एन शाह के करियर की शुरुआत आसान नहीं थी, लेकिन उन्होंने कभी हार नहीं मानी। उनके मजबूत जज्बे और आत्मविश्वास ने उन्हें हर कठिनाई से बाहर निकाला। किसी भी सफलता की राह आसान नहीं होती, लेकिन धैर्य और मेहनत से हर कठिनाई को पार किया जा सकता है। उन्होंने और चीजों की तरफ ध्यान न देकर सिर्फ डायरेक्ट सेलिंग में ही अपना ध्यान केंद्रित किया। यही उनकी सफलता का रहस्य है।

सक्सेस मंत्रा (Success Mantra)

उद्यमी एन शाह के सफलता के रहस्य आपको भी सफल कर सकते हैं:

- डायरेक्ट सेलिंग उद्योग हो या कोई भी इंडस्ट्री, आपके साथ काम करने वाली टीम की ग्रोथ पर भी जरूर फोकस करें।

- नाकामी का डर हटाएं और सफलता की तरफ ध्यान बढ़ाएं।

- सफ़लता कर्म से जुड़ी है। सफल लोग चलते रहते हैं। वे गलतियाँ करते हैं, लेकिन उससे सीखते हैं, मेहनत करना नहीं छोड़ते हैं।

- अपनी नेटवर्किंग स्किल्स को सुधारने के लिए विभिन्न सेमिनारों और ट्रेनिंग प्रोग्रामों में भाग लेना चाहिए।

- अपने परिवार दोस्तों और सहकर्मियों के साथ मजबूत संबंध बनाए रखने में समय दें।

- नई टेक्नोलॉजी के साथ खुद को अपडेट रखें, जो कि इस बिजनेस के लिए बहुत जरूरी है।

- उनकी सफलता का रहस्य यह है कि वे कभी भी हार नहीं मानते हैं।

- जब हम हार से सीखते है तो असफलता भी सफलता लगती है।

- आगे बढ़ने के लिए मेहनत के अलावा हमें देश-दुनिया में हो रही घटनाओं की जानकारी होनी चाहिए।

देवानंद यादव

नाम: देवानंद यादव
पद: एमडी एवं सीईओ
कंपनी का नाम: टर्सेलहर्ब्स प्रा. लि.
जन्मतिथि: 31-03-1994
वर्तमान निवास: बिलासपुर
(छत्तीसगढ़)
ईमेल आईडी: tercel.ceo@
gmail.com
वेबसाइट: www.skytercel.com

Dewanand Yadav

बायोग्राफी (Biography)

सफलता उसे ही रास्ता देती है, जो समय के साथ आगे चलना सीख लेते हैं। ऐसे ही समय के साथ कदम मिलाकर चलने वाले सफल बिजनेसमेन देवानंद यादव टर्सेलहर्ब्स प्राइवेट लिमिटेड के एमडी एवं सीईओ हैं। देवानंद यादव का सफर एक प्रेरणादायक कहानी है, खासकर उन लोगों के लिए जो डायरेक्ट सेलिंग बिजनेस में कुछ बड़ा करना चाहत हैं। टर्सेलहर्ब्स प्राइवेट लिमिटेड के एमडी और सीईओ के रूप में, उन्होंने दिखाया है कि कैसे समय के साथ चलना और नए तरीकों को अपनाना सफलता की कुंजी है। उनकी मेहनत, विजन और डेडिकेशन ने उन्हें न केवल सफल उद्यमी बनाया, बल्कि कई लोगों के लिए प्रेरणा भी है।

टर्सेलहर्ब्स प्राइवेट लिमिटेड

टेरसेलहर्ब्स प्राइवेट लिमिटेड एक हर्बल फूड सप्लीमेंट्स न्यूट्रास्यूटिकल्स कंपनी है। इस कंपनी की शुरूआत 10 अक्टूबर

2022 को सीएमडी देवानंद यादव ने की थी। हमारे समाज को स्वस्थ और समृद्ध बनाने के सुनहरे विजन के साथ शामिल किया गया।यह कंपनी न्यूट्रास्युटिकल्स, एग्रीकल्चर प्रोडक्ट और पर्सनल केयर आदि में काम करती है।

कपंनी का विजन

टर्सेलहर्ब्स एक ऐसी कंपनी है जो हर्बल और प्राकृतिक उत्पादों पर फोकस करती है। देवानंद यादव ने इस कंपनी को एक मजबूत ब्रांड बनाने में अहम भूमिका निभाई है। इस कंपनी का विजन लोगों को स्वस्थ बनाए रखने के साथ डायरेक्ट सेलिंग जैसे बिजनेस मॉडल के साथ उन्हें रोजगार के बेहतर अवसर भी प्रदान किया जा सके। इस मल्टीप्लाई बिजनेस से लोग भी खुद सफल होने के साथ दूसरों को भी कर सकें।

डायरेक्ट सेलर से सीएमडी तक का सफर

मैं छत्तीसगढ़ के किसान परिवार से हूं। मैंने अपने पिता जी के साथ लेबर का भी काम किया है। मेरा लेबर से लेकर सीएमडी तक का सफर काफी चुनौतीपूर्ण रहा। डायरेक्ट सेलिंग के बारे में पढ़ाई के दौरान मेरी एक व्यक्ति से मुलाकात हुई और उन्होंने मुझे एक बिजनेस प्लान बताया और बोला कि तुम अमीर बन जाओगे। मुझे बिजनेस प्लान तो कुछ समझ नहीं आया बस मन में यह विश्वास था कि मैं कर लूंगा। फिर 2010 में इस इंडस्ट्री में आ गया। इसके बाद मैंने अपनी पढ़ाई पूरी की। 2022 तक मैंने डायरेक्ट सेलर के रूप में काम किया। फिर इसके बाद मैंने खुद की कंपनी खुद की शुरू की। मैनेजमेंट के तौर पर कई तरह की लोगों को परेशानी का सामना करना पड़ रहा था। तो मैं ने सोच की अब लीडर्स को दिक्कत नहीं होने दूंगा और मैंने उनके हित के लिए यह कंपनी खोली।

टीम का मैंने विशेष ध्यान रखा

मैंने यह कंपनी लीडर्स को कई तरह की दिक्कतों से बचाने के लिए शुरू की। ताकि सभी की ग्रोथ अच्छे से हो पाए। मेरी कंपनी का मैनेजमेंट मेरे हाथ में हैं, तो इसलिए मैं लीडरों को उनके हित की सुविधाएं दे सकता हूं। इस कंपनी और लीडर्स की अच्छी ग्रोथ के लिए मैं कई तरह की रिसर्च और पढ़ाई भी कर रहा हूं।

सोच-समझकर संगत चुनें

सफल होने के लिए जरूरी है कि आप ऐसे लोगों की संगति चुनें, जहां आपको मार्गदर्शन और प्रोत्साहन दोनों मिल सके। आपकी संगत का असर आपके सोचने और काम करने के तरीके को प्रभावित करता है। इसलिए हमेशा अपनी संगत को सोच-समझकर ही चुनें।

सही मार्गदर्शन है जरूरी

डायरेक्ट सेलिंग में सफल होने के लिए सही मार्गदर्शन, लगातार सीखने की इच्छा और टीम वर्क जरूरी होता है, और देवानंद यादव इन सभी गुणों का बेहतरीन उदाहरण हैं। एक अच्छा लीडर या मेंटर आपके लिए सही रणनीति, उत्पाद ज्ञान और नेटवर्किंग के गुर सिखा सकता है। सफल लोगों से सीखना और उनके अनुभवों को अपनाना आपकी सफलता की राह को आसान बना सकता है। वे नए डायरेक्ट सेलर्स को नेटवर्किंग स्किल्स, प्रोडक्ट नॉलेज और बिजनेस रणनीतियों के बारे में प्रशिक्षित करते हैं, जिससे वे भी सफलता की ओर बढ़ सकें।

40 सालों की ग्रोथ 4 साल में होती है

डायरेक्ट सेलिंग एक ऐसा बिजनेस है, जिसमें सही सिस्टम और मेहनत से काम किया जाए तो आप जितनी ग्रोथ कोई 40 से 50 साल की नौकरी के बाद करता है। उतना वो डायरेक्ट सेलिंग में 4 से 5 सालों में कर लेता है। यहां जितना कठिन समय होता है, वो शुरूआत का ही होता है। जिसमें समझदारी बनाए रखना बहुत जरूरी है।

टर्निंग पॉइंट

जैसा कि मैंने बताया कि मैं पिता जी के साथ छुट्टियों के दौरान लेबर का काम करता था। एक दिन लेबर का काम पूरा करने के बाद वहां उस काम के मालिक आए थें, तो मैंने उसके हाथ में स्क्रीन टच फोन देखा। जब मैंने उनसे पूछा कि यह कितने का आएगा तो उन्होंने कहा कि यह तुम्हारे बजट से बाहर है। पूरी जिंदगी में भी इसे नहीं खरीद पाओगे। बस उस दिन यह बात मेरे मन को लग गई और यह मेरे लाइफ का टर्निंग पॉइंट था। उस दौरान मैंने भी सोच लिया कि अब पैसा कमाना है। इसके बाद मुझे डायरेक्ट सेलिंग के बारे में पता चला और 2010 में मैंने ज्वाइन कर लिया।

सक्सेस मंत्रा (Success Mantra)

देवानंद यादव के सफलता के रहस्य आपको भी सफल कर सकते हैं:

- टीम के सदस्यों की बातों को सुनें और उनके विचारों का मूल्यांकन करें।

- डायरेक्ट सेलिंग में सफल होने के लिए ज्ञान की बहुत जरूरत होती है। इसके लिए सबसे बेहतर तरीका है कि सफल लोगों की मोटिवेशनल किताबे पढ़ें।

- डायरेक्ट सेलिंग में स्ट्रॉन्ग माइंडसेट के साथ काम करने से सफलता आसानी से मिल जाती है। क्योंकि ब्रांड प्रमोशन और कंपनी का नाम सब कुछ बना बनाया मिलता है।

- आप स्मार्टली काम करें, क्योंकि सोशल मीडिया जैसे डिजिटल प्लेटफॉर्म ने आपके काम को और भी आसान बना दिया है।

- अगर आप जीवन में सफल होना चाहते हैं तो खुद को रिस्क लेने के लिए हमेशा तैयार रखें।

- बिना प्रयास के कोई भी सफल नहीं होता... जो सफल होते हैं वे अपनी सफलता का श्रेय दृढ़ता को देते हैं।

- सफलता आमतौर पर उन लोगों को मिलती है जो इसे खोजने में बहुत व्यस्त रहते हैं।

- डायरेक्ट सेलिंग क्षेत्र में सफलता पाने के लिए, आप किसी सफल दूसरे डायरेक्ट सेलर को योग्य अदर्श मान सकते हैं और उनके कौशलों और उपायों का पालन कर सकते हैं।

- टीम के सदस्यों के बीच सहयोग और साझेदारी को प्रोत्साहित करें।

- हर टीम सदस्य की विशेषज्ञता और कौशल का मूल्यांकन करें और उनको सही दिशा दें।

मिथुन साधुखान

नाम: मिथुन साधुखान
पद: चेयरपर्सन और फाउंडर
कंपनी का नाम: नैचरो हेल्थ मैटर्स
प्रा. लि.
जन्मतिथि: 28-01-1979
वर्तमान निवास: कोलकाता, वेस्ट
बंगाल
ईमेल आईडी: info@
naturohealthmatters.com
वेबसाइट: www.naturohealthmatters.com

Mithun Sadhukhan

बायोग्राफी (Biography)

मिथुन साधुखान की सफलता की कहानी वाकई प्रेरणादायक है और यह दिखाती है कि आत्म-विश्वास, मेहनत, और दूरदृष्टि से कोई भी व्यक्ति अपने सपनों को साकार कर सकता है। उन्होंने विभिन्न क्षेत्रों में अपने अनुभव और कौशल का उपयोग करते हुए अपने करियर को नई ऊंचाइयों तक पहुँचाया। मिथुन साधुखान ने न केवल खुद को डायरेक्ट सेलिंग और वेलनेस इंडस्ट्री में स्थापित किया, बल्कि अपने नेतृत्व कौशल और अभिनव दृष्टिकोण से नैचरो हेल्थ मैटर्स प्राइवेट लिमिटेडजैसे ब्रांड को एक नई पहचान दी। उनकी सोच और जोखिम उठाने की क्षमता ने उन्हें एक उद्यमी के रूप में अद्वितीय बनाया है।उनकी कहानी यह सिखाती है कि सफलता पाने के लिए कठिन परिश्रम और आत्म-विश्वास के साथ हर परिस्थिति में सकारात्मक दृष्टिकोण अपनाना आवश्यक है। उनका जीवन युवाओं के लिए एक प्रेरणा है, जो अपने करियर में कुछ बड़ा हासिल करना चाहते हैं।

नैचरो हेल्थ मैटर्स प्राइवेट लिमिटेड

नैचरो हेल्थ मैटर्स प्राकृतिक सामग्री और आयुर्वेदिक सिद्धांतों पर आधारित एक भारतीय कंपनी है, जो हेल्थ और वेलनेस के क्षेत्र में कार्यरत है। कंपनी के प्रमुख उत्पादों में से एक हाइड्रोजन अल्कलाइन आयनाइजर है, जिसमें टॉप ऑफ दि लाइन कॉन्फ़िगरेशन और मशीन दोनों में नवीनतम उन्नत तकनीक देखने को मिलती है। इस कंपनी में शामिल बोर्ड डायरेक्टर के पास विभिन्न स्वास्थ्य उद्योगों में 25 वर्षों से अधिक का अनुभव प्राप्त है। पिछले 12 वर्षों में 50,000 से अधिक क्षेत्र कर्मियों और 100,000 से अधिक कस्टमर सर्विस इंटरैक्शन सहित 100 से अधिक सदस्यों की एक टीम के साथ अन्य देशों में निजी लेबलिंग और वितरण के लिए कम से कम 10 राष्ट्रीय और अंतर्राष्ट्रीय ब्रांडों के साथ साझेदारी के साथ, हम अपनी उपलब्धियों पर गर्व करते हैं।

कपंनी का विजन

नैचरो हेल्थ मैटर्स लिमिटेड कंपनी के अंदर कई ब्रांड शामिल हैं, जो प्राइवेट लेबलिंग की गुणवत्ता को बनाए रखने में मदद करते हैं। कंपनी का वीजन और उद्देश्य है आने वाले समय में एक ग्लोबल न्यूट्रिशन कंपनी के रूप में नजर आना। हमारे बोर्ड के सदस्यों की विशेषज्ञता का लाभ पूरी दुनिया तक पहुंचा सकें। जो सामूहिक रूप से प्रशिक्षण और डायरेक्ट सेलिंग इंडस्ट्री में 15 से 25 वर्षों का अनुभव रखते हैं, मुख्य रूप से स्वास्थ्य सेवा क्षेत्र में। कंपनी का उद्देश्य लोगों को वेट मैनेजमेंट सॉल्यूशन, टारगेट न्यूट्रिशन, सपोर्ट न्यूट्रिशन जैसे सप्लिमेंट सहित उत्पादों की एक विविध श्रेणी प्रदान करना है।

डायरेक्ट सेलिंग कंपनी में एक स्वतंत्र वितरक के रूप में शुरुआत की

मैने डायरेक्ट सेलिंग में अपना सफर, वर्ष 2001 में एक भारतीय डायरेक्ट सेलिंग कंपनी में एक स्वतंत्र वितरक के रूप में शुरुआत

की। मैंने अपने करियर में स्थिरता पाने के लिए 7 वर्षों से अधिक समय तक संघर्ष किया है। लेकिन मेरे जीवन में एक सफल व्यक्ति के वास्तविक अर्थ के रूप में इसमें 7-8 साल और लग गए, जबकि मैं उस कंपनी के शीर्ष पद हासिल करने और कई वर्षों तक इस पद को कायम रखने में सक्षम था, यदि सफलता की मापदण्ड किसी व्यक्ति द्वारा हासिल की गई भौतिक चीजों के प्रकार से होता है तो, हां मेरे पास BMW, Marcedez कारें, कई करोड़ की संपत्तियां यहां तक कि 8 अंकों की मासिक आय बनाने के रिकॉर्ड भी मैं हासिल कर चुका था। लेकिन कुछ हद तक मुझे एहसास हुआ कि सच्ची सफलता यह नहीं है कि, बहुत सारी चीजें आपके पास है, बल्कि यह मायने रखता है कि आप आंतरिक रूप से क्या बन रहे हैं, और इसके साथ - साथ यह मांग करती है कि आप समाज को वापस क्या दे सकते हैं। डायरेक्ट सेलिंग उद्योग में 24 साल बिताने के बाद मुझे एहसास के साथ यह अटूट विश्वास हुआ कि मैं वास्तव में इस उद्योग के लिए, इससे भी बेहतर करने के लिए तैयार हूं, मुझे अपनी खुद की कंपनी चलानी चाहिए जहां मैं वास्तव में अपनी समझ का उपयोग करके इस उद्योग से जुड़े सभी लोगों के लिए अधिक विकास ला सकूं, जिसके फलस्वरूप और अधिक व्यावहारिक विचार जोड़ने में सक्षम हो सकते हैं।

> *"खुद को बदलिए, ताकि दुनिया खुद बदल जाए। डायरेक्ट सेलिंग में यही कहावत काम करती है।"*

जिम्मेदारी सही जगह बाटें

काम की सफलता और असफलता इस बात पर भी निर्भर करती है कि हम जिम्मेदारी सौंप किसे रहे हैं। जब भी हम कोई लक्ष्य तय करें तो उससे जुड़ी जिम्मेदारियों का बंटवारा सहयोगियों की योग्यता और रुचि के अनुसार करें। अयोग्य लोगों को जिम्मेदारियां देना हमारे लिए अनचाही परेशानियां खड़ी कर सकता है, लक्ष्य से भटका सकता है।

इसलिए टीम के सदस्यों को उनकी तकातक का एहसास दिलाएं और उन्हें जिम्मेदारी बाटें।

प्रेरित व्यावसायिक विचारधारा वाले लोगों को ढूंढें

किसी नेटवर्क मार्केटिंग संगठन को विकसित करने का सबसे तेज़ तरीका प्रेरित व्यावसायिक विचारधारा वाले लोगों को ढूंढना है। समझें कि आप किसी को प्रेरित नहीं कर सकते और इसे अंतिम रूप दें। अपने नेटवर्क मार्केटिंग संगठन के विकास में तेजी लाने के लिए आपको वास्तव में केवल कुछ घुड़दौड़ के घोड़ों की आवश्यकता है। सभी को विकास और समृद्धि का अवसर दें। किसी संगठन के निर्माण में मुख्य शब्द T.E.A.M है।

सही कंपनी का चुनाव बहुत जरूरी है

हो सकता है कि आपकी पहली कंपनी आपके लिए सर्वोत्तम विकल्प न हो। एक सही कंपनी का चुनाव बहुत जरूरी है। इसीलिए आपको कंपनी के बारे में गहराई से जानने और शोध करने की आवश्यकता है। नेटवर्क मार्केटिंग बिजनेस आसान नहीं है और यह हर किसी के लिए नहीं है। डायरेक्ट सेलिंग कंपनियाँ सभी समान नहीं बनाई गई हैं। शुरू से ही सही कंपनी ढूंढने से वर्षों की असफलता और बार-बार शुरुआत करने से बचा जा सकेगा। आपको कंपनी के अनुसंधान के माध्यम से आचरण करने की आवश्यकता है।

सक्सेस मंत्रा (Success Mantra)

मिथुन साधुखान के सफलता के रहस्य आपको भी सफल कर सकते हैं:

- जीवन में एक मंत्र हमेशा ध्यान रखना चाहिए कि सफलता पाने के लिए किसी दूसरे के पीछे भागने से कुछ हासिल

नहीं होगा। सफलता तभी मिल सकती है जब आप अपनी मंजिल तक पहुंचने का रास्ता खुद ही बनाते हैं।

- सफल लोगों में अच्छी आदतों के साथ अच्छी सोच और अच्छा कार्य करने की आदत होती है।

- सफल व्यक्तियों की एक खूबी होती है, वो हर परिस्थिति में सकारात्मक पहलुओं को खोजने की क्षमता रखते हैं।

- आपकी सफलता आप काम को लेकर गंभीरता पर भी निर्भर करती है। इससे आपको सफलता तय करने में काफी आसानी होगी।

- सफलता के लिए मायने यह नहीं रखता कि आप कहां से शुरू करते हैं बल्कि यह मायने रखता है कि आपका लक्ष्य कितना ऊंचा है।

- नेटवर्क मार्केटिंग एक दैनिक कार्य है, इसलिए आपको संबंधों में स्थिरता बनाए रखने के लिए प्रतिबद्ध रहना होगा।

- खुद को बदलिए, ताकि दुनिया खुद बदल जाए। डायरेक्ट सेलिंग में यही कहावत काम करती है।

- असफलता आपको तब निराश बनाती है जब आप हार मान लेते हैं। इसलिए आपको कभी हार नहीं माननी है।

- एक सफल डायरेक्ट सेलर बनने के लिए आप रोज सबुह उठते ही अपने पूरे दिन के काम का प्लान बनाएं और उसे वैसे ही करें भी।

तारा प्रकाश तिवारी

नाम: तारा प्रकाश तिवारी
पद: सीएमडी
कंपनी का नाम: डॉ. नेचर वेलनेस
प्रा. लि.
वर्तमान निवास: जयपुर
ईमेल आईडी: Info@
drnaturewellness.com
वेबसाइट: www.drnaturewellness.com

Tara Prakash Tiwari

बायोग्राफी (Biography)

डॉ नेचर वेलनेस प्राइवेट लिमिटेड के प्रणेता श्री ताराप्रकाश तिवारी का जन्म राजस्थान राज्य के जयपुर जिले के एक छोटे से कस्बे जोबनेर में, ईश्वर भक्ति में विश्वास रखने वाले, कर्मठ, गौ सेवक शासकीय वैध श्री रामचरण तिवारी जी के घर में हुआ। श्री तारा प्रकाश तिवारी जी को आयुर्वेद के प्रति आसक्ति, विश्वास एवम दीन दुखियो की सेवा का भाव बाल्यकाल से ही विरासत में मिला। बाल्यवस्था में ताराप्रकाश जी अपने पिताजी के साथ जब वन क्षेत्र में माँ प्रकृति से प्रदत्त विभिन्न वनौषधियों की खोज में जाते थे, तभी से उनका जुड़ाव स्वतः ही प्रकृति से हुआ और उन्होंने सोचा कि असाध्य रोगों को बिना किसी दुष्प्रभाव के सरलता से दूर करने वाली इन प्राकृतिक जड़ी बूटियों का क्यो नही हम अपने खेतों में उत्पादन करते! ताकि ये औषधियां सभी लोगो को सरलता से उपलब्ध हो सके।

अपने इसी स्वप्न को हृदय में संजोये तारा प्रकाश जी ने भारत के प्रथम कृषि महाविद्यालय के रूप में प्रतिष्ठ, श्री कर्ण नरेंद्र कृषि महाविद्यालय से कृषि विज्ञान विषय मे स्नातक एवम कृषि क्षेत्र में कीट नियंत्रण हेतु बढ़ते कीटनाशको के प्रादुर्भाव को समझने के लिए स्नातकोत्तर डिग्री प्राप्त की, साथ ही इस क्षेत्र में और विशेषज्ञता प्रवीण होने के लिए हैदराबाद के प्रतिष्ठित 'पादप सुरक्षा विज्ञान संस्थान' से पादप सुरक्षा में स्नातकोत्तर डिप्लोमा ग्रहण किया।

एक आम मध्यमवर्गीय युवा की भांति शिक्षा प्राप्त शीघ्रातिशीघ्र पारिवारिक दायित्वों में अपना योगदान देने की मानसिकता के चलते मेधावी ताराप्रकाश जी ने भारत सरकार के एक राष्ट्रीय कृषि अनुसंधान केंद्र पर कार्य किया जहां वे ना सिर्फ राष्ट्रीय अपितु बहुराष्ट्रीय, अंतर्राष्ट्रीय कम्पनीयी के अनुसंधान कार्यक्रमों का हिस्सा रहे।

डॉ. नेचर वेलनेस

तिवारी जी की जिंदगी में अब पुनः सब कुछ व्यवस्थित था, आनंद था, परिवार के लिए समय था। 2020 में आई कोरोना महामारी में, आयुर्वेद की तरफ देश विदेश के लोगों का रुझानआश्चर्यजनक रूप से बढ़ा और आयुर्वेदिक जूस, फूड सप्लीमेंट्स की मांग बेतहाशा बढ़ने लगी। यह आयुर्वेदिक इंडस्ट्री के लिए तो अभूतपूर्व ग्रोथ का समय था किन्तु अन्य कई उद्योग धंधे इस समय प्रतिकूल परिस्थितियों से जूझ रहे थे और अनेकोनेक लोग अपने रोज़गार से हाथ धो बैठेथे और ना जाने कितने लोगो के काम धंधे ठप्प भी हो गए थे। अपने संघर्ष के दिनों में ताराप्रकाश जी ने इन परिस्थितियों को रुबरू महसूस किया था और इस बात से भी वे आश्वस्त थे कि नेटवर्क मार्केटिंग अथार्त डायरेक्ट सेलिंग ऐसा क्षेत्र है जिसकोयदि व्यवस्थित तरीके से किया जाए तो रोज़गार के साथ साथ स्वास्थ्य क्षेत्र में आ रही अच्छे उत्पाद की कमी को भी दूर किया जा सकता है।

इस तरह से सभी लोगो को अच्छी क्वालिटी के आयुर्वेदिक प्रोडक्ट्स उपलब्ध कराने, बढ़ती बेरोज़गारी की समस्या को दूर करने और अंततोगत्वा आयुर्वेद को वैश्विक पहचान दिलाने केउद्देश्य से 15 अगस्त 2021 को श्री तारा प्रकाश जी तिवारी द्वारा वृत्तिका हर्बोटिक प्राइवेट लिमिटेड की डायरेक्ट सेलिंग डिवीज़न डॉ नेचर वेलनेस प्राइवेट लिमिटेड की स्थापना की गयी। आज डॉ नेचर आयुर्वेद डायरेक्ट सेलिंग क्षेत्र में एक उभरता हुआ नाम है और देश पर्यंत आयुर्वेद की प्रतिष्ठा को सर्वोपरि रखते हुए लाखो परिवारों को रोज़गार और स्वास्थ्य पहुंचाने काअभिनव कार्य कर रही है।

कपंनी का विजन

डॉ नेचर वेलनेस प्राइवेट लिमिटेड, आयुर्वेदिक दवाओं, न्यूट्रास्यूटिकल्स, खाद्य पूरक और हर्बल सौंदर्य प्रसाधनों की भारत वर्ष की अग्रणी निर्माता कम्पनी "वृतिका हर्बोटिक प्राइवेट लिमिटेड" का एकडायरेक्ट सेलिंग डिवीज़न है। डॉ नेचर वेलनेस एक पुर्णतः आयुर्वेदिक प्रोडक्ट आधारित डायरेक्ट सेलिंग कंपनी है, जिसका उद्देश्य आयुर्वेद को वैश्विक तौर पर पुनर्स्थापित कर स्वास्थ्य के साथरोज़गार के असीम अवसर पैदा करना है। इसी उद्देश्य की पूर्ती के लिए शत प्रतिशत रसायन रहित, चीनी रहित, पेराबींस रहित प्राकृतिक उत्पादों की एक विस्तृत श्रंखला डॉ नेचर द्वाराकिफायती दामो पर उपलब्ध करवाई जा रही है। कपंनी का विज़न जन जन को उत्तम स्वास्थ्य, सुखद जीवन वृत्त एवं रोज़गार के असीम संभावना वाले भारतीय चिकित्सा परम्पराओं के अग्रणी क्षेत्र आयुर्वेद को वैश्विक स्तर पर स्थापित करना है।

डायरेक्ट सेलर से सीएमडी तक का सफर

एक कृषि अनुसंधानकर्ता के तौर पर कार्य करते करते ही तिवारी जी ने स्वास्थ्य क्षेत्र में स्थापित एक प्रतिष्ठित एक प्रोडक्ट बेस्ड बहुराष्ट्रीय कंपनी में नेटवर्क मार्केटिंग का कार्य किया, जहां उन्होंने नेटवर्क

मार्केटिंग के विभिन्न लेवल्स हासिल किये और ना सिर्फ बहुत अधिक पैसा कमाया बल्कि बड़े पैमाने पर लोगो से आत्मीय सम्बन्ध भी स्थापित किये।

तभी ताराप्रकाश जी का साक्षात्कार एक ऐसी महान विभूति भाई श्री राजीव दीक्षित जी से हुआ जिनके अक्षुण आयुर्वेदिक ज्ञान एवं स्वदेशी विचारधारा ने उनके मन मस्तिष्क को झकझोर कररख दिया। श्री तारा प्रकाश तिवारी ने उस बहुराष्ट्रीय कंपनी का त्याग किया और स्वदेशी प्रचार अभियान में दिन रात जुट गए। नौकरी से त्यागपत्र देकर तिवारी जी ने उस पथ की और कदम बढ़ा लिए जो राह थी लोगो को उत्तम स्वास्थ्य देने में सहायक आयुर्वेद को पुनर्स्थापित करने की।

कार्य कठिन था किन्तु असाध्य नहीं। परिवार के सहयोग, अपने आत्म विश्वास, कड़ी मेहनत एवं स्वच्छ और पारदर्शी नीतियों से ताराप्रकाश जी ने वो मुकाम हासिल किया जिसकी कल्पनाएक साधारण ग्रामीण परिवेश से निकला कोई मध्यमवर्गीय व्यक्ति स्वप्न में भी नहीं कर सकता। तो दोस्तों ये सफ़र शुरू हुआ अथाह मेहनत और समर्पण के साथ, एक अत्यंत प्रारम्भिक स्तर पर एलोवेरा, व्हीट ग्रास, आंवला जूस का घरेलु स्तर पर निर्माण कर विभिन्न प्रात: भ्रमण स्थलों परकैनोपी लगा कर लोगो तक पहुंचाने का ताकि आयुर्वेदिक जूसेज की स्वीकार्यता बढ़े एवं लोग इनके गुणों से लाभान्वित हो सके। सुबह उठ कर जूस तैयार करना फिर लोगो तक पहुंचाना, यह कार्य बहुत कठिन था, किन्तु कहते है कि नीयत साफ़ हो तो मेहनत रंग लाती है, लोगो ने जूसेज को ना सिर्फ पसंद कियाबल्कि उनके असीम लाभ भी लोगो को दिखने लगे।

बढती मांग और स्वीकार्यता को देखते हुए ताराप्रकाश तिवारी जी द्वारा वर्ष 2007 में वृतिका हर्बोटेक प्राइवेट लिमिटेड की स्थापना की गयी जो की लगभग 12-13 वर्षो में ही आयुर्वेदिकजूसेज एवं फूड सप्लिमेंट के क्षेत्र में देश की अग्रणी कंपनी के रूप में स्थापित हो गयी। डाबर, बैधनाथ जैसे बड़े बड़े क्लाइंट प्राइवेट लेबल में वृतिका हरबोटेक से अपना माल तैयार करवानेलगे।

डायरेक्ट सेलिंग क्षेत्र ही क्यों ...!

यद्यपि विभिन्न आधारहीन पिरामिड और पोंज़ी स्कीम्स के चलते भारत वर्ष में इस क्षेत्र को लेकर कोई खासा उत्साह नहीं रहा है किन्तु भारत सरकार द्वारा डायरेक्ट सेलिंग एक्ट 2021 में काफी ऐसे परिवर्तनकिये गए जिससे उपभोक्ता के अधिकारों की रक्षा की जा सके और उसके बाद से ही यह क्षेत्र लगातार वृद्धि कर रहा है। रोज़गार की अपार संभावना वाले इस क्षेत्र में सफलता प्राप्त करने के लिए कंपनीका चयन करना अत्यंत महत्वपूर्ण स्टेप है।

"सफलता की कहानियों को पढ़ें और सुनें, ताकि आप जान सकें कि दूसरों ने कैसे आत्म-विश्वास बढ़ाया और सफल हुए।"

डायरेक्ट सेलिंग आपके सपनों को पूरा करता है

डायरेक्ट सेलिंग आपके सपनों को पूरा करता है और मेरा भी किया। मेरा पहला सपना डायरेक्ट सेलिंग ज्वाइन करने के 6 महीने में ही पूरा हो गया था। जो कि हांगकांग की यात्रा थी। फ्लाइटसे यात्रा और यह इंटरनेशनल ट्रिप में से मेरी पहली यात्रा थी। मैं लोगों से यही कहूंगा कि डायरेक्ट सेलिंग में होने वाले कार्यक्रमों में भाग जरूर लें। ऐसे अवसरों को लेने से न चूकें जहांआपको दूरदर्शिता मिलती है। साथ ही, हमेशा उन लोगों से सीखने की कोशिश करते हैं जो डायरेक्ट सेलिंग व्यवसाय में सफल हैं।

कॉन्फिडेंस की महत्वपूर्ण भूमिका होती है

इस इंडस्ट्री में सफल होने के लिए कॉन्फिडेंस की महत्वपूर्ण भूमिका होती है। कॉन्फिडेंस आपके काम को सही तरीके से करने में मदद कर सकता है और आपको अधिक संवाद करने में भीसहायक हो सकता है। इस इंडस्ट्री में अधिकांश काम टीम के साथ किया जाता है और आपके विचारों और योजनाओं को अच्छी तरीके से प्रस्तुत करने के लिए सहमती की आवश्यकता होती है।

ग्रुप को लेकर चलें

जब आप किसी संस्था या समूह में काम करते हैं, तो किसी भी एक व्यक्ति पर ही सबकुछ करने की जिम्मेदारी नहीं होनी चाहिए। उसी तरह आपको समूह के सभी लोगों को साथ में लेकर हीचलना चाहिये। इससे हर व्यक्ति का दृष्टिकोण आपको पता चलता है और सफलता के नए रास्ते खुलते जाते हैं।

बड़े सपने को देखें

डायरेक्ट सेलिंग इंडस्ट्री उन लोगों के लिए नहीं है जो बड़े सपने नहीं देख सकते हैं, और आपको सफलता के लिए कीमत चुकानी होगी, अपनी टीम से ऐसी चीजें करने की उम्मीद न करें जोआप नहीं कर रहे हैं, आपकी टीम वही करेगी जो आप करते हैं, न कि जो आप कहते हैं।

टर्निंग पॉइंट

जब मैंने नया अनुभव हासिल करने के लिए पार्ट टाइम के रूप में अपना डायरेक्ट सेलिंग व्यवसाय शुरू किया था। लेकिन वर्ष 2001 में डायरेक्ट सेलिंग इंडस्ट्री के एक बड़े कार्यक्रम में भाग लेने के बाद, मैं देख सकता था कि मेरे जैसे साधारण लोग असाधारण जीवन जी रहे हैं और अब मुझे कुछ करना चाहिए। यहीं मेरे लाइफ का टर्निंग पॉइंट था। जिसके बाद मैंने डायरेक्ट सेलिंग को भी अपना करियर बना लिया।

सक्सेस मंत्रा (Success Mantra)

तारा प्रकाश तिवारी के सफलता के रहस्य आपको भी सफल कर सकते हैं:

- डायरेक्ट सेलिंग में सफल होने के लिए आपमें ग्राहक की आवश्यकताओं और पसंदों को समझने की क्षमता होनी

चाहिए ताकि आप उनको उनके लिए सही उत्पाद या सेवाएं प्रस्तुतकर सकें।

- समस्याओं को सही तरीके से पहचानने और उसे समाधान करने की कोशिश करें।

- खुद को शिक्षित करने के लिए समय और पैसा खर्च करें।

- डायरेक्ट सेलिंग उद्योग से जुड़ी किताबें और लोगों की सफलता की कहानियां जरूर सुनें।

- किसी भी कंपनी से जुड़ने से पहले कंपनी के संस्थापक के बारे में जानें, संस्थापक का विजन और नैतिकता, कंपनी के प्रोफाइल और उत्पादों से ज़्यादा महत्वपूर्ण है।

- तुरंत सफलता की तलाश न करें। सफलता समय लेती है।

- आत्म-विश्वास से बातचीत के साथ लोगों से मिलना बहुत महत्वपूर्ण है, विशेषकर डायरेक्ट सेलिंग कार्य में।

- सफलता की कहानियों को पढ़ें और सुनें, ताकि आप जान सकें कि दूसरों ने कैसे आत्म-विश्वास बढ़ाया और सफल हुए।

- कॉन्फिडेंस और सहमती दो ऐसे गुण हैं जो इस इंडस्ट्री में सफलता प्राप्त करने में महत्वपूर्ण हो सकते हैं और यह आपको अच्छा लीडर बनने में मदद कर सकते हैं।

केशाराम कुमावत

नाम: केशाराम कुमावत
पद: फाउंडर और सीईओ
कंपनी का नाम: मिराकुलस वेलनेस
प्रा. लि.
जन्मतिथि: 13-07-1991
वर्तमान निवास: जोधपुर राजस्थान
ईमेल आईडी: support@
miraculouswellness.co.in
वेबसाइट: www.
mymiraculouswellness.com

Kesharam Kumawat

बायोग्राफी (Biography)

केशाराम कुमावत की कहानी एक सच्ची मिसाल है—कि अगर इंसान के पास सपना, संकल्प और सच्ची मेहनत हो, तो कोई भी मुश्किल उसे रोक नहीं सकती।केशाराम कुमावत की कहानी एक प्रेरणास्पद है, जो दिखाती है कि सपनों को सच करने के लिए कठिनाइयों का सामना करना और मेहनत करना कितना महत्वपूर्ण है। केशाराम कुमावत ने एक सफल नेटवर्क मार्केटिंग करियर के लिए स्वयं को प्रेरित किया और अपने उद्देश्यों की ओर महत्वपूर्ण कदम बढ़ाया। यह मिराकुलस वेलनेस प्राइवेट लिमिटेड के फाउंडर और सीईओ हैं। उनकी यात्रा सिर्फ एक व्यक्ति की सफलता नहीं—बल्कि उन सभी लोगों की उम्मीद है,जो सीमाओं से ऊपर उठकर अपनी दुनिया खुद बनाना चाहते हैं।

मिराकुलस वेलनेस प्राइवेट लिमिटेड

मिराकुलस वेलनेस प्राइवेट लिमिटेड हेल्थ और वेलनेस के प्रोडक्ट्स बनती है। मिराकुलस की शुरुआत वर्ष 2021 में हुए थी। यह अपने सर्वश्रेष्ठ विश्व स्तरीय स्वास्थ्य और कल्याण उत्पादों में काम करने वाली एक बेस्ट डायरेक्ट सेलिंग कंपनी है। मिराकुलस एक आईएसओ प्रमाणित डायरेक्ट सेलिंग कंपनी है और अपने सभी ग्राहकों और वितरकों को विश्व स्तरीय सेवाएं प्रदान करने में विश्वास रखती है। पूरे भारत में, मिराकुलस वेलनेस वितरकों का एक विस्तृत नेटवर्क बना रहा है, जो हर साल लगातार बढ़ रहा है।

डायरेक्ट सेलर से सीएमडी तक का सफर

मेरी लाइफ में बहुत अप-अन डाउन आया और बहुत चुनौतियों के बाद यहां तक पहुंचा। मेरी फैमिली बिजनेस क्लास थी, तो 10 वीं की पढ़ाई के बाद मैं भी बिजनेस में लग गया। साउथ से आने बाद फिर मैं 12 वी की पढ़ाई में लग गया और फिर मैं जॉब में लग गया। 2007 से लेकर 2018 तक मैंने फुल टाइम जॉब किया। मेरा एक सिद्धांत था कि जहां भी काम करों अपना बेस्ट देकर नंबर 1 जॉब करो। फिर मैंने कुछ अपना करने को सोचा क्योंकि एक बात मैंने समझ ली थी कि चाहें आप जितने भी सुंदर या अच्छे हो, लोगों के बीच इज्जत के लिए आपके पास पैसा और एक अच्छा लाइफस्टाइल होना बहुत जरूरी है। इस सोच के साथ मैंने अपनी एक पहचान और नाम बनाया है आज।

"लीडर वही नहीं होता जो सबसे आगे चलता है, बल्कि वो होता है जो दूसरों को आगे बढ़ाता है।"

कपंनी का विजन

न्यूट्रास्यूटिकल्स को वैश्विक स्तर पर बढ़ाना और डायरेक्ट सेलिंग में बेंचमार्क बनना हमारी कंपनी का विज़न है और डायरेक्ट सेलिंग मॉडल के जरिए लोगों को अपनी शर्तों पर आर्थिक और स्वस्थ स्वतंत्रता का जीवन जीने में मदद करना हमारा लक्ष्य है। यह एक ऐसी डायरेक्ट सेलिंग कंपनी है, जो केवल प्रोडक्ट्स नहीं बेचती, बल्कि लोगों को स्वस्थ जीवन, आर्थिक स्वतंत्रता और व्यक्तिगत विकास का अवसर प्रदान करती है। यह कंपनी ट्रांसपेरेंट बिजनेस मॉडल पर काम करती है। कंपनी का लर्निंग और लीडरशिप-ड्रिवन टीम कल्चर लोगों की सफलता में मददगार है।

आपके विचार ही आपको सफल बनाएंगे

आपके विचार और आपकी मानसिकता से ही आपकी सफलता की कहानी बनती है, और आपको उस रास्ते पर आगे बढ़ने की प्रेरणा प्रदान करते हैं। यदि आप अपने लक्ष्यों के प्रति पूरी तरह समर्थ हैं और उन्हें हासिल करने के लिए समर्थन और संघर्ष करने के लिए प्रेरित हैं, तो आप अवश्य सफलता प्राप्त कर सकते हैं। विचार और मानसिकता का महत्व इसलिए है क्योंकि ये आपके कार्रवाईयों को प्रेरित करते हैं और आपको बाधाओं के बावजूद आगे बढ़ने के लिए मजबूती प्रदान करते हैं। नए विचार और नए दृष्टिकोण नई सोच और नई समस्याओं का सामना करने का तरीका प्रदान कर सकते हैं, जिससे आपकी सफलता में नई क्रांति हो सकती है।

सीखने वाला माहौल और लीडरशिप पर फोकस

मिराकुलस वेलनेस प्रा. लि. की सबसे बड़ी ताकत है—यहाँ का सीखने वाला माहौल और लीडरशिप पर फोकस करने वाली संस्कृति। यहाँ हर सदस्य सिर्फ एक डिस्ट्रीब्यूटर नहीं, बल्कि एक लीडर इन प्रोग्रेस

होता है। जब हर व्यक्ति लर्निंग के रास्ते पर होता है, तो पूरी टीम ग्रोथ के रास्ते पर होती है।

हर सदस्य के भीतर छिपे लीडर को बाहर आने का प्लेटफॉर्म मिलता है। हर सदस्य के भीतर छिपे लीडर को बाहर आने का प्लेटफॉर्म मिलता है। हम यह भी कह सकते हैं कि यहां हर सदस्य के भीतर छिपे लीडर को बाहर आने का प्लेटफॉर्म मिलता है। आप यहां ग्रोथ के साथ अपनी प्रतिभी को भी दिखा सकते हैं।

टर्निंग पॉइंट

साल 2021 में मैं ने मिराकुलस वेलनेस प्राइवेट लिमिटेड की शुरुआत की थी और वो मेरी लाइफ का सबसे बड़ा टर्निंग पॉइंट था। डायरेक्ट सेलिंग इंडस्ट्री को समझने के बाद मैंने इस बात को भी समझ लिया था कि यहां लोग दिल से काम करने, कड़ी मेहनत करने और सफल होने के इच्छुक है। बस उन्होंने एक अच्छे प्लेटफॉर्म की जरूरत है। जिंदगी में इतने उतार-चढ़ाव के बाद मैं लोगों की समस्या और करीब से महसूस कर पाता था। एक अच्छे प्रोडक्ट और टीम ग्रोथ के साथ हम आज आगे बढ़ रहे हैं।

सक्सेस मंत्रा (Success Mantra)

केशाराम कुमावत के सफलता के रहस्य आपको भी सफल कर सकते हैं:

- डायरेक्ट सेलिंग व्यवसाय को स्वयंसंचालित रूप से प्रबंधित करने की योग्यता और यदि आप अपने व्यवसाय को अच्छे से प्रबंधित कर सकते हैं, तो आपकी सफलता की संभावना बढ़ सकती है।

- एक बात को ध्यान रखें कि हमारी समस्याओं का समाधान तो केवल हमारे पास ही है, दूसरों के पास तो केवल सुझाव है।

- हमेशा चुनौतियों को स्वीकार करना चाहिए इससे सफलता मिलेगी या तो शिक्षा।

- आपके विचार और आपकी मानसिकता से ही आपकी सफलता की कहानी बनती है, और आपको उस रास्ते पर आगे बढ़ने की प्रेरणा प्रदान करते हैं।

- मैं हमेशा अपनी टीम को समर्थन और सही दिशा देने के लिए उपलब्ध रहता हूँ।

- लीडर वही नहीं होता जो सबसे आगे चलता है, बल्कि वो होता है जो दूसरों को आगे बढ़ाता है।

- अगर आपके पास एक स्पष्ट लक्ष्य है, एक कमिटेड टीम है, और आप लगातार धैर्य और समर्पण के साथ काम करते हैं —तो कोई भी सपना दूर नहीं।

- डायरेक्ट सेलिंग एक करियर के रूप में एक अच्छा विकल्प हो सकता है, लेकिन यह व्यक्ति के व्यक्तिगत रूप से उनके रुचि और योग्यता के आधार पर निर्भर करेगा।

- हम नियमित रूप से मीटिंग्स और ट्रेनिंग सेशन्स करते हैं, ताकि हर सदस्य प्रेरित रहे और उन्हें

अपने लक्ष्यों तक पहुँचने का स्पष्ट मार्गदर्शन मिलता रहे।

विक्रांत मनोहर संकपाळ

नाम: विक्रांत मनोहर संकपाळ
पद: सीएमडी
कंपनी का नाम: वेल्फे इंटरप्राइजेज
इंडिया प्रा. लि.
जन्मतिथि: 04-03-1985
वर्तमान निवास: पुणे
ईमेल आईडी: welfaysmile4you@
gmail.com
वेबसाइट: www.welfay.com

Vikrant Sankpal

बायोग्राफी (Biography)

वेल्फे इंटरप्राइजेज इंडिया प्राइवेट लिमिटेड के निदेशक विक्रांत मनोहर संकपाळ आज की डायरेक्ट सेलिंग इंडस्ट्री में एक प्रेरणा का स्रोत बन चुके हैं। उन्होंने यह सिद्ध कर दिया है कि अगर लक्ष्य स्पष्ट हो, सोच सकारात्मक हो और मेहनत ईमानदारी से की जाए, तो सफलता अवश्य मिलती है। उनकी सफलता हमें यह संदेश देती है कि डायरेक्ट सेलिंग आने वाले समय में एक बेहतरीन करियर विकल्प बन सकता है। यह सिर्फ एक कमाई का ज़रिया नहीं, बल्कि आत्मनिर्भरता और लीडरशिप विकसित करने का मंच है। आज जब युवा नौकरी की तलाश में भटकते हैं, ऐसे समय में विक्रांत संकपाळ जैसे लीडर्स की कहानी बताती है कि एक बार डायरेक्ट सेलिंग में भी किस्मत जरूर आज़मानी चाहिए। हो सकता है यही राह आपको नौकरी देने वाला नहीं, बल्कि रोज़गार देने वाला बना दे।

वेल्फे एंटरप्राइजेज इंडिया प्राइवेट लिमिटेड

वेल्फे एंटरप्राइजेज इंडिया प्राइवेट लिमिटेड एक निजी लिमिटेड कंपनी है, जो 9 जुलाई 2020 को महाराष्ट्र के सांगली जिले में है। कंपनी का मिशन संगठन में काम करने वाले हर व्यक्ति के लिए आर्थिक अवसर पैदा करना और उत्पन्न करना। साथ ही लोगों को बेहतरीन प्रीमियम गुणवत्ता के साथ किफायती मूल्य पर आवश्यक वस्तुएं उपलब्ध कराना।

डायरेक्ट सेलर से सीएमडी तक का सफर

शुरूआत से मेरी सोच थी कि मैं नौकरी नहीं करूंगा और अपना खुद का बिजनेस करूंगा। डायरेक्ट सेलिंग में कंपनी के फाउंडर तक का सफल मेरे लिए काफी चुनौतीपूर्ण रहा। मेरी इस कंपनी को 4 साल हो गए। वेल्फे इंटरप्राइजेज इंडिया प्राइवेट लिमिटेड को खोलने का मेरा उद्देश्य यह था कि मेरी तरह लोगों को भी अपना करियर और लाइफ सेट करने का एक अच्छा मौका मिले। डायरेक्ट सेलिंग इंडस्ट्री में आने के बाद आज मैंने अपने अधिकतर गोल्स पूरे कर लिए हैं और मेरे पास आज जीवन में सब कुछ है। इस तरह मैं लोगों के लिए भी चाहता हूं। जिसके लिए उन्हें एक अच्छे प्रोडक्ट की जरूरत है और टीम वर्क की। जिसके लिए वेल्फे इंटरप्राइजेज इंडिया पूरी भूमिका निभा रही है।

कपंनी का विजन

हमारा लक्ष्य ऐसे बेस्ट लीडर्स तैयार करना है, जो कंपनी के साथ एक लंबी यात्रा तय कर सकें और हम सब मिलकर सफलता हासिल करें और डायरेक्ट सेलिंग इंडस्ट्री को एक अलग पहचान दिलाएं। कंपनी का लक्ष्य है 2030 तक लगभग 100 करोडपती तैयार करना। जिनके पास निकट भविष्य में देने के लिए बहुत सारी सफलता की कहानियाँ हैं।

समर्थन और प्रेरणा दें

टीम के हर सदस्य को समर्थन देने और उन्हें प्रेरित करने से उनकी कार्यक्षमता और रचनात्मकता बढ़ती है। एक अच्छा लीडर टीम को उनके मजबूत बिंदुओं पर फोकस करने के लिए प्रोत्साहित करता है और समस्याओं के समाधान में उनकी मदद करता है। जब टीम एक-दूसरे के साथ मिलकर और सामूहिक रूप से काम करती है, तो वह न केवल व्यक्तिगत लक्ष्यों को पूरा करती है, बल्कि एक संगठन के व्यापक उद्देश्यों की ओर भी बढ़ती है।

> "जब हम दूसरों से लड़ते हैं, तो बस समय बर्बाद करते हैं, पर जब हम खुद से लड़ते हैं, तब हम खुद को इतना स्ट्रॉन्ग बना लेते हैं कि दुनिया की कोई ताकत हमें हरा नहीं सकती।"

पहले अपना लक्ष्य तय करें

सफलता के लिए लक्ष्य तय करना एक महत्वपूर्ण कदम है, जो आपको आपके जीवन में क्या हासिल करना चाहते हैं और आप किस दिशा में जाना चाहते हैं, इसे स्पष्ट करने में मदद करेगी। लक्ष्य तय करने से ही हमें यह समझ आता है कि हमें कहाँ जाना है, क्यों जाना है, और कैसे पहुँचना है। बिना लक्ष्य के जीवन, बिना दिशा की नाव की तरह होता है—भटकता हुआ, ठहराव में फंसा हुआ। एक लक्ष्य का होना जरूरी है।

टर्निंग पॉइंट

शुरुआत ही मेरा फोकस क्लीयर था कि मुझे बिजनेस करना है, नौकरी नहीं। क्योंकि नौकरी में कभी भी इतना पैसा नहीं कमा सकता हूं कि अपने सपनों को पूरा कर सकूं। मैं कंप्यूटर हार्डवेयर इंजीनियर हूं। पढ़ाई पूरी करने के बाद मैंने बैंक से लोन लेकर अपना कंप्यूटर शोरूम खोला। 2006 में मैंने इसे शुरू किया था और 2011 तक मैंने अपना खुद का बिजनेस चलाया। इस बीच 2008 में मुझे डायरेक्ट

सेलिंग के बारे में बताया और मुझे एक कंपनी ज्वॉइन करवाया। कंपनी की तरफ से जब मैं पहली बार मलेशिया ट्रिप में गया तो मुझे पता चला कि डायरेक्ट सेलिंग इंडस्ट्री में बहुत पैसा है। फिर ट्रिप से आकर मैंने फुलटाइम डायरेक्ट सेलिंग में काम करना का सोच लिया। कई साल तक डायरेक्ट सेलिंग में काम करने के बाद मैंने वेल्फे एंटरप्राइजेज इंडिया प्राइवेट लिमिटेड को लॉन्च किया और इसके सफलता को आगे लेकर चल रहा हूं।

सक्सेस मंत्रा (Success Mantra)

विक्रांत मनोहर संकपाळ के सफलता के रहस्य आपको भी सफल कर सकते हैं:

- किसी भी टीम में मतभेद हो सकते हैं, लेकिन महत्वपूर्ण यह है कि कैसे उन संघर्षों का समाधान किया जाता है। इसे सही तरीके से प्रबंधित करने से टीम का एकता बनाए रहता है।

- मुसीबतों से भागना, दूसरी नई मुसीबतों को निमंत्रण देने के समान है।

- जब हम दूसरों से लड़ते हैं, तो बस समय बर्बाद करते हैं, पर जब हम खुद से लड़ते हैं, तब हम खुद को इतना स्ट्रॉन्ग बना लेते हैं कि दुनिया की कोई ताकत हमें हरा नहीं सकती।

- जब आप कॉन्फिडेंस से बोलते हैं, तो आपकी आँखों में, आवाज़ में और हाव-भाव में वो ऊर्जा दिखती है जो सामने वाले को तुरंत इम्प्रेस कर देती है।

- आपको समृद्धि और उन्नति की दृष्टि रखनी चाहिए। यह आपके लक्ष्यों को बढ़ाने और प्राप्ति में मदद करेगा।

जयश्री हिरे

नाम: जयश्री हिरे
पद: सीएमडी
कंपनी का नाम: कृषि धारा एग्रो ओपीसी प्रा. लि.
जन्मतिथि: 21-06- 1985
वर्तमान निवास: नासिक
ईमेल आईडी: ayshree.hire2011@gmail.com
वेबसाइट: www.growindiagrow.co.in

Jayashree Hire

बायोग्राफी (Biography)

डायरेक्ट सेलिंग इंडस्ट्री को लेकर अक्सर लोगों के मन में यह सवाल आता है, "क्या इसमें सच में अच्छी इनकम हो सकती है? इसका जवाब है—"हां, बिल्कुल हो सकती है! लेकिन इसकी शर्त है—ईमानदारी से मेहनत और धैर्य। जयश्री हिरे, जो कि कृषि धारा प्राइवेट लिमिटेड की सीएमडी हैं। उन्होंने अपने डायरेक्ट सेलिंग करियर में कड़ी मेहनत, लगन और विज़न के साथ काम किया है। वे आज के युवाओं के लिए एक प्रेरणा हैं, जो यह दिखाती हैं कि अगर आप सही सिस्टम और समर्पण के साथ काम करते हैं।

कृषी धारा प्राइवेट लिमिटेड

एक भारतीय डायरेक्ट सेलिंग कंपनी है, जो विशेष रूप से कृषि आधारित प्रोडक्ट्स और हेल्थ वेलनेस से जुड़े प्रोडक्ट्स को प्रमोट

करती है। इस कंपनी ने खेती-किसानी और ग्रामीण विकास से जुड़े लोगों तक डायरेक्ट सेलिंग का लाभ पहुँचाने का मिशन बनाया है।

कंपनी का विजन

हमारा लक्ष्य भारत में अग्रणी मल्टी-लेवल मार्केटिंग कंपनी बनना है, हमारा लक्ष्य सशक्त व्यक्तियों का एक नेटवर्क बनाना है जो हमारे प्लेटफ़ॉर्म के माध्यम से वित्तीय स्वतंत्रता और व्यक्तिगत संतुष्टि प्राप्त कर सकें। पिछले कुछ वर्षों में, हमने पूरे भारत में अपनी पहुंच का विस्तार किया है, उच्च गुणवत्ता वाले उत्पादों की एक बेस्ट रेंज और नेटवर्क मार्केटिंग में एक सफल करियर बनाने की चाहत रखने वालों के लिए एक आकर्षक व्यावसायिक अवसर दिया।

गलत कंपनी चुनना = समय, मेहनत और विश्वास की बर्बादी

आज से 10-15 साल पहले की डायरेक्ट सेलिंग और आज की डायरेक्ट सेलिंग में जमीन-आसमान का फर्क आ गया है। जहाँ पहले जानकारी की कमी और अव्यवस्थित सिस्टम थे, वहीं आज यह एक व्यवस्थित, प्रोफेशनल और करियर-ओरिएंटेड इंडस्ट्री बन चुकी है। लेकिन इस इंडस्ट्री में कामयाबी की शुरुआत होती है, सही कंपनी को चुनने से। गलत कंपनी चुनना = समय, मेहनत और विश्वास की बर्बादी। सही कंपनी चुनते समय ध्यान रखें कि कंपनी वैध और पंजीकृत हो, ट्रांसपेरेंट प्लान स्पष्ट सिस्टम हो, प्रॉडक्ट क्वालिटी और कस्टमर सपोर्ट मजबूत हो।

टीम के परिणामों का सम्मान करें

टीम में हर सदस्य की अलग-अलग विशेषज्ञता होती है। यह महत्वपूर्ण है कि आप हर सदस्य की ताकत और कौशल का सही उपयोग करें और उन्हें अपनी विशेषज्ञता के क्षेत्र में स्वतंत्रता दें। जब टीम अच्छा

काम करती है, तो उसकी सराहना करना बहुत ज़रूरी है। टीम के साझा प्रयासों को मान्यता देना टीम के आत्मविश्वास को बढ़ाता है और भविष्य में और भी बेहतर कार्य की प्रेरणा देता है।

टीम के प्रति समर्पण भी है जरूरी

बिजनेस मॉडल को समझाकर टीम के हर सदस्य को खुद के जैसा सक्षम बनाना जरूरी है। जितनी ज्यादा आपकी टीम आपके विज़न के प्रति समर्पित होगी, सफलता उतनी ही जल्दी मिलेगी। टीम में प्रोत्साहन, सम्मान और सहयोग का माहौल होना चाहिए ताकि सभी एक-दूसरे की सफलता में योगदान दें।

"नेटवर्क मार्केटिंग करने वाला व्यक्ति कोई कर्मचारी नहीं होता, वह एक स्वतंत्र बिजनेसमैन होता है। आप इसमें खुद के बिजनेस की तरह मन लगाकर काम करें। नेटवर्क मार्केटिंग करने वाला व्यक्ति एक स्वतंत्र बिजनेसमैन होता है और इसे खुद के बिजनेस की तरह प्लान और लीड किया जा सकता है।"

सक्सेस मंत्रा (Success Mantra)

जयश्री हिरे के सफलता के रहस्य आपको भी सफल कर सकते हैं:

- नेटवर्क मार्केटिंग करने वाला व्यक्ति कोई कर्मचारी नहीं होता, वह एक स्वतंत्र बिजनेसमैन होता है। आप इसमें खुद के बिजनेस की तरह मन लगाकर काम करें। नेटवर्क मार्केटिंग करने वाला व्यक्ति एक स्वतंत्र बिजनेसमैन होता है और इसे खुद के बिजनेस की तरह प्लान और लीड किया जा सकता है।

- यहां हर किसी को ऊपर चढ़ने के लिए मिलकर काम करना पड़ता है—यही इस बिजनेस की सबसे अनोखी खूबी है।

- टीम के साथ मजबूत रिलेशन बनाना व सही कम्युनिकेशन करना एवं टीम में ज़्यादा से ज़्यादा अचीवर्स बनाना।

- कठिनाइयाँ आएंगी, लेकिन हार नहीं माननी है। डायरेक्ट सेलिंग हो या कोई भी क्षेत्र हो अगर आपको बड़ी सफलता चाहिए तो उस काम मेंदृढ़संकल्प, समर्पण, अनुशासन होना बहुत ज़रूरी है।

- हर बार जब कुछ गिरता है, तब कुछ नया और मजबूत खड़ा होने का मौका मिलता है।

- कंसिस्टेंसी इस बिजनेस का जादू है—जो हर दिन चलता है, वही दौड़ में सबसे आगे निकलता है।

- इस उद्योग में सफल होने के लिए अपने टीम की जरूरत पर ध्यान देना बहुत जरूरी है। शुरुआत में हर किसी को समझ नहीं आता है कि कैसे टीम हैंडल करें। ऐसे में उनके प्रोग्रामिंग और ट्रेनिंग के लिए अपलाइन की मदद ली।

- बार-बार किसी बात को लेकर न सोचें और न ही परेशान हों। जितना शांत दिमाग से काम करेंगे उतना ही अच्छा होगा।

- सफलता पाने के लिए हमेशा कुछ नया सीखने की कोशिश करें और इससे आपको काफी फायदा होगा।

गोपाल कुंडु

नाम: गोपाल कुंडु
पद: चेयरमैन और मैनेजिंग डायरेक्टर
कंपनी का नाम: सार्वस्री हर्ब्स प्रा. लि.
वर्तमान निवास: नई दिल्ली
ईमेल आईडी: saarvasriassist@gmail.com
वेबसाइट: www.myshpl.com

Gopal Kundu

बायोग्राफी (Biography)

गोपाल कुंडु की सफलता की कहानी वाकई मोटीवेट करने वाली है। एक युवा और उदार व्यक्ति के रूप में, इन्होंने अपने मेहनत और इमानदारी से एक नये और सफल नाम की नींव रखी है। उनकी जीवनी दिखाती है कि सफलता पाने के लिए आपको किसी भी स्थिति में हिम्मत और संघर्ष के साथ चलना पड़ता है। गोपाल कुंडु अपने लक्ष्यों की प्राप्ति के लिए कड़ी मेहनत की और किसी भी कठिनाई को हराने का निर्णय लिया। उन्होंने डायरेक्ट सेलिंग में अपना करियर बनाने के लिए अपने आत्म-विश्वास को बढ़ाया और अपने उद्यमी दृष्टिकोण से उदाहरण स्थापित किया। गोपाल कुंडु एक दूरदर्शी युवा उद्यमी हैं, जिनके पास रियल एस्टेट, वेलनेस और डायरेक्ट सेलिंग इंडस्ट्री में 20 से अधिक वर्षों का अनुभव है। उन्होंने सार्वस्री हर्ब्स प्राइवेट लिमिटेड (SHPL) को एक मूल्य-आधारित व्यवसायिक आइडिया के रूप में स्थापित किया है और इसे पूरे भारत में एक लोकप्रिय ब्रांड बना दिया है। उनके नेतृत्व कौशल, जोखिम लेने की क्षमता, और तेजी से व्यापारिक निर्णय लेने की क्षमता ने उन्हें एक कुशल उद्यमी बनाया है।

सार्वस्री हर्ब्स प्राइवेट लिमिटेड

सार्वस्री हर्ब्स प्राइवेट लिमिटेड एक भारतीय कंपनी है जो अपने बेस्ट नेचुरल और हर्बल प्रोडक्ट के लिए जानी जाती है। SHPL की स्थापना 2013 में कोलकाता से हुई, जहाँ रासायनिक-मुक्त और जैविक उत्पादों का निर्माण पारंपरिक बिक्री नेटवर्क के माध्यम से शुरू किया गया। कंपनी ने 2018 में डायरेक्ट सेलिंग में प्रवेश किया और अब भारत के हर राज्य में 7 लाख से अधिक ग्राहक और सैकड़ों सफल उद्यमियों के साथ एक प्रमुख ब्रांड बन चुकी है। इस कंपनी के उत्पाद स्वास्थ्य, सौंदर्य और दैनिक उपयोग के लिए होते हैं। यह कंपनी अपने उत्पादों की गुणवत्ता और प्रभावशीलता के लिए जानी जाती है। सार्वस्री हर्ब्स कंपनी एक डायरेक्ट सेलिंग मॉडल के माध्यम से अपने उत्पादों का विपणन करती है।

कपंनी का विजन

हमारा मिशन है कि वित्तीय वर्ष 2025-26 तक भारत की शीर्ष 5 डायरेक्ट सेलिंग कंपनियों में शामिल होना। SHPL अपने स्वतंत्र व्यवसायिक मालिकों और शीर्ष लीडर्स के साथ विश्वास और प्रतिबद्धता के साथ एक मजबूत व्यवसायिक संबंध स्थापित करता है। हमारा उद्देश्य हमारे सम्मानित ग्राहकों को किफायती मूल्य पर विश्व-स्तरीय उत्पाद उपलब्ध कराना और व्यवसाय के अवसर प्रदान करना है, जिससे वे अपनी क्षमता को पहचान सकें और जीवन को पूरी तरह से जी सकें। SHPL से जुड़कर आप अपने और अपने प्रियजनों के लिए बेहतर जीवन की रूपरेखा तैयार करने की दिशा में बढ़ेंगे।

प्रतिभा, परिश्रम और प्रतीक्षा

ये तीन बातें हमारे व्यक्तित्व में होना बहुत जरुरी है। प्रतिभा काम में रुचि जगाती है, परिश्रम काम की गति को तेज करता है और प्रतिक्षा परिणाम को परिपक्व होने में सहातया करती है। अगर पहली दो बातें व्यक्ति में हों और प्रतिक्षा का धैर्य ना हो तो काम का पूरा फल मिलने में संदेह होता है। जिस

व्यक्ति में धैर्य नहीं होता वो व्यक्ति अक्सर जल्दबाजी में काम के परिणाम को प्रभावित करता है। गोपाल कुंडु ग्राहकों और स्वतंत्र व्यवसायिक मालिकों के लिए उच्च गुणवत्ता वाले उत्पाद और सेवाएं प्रदान करने पर विशेष ध्यान देते हैं। उनके नेतृत्व में, कंपनी ने अनुसंधान, विकास, निर्माण, और अंतरराष्ट्रीय स्तर की पैकेजिंग की उच्च मानकों को अपनाया है। वे कंपनी के संचालन, व्यापार विकास, और प्रशिक्षण पर कड़ी नजर रखते हैं।

"सफलता पाने के लिए स्पष्ट और मापने योग्य लक्ष्य बनाना एक बहुत ही महत्वपूर्ण कदम है। यह प्रक्रिया आपको सही दिशा में काम करने और अपने प्रयासों को अधिक प्रभावी बनाने में मदद करती है।"

अपने नेटवर्क के साथ नैतिकता का पालन करें

अपने नेटवर्क में शामिल होने वाले नए सदस्य या टीम के सदस्यों के साथ ईमानदारी और नैतिकता का पालन करें। उन्हें सही जानकारी, प्रशिक्षण और मार्गदर्शन दें। उनसे गलत जानकारी छुपाकर उन्हें प्रभावित न करें। एक मजबूत और नैतिक नेटवर्क से आप खुद को और अपने बिजनेस को बेहतर बना सकते हैं।

लक्ष्य को छोटे-छोटे चरणों में बांटें

एक बड़े लक्ष्य को छोटे चरणों में विभाजित करें। यह प्रक्रिया न केवल इसे प्रबंधनीय बनाती है बल्कि आपको हर छोटे लक्ष्य को प्राप्त करने पर प्रेरणा भी देती है।

अल्पकालिक लाभ के लिए शॉर्टकट से बचें

डायरेक्ट सेलिंग में सफलता शॉर्टकट से नहीं, बल्कि कठिन परिश्रम और समर्पण से मिलती है। त्वरित लाभ के लिए अनैतिक साधनों का प्रयोग न करें। यह आपकी और आपके बिजनेस की छवि को नुकसान

पहुंचा सकता है। दीर्घकालिक सफलता के लिए नियमों का पालन करें और सही तरीके से काम करें।

समय पर समर्थन और सेवाएं प्रदान करें

अपने ग्राहकों और नेटवर्क पार्टनर्स को समय पर समर्थन और सेवाएं प्रदान करना बेहद जरूरी है। जब ग्राहक या सदस्य आपसे सहायता मांगें, तो उनकी समस्याओं को गंभीरता से लें और तत्काल समाधान दें। आपके द्वारा समय पर दी गई सेवा आपकी विश्वसनीयता को मजबूत करती है और आपके बिजनेस को बढ़ावा देती है।

ग्राहकों के साथ पारदर्शिता बनाए रखें

किसी भी डायरेक्ट सेलिंग बिजनेस में ग्राहकों के साथ पूरी ईमानदारी और पारदर्शिता बनाए रखना जरूरी है। अपने उत्पादों और सेवाओं के बारे में स्पष्ट जानकारी दें, ताकि ग्राहक सही निर्णय ले सकें। अतिरंजित दावे करने से बचें और सिर्फ वही वादे करें जिन्हें आप पूरा कर सकते हैं। पारदर्शिता से विश्वास बढ़ता है, जो लंबे समय तक सफलता की नींव होती है।

डायरेक्ट सेलर्स के लिए संदेश

SHPL का मानना है कि व्यक्ति को अपने आप से प्रतिस्पर्धा करनी चाहिए, न कि दूसरों से। इस कंपनी की मान्यता है कि दीर्घकालिक सफलता उन्हीं को मिलती है जो ईमानदार दृष्टिकोण और नैतिकता के साथ प्रकृति के नियमों का पालन करते हैं।

सक्सेस मंत्रा (Success Mantra)

गोपाल कुंडु के सफलता के रहस्य आपको भी सफल कर सकते हैं:

- अगर किसी से बात करें यह पहला नियम है नेटवर्क मार्केटिंग में सफलता प्राप्त करने के लिए ज्यादा से ज्यादा लोगों को अपने बिजनेस में जुड़ने के लिए बुलाएं।

- कॉन्फिडेंस इस इंडस्ट्री में सफलता प्राप्त करने के लिए एक महत्वपूर्ण और अनिवार्य गुणवत्ता है। यह न केवल आपको अपनी क्षमताओं को पहचानने में मदद करता है, बल्कि आपको आगे बढ़ने में भी सहारा प्रदान करता है।

- इस डिजिटल युग में आप अपनी बड़ी टीम बनाने के लिए सोशल मीडिया का इस्तेमाल कर सकते हैं।

- सफलता समय लेती है, इसलिए धैर्य और दृढ़ता बनाए रखें।

- सफलता पाने के लिए स्पष्ट और मापने योग्य लक्ष्य बनाना एक बहुत ही महत्वपूर्ण कदम है। यह प्रक्रिया आपको सही दिशा में काम करने और अपने प्रयासों को अधिक प्रभावी बनाने में मदद करती है।

- दीर्घकालिक सफलता के लिए नैतिकता और ईमानदारी का पालन अनिवार्य है।

- सुरक्षित खेलना आपको सीमित रखता है, लेकिन जोखिम आपको आगे बढ़ाता है।

- एक डायरी या ऐप का उपयोग करें जहां आप अपने दैनिक या साप्ताहिक प्रगति को रिकॉर्ड कर सकें।

- जब आप अपने छोटे लक्ष्यों को प्राप्त कर लें, तो खुद को पुरस्कृत करें। यह आपको प्रेरित और उत्साहित बनाए रखेगा।

दीपक देवांगन

नाम: दीपक देवांगन
पद: सी.एम.डी.
कंपनी का नाम: बायोएलेक्सिस ट्रेडिंग इंडिया प्रा. लि.
वर्तमान निवा: रायपुर, छत्तीसगढ़
ईमेल आईडी: info@bioalexis.com
वेबसाइट: www.bioalexis.com

Deepak Dewangan

बायोग्राफी (Biography)

आज के समय में जहां उची-उची डिग्री लेने के बाद जॉब पाना मुश्किल है, वहीं पर रायपुर, छत्तीसगढ़ के रहने वाले दीपक देवांगन ने 2021 में बायोएलेक्सिस ट्रेडिंग इंडिया नाम की एक कंपनी की शुरुआत की और साथ ही लोगों को रोजगार के कई अवसर भी दिए। लेकिन यह डायरेक्ट सेलिंग इंडस्ट्री से 2008 से जुड़े हैं और इसमें इनका काफी लंबा अनुभव रहा है। दीपक देवांगन कंपनी के फाउंडर और सीएमडी होने के साथ एक सक्सेसफुल बिजनेसमैन हैं। उनकी स्मार्ट बिजनेस स्किल्स डायरेक्ट सेलिंग इंडस्ट्री को भी एक नया आयाम देने की कोशिश कर रही है। डायरेक्ट सेलिंग के क्षेत्र में इन्होंने अपनी उद्यमिता का सबसे अच्छा उपयोग किया और अपना बेहतरीन प्रदर्शन दिया। दीपक देवांगन की कहानी से हमें करियर में आगे बढ़ने के लिए कई महत्वपूर्ण बाते सीखने का मौका मिलता है, खासकर तब, जब हम इनके सफलता के रहस्यों के बारे में समझेंगे हैं।

बायोएलेक्सिस ट्रेडिंग इंडिया

दीपक देवांगन ने जिस कंपनी की शुरुआत की, वह है बायोएलेक्सिस ट्रेडिंग इंडिया प्राइवेट लिमिटेड जोकि आयुर्वेदिक दवाओं और हेल्थ केयर प्रोडक्ट की कंपनी है। यह कंपनी छत्तीसगढ़ के रायपुर शहर में स्थित है और भारत भर में डायरेक्ट सेलिंग इंडस्ट्री में ग्रोथ करने के साथ कई डायरेक्ट सेलर्स का करियर सेट किया है।

डायरेक्ट सेलर से सीएमडी तक का सफर

डायरेक्ट सेलिंग में ज्वाइन होने के बाद सबसे बड़ी चुनौती लोगों को प्लान के बारे में बताना था। क्योंकि मैं बचपन से बहुत शर्मीला नेचर का व्यक्ति था और मेरे कोई दोस्त भी नहीं थे और मैं जब इस बिजनेस को ज्वाइन किया उस टाइम रायपुर शहर आये मुझे कुछ दिन ही हुए थे। तो मैं इस शहर में किसी को भी नहीं जानता था, तो पहली चुनौती मेरे लिए यही थी और कुछ साल काम करने के बाद दूसरी बड़ी चुनौती थी जब मैं इस बिजनेस से कार, बाइक और विदेश यात्रा सब हासिल कर चूका था, लेकिन एक टाइम ऐसा भी आया की मुझे अपनी कार को भी बेचने की जरूरत पड़ गयी। बिजनेस मेरी गलतियों के वजह से शून्य हो चुका था। लेकिन उसके बाद फिर से अपने आत्मविश्वास और कुछ ट्रेनिंग प्रोग्राम की मदद से एक नया नेटवर्क और जोश के साथ काम करके एक बड़ा साम्राज्य खड़ा किया।

कपंनी का विजन

मैं भविष्य में अपनी कपंनी को भारत देश के हर राज्य हर शहर और गाँव में भी बड़ा नेटवर्क बनाना चाहता हूँ और इस इंडस्ट्री में एक प्रेरणादायक लीडर के रूप में अपनी पहचान स्थापित करना चाहता हूँ। मैंने हमेशा ईमानदारी, पारदर्शिता और प्रतिबद्धता को प्राथमिकता दी है। मैंने कभी भी किसी को गलत तरीके से प्रभावित करने की

कोशिश नहीं की, बल्कि मैंने उन्हें सच दिखाने और उनके फायदे के लिए सही निर्णय लेने में मदद की।

धैर्य और दृढ़ संकल्प सफलता की कुंजी हैं

डायरेक्ट सेलिंग इंडस्ट्री में धैर्य और दृढ़ संकल्प सफलता की कुंजी हैं। प्रारंभिक असफलताओं से निराश न होकर अपने लक्ष्य पर केंद्रित रहना चाहिए। डायरेक्ट सेलिंग इंडस्ट्री की सबसे खास बात यह है कि यह हर किसी को मौका देती है कि वे अपनी काबिलियत के दम पर खुद का बिजनेस खड़ा कर सकते हैं। इसमें आप समय, मेहनत और सही दिशा में प्रयास करें तो कोई सीमा नहीं है कि आप कितनी भी सफलता पा सकते हैं।

डायरेक्ट सेलिंग इंडस्ट्री में आने के बाद जीवन में आया बदलाव

इस इंडस्ट्री में आने के बाद मेरी सोच में बदलाव आया। मुझे महसूस हुआ कि मेहनत और सही दिशा में प्रयास करने से आप अपने सपनों को साकार कर सकते हैं। अब मैं अपने परिवार के साथ ज्यादा समय बिता पाता हूँ और आर्थिक रूप से भी आत्मनिर्भर हूँ।

स्ट्रांग नेटवर्क स्किल्स है जरूरी

मैंने अपने नेटवर्क को व्यक्तिगत रिश्तों के आधार पर बढ़ाया। मैंने अपने संपर्कों के साथ विश्वास स्थापित किया और अपने प्रोडक्ट्स के प्रति लोगों का विश्वास जीतने के लिए लगातार काम किया। मीटिंग इस

बिजनेस की जान है इसलिए मैंने मीटिंग पर ज्यादा फोकस किया। लोगों के लिए भी यही सलाह है।

लीडरशिप क्वालिटी

मैं अपनी टीम के सदस्यों को हमेशा समर्थन और मार्गदर्शन प्रदान करता हूँ। हम नियमित मीटिंग और ट्रेनिंग करते हैं ताकि सभी सदस्य प्रेरित रहें और उन्हें अपने लक्ष्यों की ओर बढ़ने के लिए मार्गदर्शन मिलता रहे।

पहली बड़ी सफलता

मेरी पहली बड़ी सफलता तब मिली जब मैंने अपने टीम के साथ मिलकर एक बड़ा टारगेट थाईलैंड टूर का पूरा किया। उस सफलता ने मुझे यह सिखाया कि मेहनत, टीम वर्क और धैर्य से किसी भी लक्ष्य को प्राप्त किया जा सकता है।

डायरेक्ट सेलर्स के लिए संदेश

नए डायरेक्ट सेलर्स के लिए मेरा संदेश यह है कि शुरुआत में धैर्य रखें, सही प्रशिक्षण लें, और निरंतर प्रयास करें। अपनी कंपनी में किसी सफल लीडर को अपना गुरु बनाये और उनका मार्गदर्शन लेते रहें, असफलताओं से सीखें और कभी हार न मानें।

टर्निंग पॉइंट

मेरा टर्निंग पॉइंट तब आया जब मैंने एक बड़े इवेंट में अपनी कंपनी के टॉप लीडर्स से मुलाकात की। उनकी प्रेरणादायक कहानियों ने मुझे सोचने पर मजबूर कर दिया कि मैं भी ऐसा कर सकता हूं। जब मैंने डायरेक्ट सेलिंग शुरुआत की तो साइकिल से शुरुआत की थी तो मैंने पहला टारगेट लिया था अपनी बाइक लेने का और डायरेक्ट

सेलिंग की इनकम से मैंने पहली बाइक खरीदी थी। डायरेक्ट सेलिंग में सफल होने के लिए दृढ़ निश्चय, संचार, कौशल, धैर्य और लीडरशिप गुणों की सबसे अधिक आवश्यकता होती है। इसके साथ-साथ निरंतर सीखने की प्रवृत्ति भी आवश्यक है।

सक्सेस मंत्रा (Success Mantra)

दीपक देवांगन के सफलता के रहस्य आपको भी सफल कर सकते हैं:

- डायरेक्ट सेलिंग में सफल होने के लिए दृढ़ निश्चय, संचार, कौशल, धैर्य और लीडरशिप गुणों की सबसे अधिक आवश्यकता होती है। इसके साथ-साथ निरंतर सीखने की प्रवृत्ति भी आवश्यक है।

- नेटवर्क मार्केटिंग के क्षेत्र में सफलता पाने के लिए सही प्रशिक्षण और ज्ञान प्राप्त करना महत्वपूर्ण है।

- डायरेक्ट सेलिंग इंडस्ट्री आपके व्यक्तिगत और पेशेवर विकास के लिए एक बेहतरीन माध्यम हो सकती है।

- हर साल एक लक्ष्य बनाएं और उसे पूरा करने के लिए पूरी मेहनत करें।

- किसी काम में अफसल होने के बावजूद भी वो खुद को एक कमजोर नहीं समझना भी सफलता की ओर बढ़ने की एक निशानी है।

- डायरेक्ट सेलिंग इंडस्ट्री में व्यक्तिगत विकास का अच्छा मौका हो सकता है और यह आपको न केवल व्यावसायिक बल्कि व्यक्तिगत भी तरीके से समृद्धि प्राप्त करने में मदद कर सकता है।

सुनील रामचंद्र खोत

नाम: सुनील रामचंद्र खोत
पद: सीएमडी
कंपनी का नाम: स्वामिनी लाइफ प्रा. लि.
वर्तमान निवास: महाराष्ट्र
ईमेल आईडी: Info@swamini.in
वेबसाइट: www.swamini.in

Sunil Khot

बायोग्राफी (Biography)

5 साल की मेहनत, 8 लाख से ज्यादा टीम लीडर और करोड़ों का टर्नओवर, यह कोई सपना नहीं बल्कि यह कहानी है एक आम आदमी की, जिसने अपनी मेहतन की दम पर इस सपने को सच किया। हम बात कर रहे हैं सुनील रामचंद्र खोत की, जो कि स्वानिमी लाइफ के सीएमडी है। एक मेहनत और सोच ने कई लोगों को रोजगार देने के साथ साथ उन्हें सफल और करोड़पति भी बनाया। सुनील रामचंद्र खोत, स्वामिनी लाइफ प्राइवेट लिमिटेड के संस्थापक और सीएमडी, ने अपनी स्मार्ट बिजनेस स्किल्स के माध्यम से डायरेक्ट सेलिंग इंडस्ट्री में महत्वपूर्ण योगदान दिया है। उनकी उद्यमिता ने न केवल कंपनी को सफलता की ऊंचाइयों पर पहुंचाया है, बल्कि कई लोगों को रोजगार के अवसर भी प्रदान किए हैं।

डायरेक्ट सेलिंग में सफल होने के लिए कुछ महत्वपूर्ण गुण सुनील रामचंद्र खोत जैसे सफल उदाहरण से सीखने योग्य हैं। इनकी बिजनेस स्किल्स और संवाद कौशल दोनों ही काफी कमाल के हैं।

स्वामिनी लाइफ

स्वामिनी लाइफ एक डायरेक्ट सेलिंग कंपनी है, जो विभिन्न उत्पादों की बिक्री और नेटवर्क मार्केटिंग के माध्यम से व्यवसाय करती है। इस कंपनी के संस्थापक और सीएमडी सुनील रामचंद्र खोत हैं, जिन्होंने अपनी मेहनत और दृष्टिकोण से कंपनी को सफलता की ऊंचाइयों तक पहुंचाया है। स्वामिनी लाइफ के माध्यम से, उन्होंने न केवल अपने लिए बल्कि कई अन्य लोगों के लिए रोजगार के अवसर पैदा किए हैं, जिससे वे सफल और आर्थिक रूप से सशक्त बन सके हैं। स्वामिनी लाइफ कंपनी स्वास्थ्य, कृषि, सौंदर्य, पर्सनल केयर और होम केयर जैसे विभिन्न श्रेणियों में उत्पाद प्रदान करती है।

कंपनी का विजन

कंपनी के एमडी, श्री सुनील रामचंद्र खोत, अपने सदस्यों के साथ नियमित संवाद और प्रेरणा सत्र आयोजित करते हैं, जिससे सदस्यों को मार्गदर्शन और प्रोत्साहन मिलता है। उनकी नेतृत्व क्षमता और समर्पण ने स्वामिनी लाइफ को एक महत्वपूर्ण स्थान दिलाया है। मैं कंपनी और कंपनी से जुड़े सभी लोगों की ग्रोथ के साथ देने के साथ दुनिया भर में लोगों को रोजगार के अवसर देना चाहता हूं। एक अच्छी टीम के साथ हमारी हमारी कंपनी का विजन है अपने ऑर्गेनिक उत्पादों से लोगों को एक अच्छा स्वास्थ्य भी प्रदान करना।

सही प्रशिक्षण और ज्ञान का महत्व

नेटवर्क मार्केटिंग में सिर्फ मेहनत ही नहीं, बल्कि सही रणनीति और प्रशिक्षण भी आवश्यक होता है। सुनील रामचंद्र खोत अपने अनुभवों के जरिए यह सिखाते हैं कि ज्ञान ही सबसे बड़ा हथियार है। सही प्रशिक्षण और निरंतर सीखने की आदत ही इस बिजनेस में आपको आगे बढ़ा सकती है। इसलिए आपके पास ये दोनों चीजें होनी चाहिए।

मोटीवेशनल ट्रेनिंग का हिस्सा जरूर बनें

नेटवर्क मार्केटिंग में ट्रेनिंग बहुत महत्वपूर्ण होती है। यह ट्रेनिंग ही आपके डेवलपमेंट का मुख्य हिस्सा होती है। जिसका एक भी मौका आपको गांवना नहीं चाहिए। कंपनी द्वारा दिए गए सभी कार्यक्रमों को आप जरूर ज्वाइन करें, जो आपको सफल डायरेक्ट सेलर के रूप में तैयार करने के लिए होती है। इसी के साथ ही इन मोटिवेशनल ट्रेनिंग में आपको सफल डायरेक्ट सेलर्स के सफलता के रहस्य जानने को मिलेंगे।

"रिजेक्शन से घबराने की बजाय उसे मोटिवेशन बनाना चाहिए। हर 'ना' आपको एक कदम और सक्सेस की ओर ले जाती है।"

टर्निंग पॉइंट

मैं एक सामान्य परिवार से हूं और मेरा बचपन भी सामान्य रहा। बचपन से मेरा कुछ बड़ा करने का सपना था और मेरा परिवार भी बड़ा है। जब मैं 12 वीं में था तब मुझे यह एहसास हुआ कि अब मुझे अपने परिवार की जिम्मेदारी खुद उठानी चाहिए, तो मैंने अपनी पढ़ाई छोड़कर गोदरेज कंपनी में नौकरी शुरू की और घर की जिम्मेदारी भी संभालने लगा। फिर कुछ समय बाद मेरे को एहसास होने लगा कि केवल नौकरी से घर नहीं चल पाएगा। मैंने खाद्य के क्षेत्र में भी काम शुरू किया और इस पर भी कई अनुभव लिया। फिर एक सुबह मेरी जिंदगी में किसी ऐसे व्यक्ति से मुलाकात हुई, जिन्होंने मुझे नेटवर्क मार्केटिंग के बारे में बताया। जिसमें बताया कि पैसे कैसे कमा सकते हैं। मैं उनकी एक-एक बात बहुत ध्यान से सुन रहा था। उनकी एक बात मेरे दिमाग में बैठ गई कि बिजनेस को प्लस नहीं बल्कि मल्टीप्लाई करों। फिर मैंने डायरेक्ट सेलिंग इंडस्ट्री से जुड़ा यहां कैसे काम करते हैं और किन गलतियों से कैसे बचें ये सब सीखा। साल 2011 में मैं एक डायरेक्ट सेलिंग कंपनी के साथ जुड़ा और यहां भी मैंने एक अच्छी

ग्रोथ टीम कंपनी बना ली थी। डायरेक्ट सेलिंग इंडस्ट्री को अच्छे से समझने के बाद मुझे लगा कि अब मुझे कुछ अपना करना है, फिर साल 2018 में मैंने स्वामिनी लाइफ की स्थापना की। मैं खुद की ग्रोथ के साथ लोगों की सफलता का भी हिस्सा बन सकूं।

सक्सेस मंत्रा (Success Mantra)

सुनील रामचंद्र खोत के सफलता के रहस्य आपको भी सफल कर सकते हैं:

- हमारी बोलने की शैली ही हमें पुरस्कार और तिरस्कार दिला सकती है। ऐसे में अपनी बातचीत के ढंग पर गौर करें और कम्यूनिकेशन स्किल्स को बेहतर बनाने के लिए लगातार प्रयास करें।

- "अगर आपके इरादे मजबूत हैं और आप सीखने व मेहनत करने के लिए तैयार हैं, तो कोई भी मुश्किल आपको रोक नहीं सकती।"

- नेटवर्क बिल्डिंग के लिए नई-नई तकनीकों पर फोकस करें।

- करियर की शुरुआत में कठिनाइयाँ आईं, लेकिन उन्होंने कभी हार नहीं मानी।

- चुनौतियों को स्वीकार किया और उन्हें सफलता की सीढ़ी बना लिया।

- अगर आपका व्यवसाय उतना तेजी से नहीं बढ़ रहा है जितना आप चाहते हैं तो आप कुछ ना करें सिर्फ अपनी सक्रियता बढ़ा दें।

- मार्केटिंग ट्रिक्स में एक्सपेरिमेंट करते रहें न जाने कब कौन सी सफल हो जाए।

- डायरेक्ट सेलिंग में हो सकता है कि कभी-कभी आपकी कोशिश नाकामयाब हो जाए, लेकिन आपकी कोशिश सही लक्ष्य की तरफ होनी चाहिए।

- किसी भी क्लाइंट के एकदम से पीछे न पड़ें। उसे अपनी बात समझा कर उसे सोचने का समय भी दें।

अरविंद कुमार

नाम: अरविंद कुमार
पद: चीफ मैनेजिंग डायरेक्टर
कंपनी का नाम: नवरचना आरोग्य
प्रा. लि.
जन्मतिथि: 05-02-1971
वर्तमान निवास: रांची (झारखंड)
ईमेल आईडी: foreverazuba@
gmail.com
वेबसाइट: www.
navrachanaarogya.com

Arvind Kumar

बायोग्राफी (Biography)

सफलता के लिए मेहनत और उद्यमिता की आवश्यकता होती है, ऐसे ही एक उदहारण है अरविंद कुमार, जिन्होंने अधिक मेहनत की और अपने लक्ष्यों की प्राप्ति के लिए कठिनाइयों का सामना किया और सफल हुएं। यह नवरचना आरोग्य प्राइवेट लिमिटेड कंपनी के चीफ मैनेजिंग डायरेक्टर हैं। अरविंद कुमार एक दूरदर्शी और प्रेरणादायक नेतृत्वकर्ता हैं, जो नवरचना आरोग्य प्रा. लिमिटेड के माध्यम से लोगों को एक अच्छा स्वास्थ्य देने के साथ, समर्पण की एक नई पहचान स्थापित कर रहे हैं। उनके नेतृत्व में कंपनी ने डायरेक्ट सेलिंग इंडस्ट्री में न केवल एक अलग पहचान बनाई, बल्कि हजारों लोगों को आत्मनिर्भरता और सम्मानजनक जीवन की राह भी प्रदान की है। इनकी सफलता इतनी आसान नहीं थी, इन्होंने कई कठिन चुनौतियों का सामना भी किया।

नवरचना आरोग्य प्रा. लिमिटेड

नवरचना आरोग्य प्रा. लिमिटेड एक भरोसेमंद और तेजी से उभरती डायरेक्ट सेलिंग कंपनी है, जो आयुर्वेदिक, हेल्थ वेलनेस और पर्सनल केयर प्रोडक्ट्स के क्षेत्र में काम कर रही है। कंपनी का उद्देश्य है— हर व्यक्ति को स्वस्थ, आत्मनिर्भर और आर्थिक रूप से सशक्त बनाना। नवरचना का उद्देश्य आयुर्वेद को लोगों के बीच जीवनशैली के वैकल्पिक तरीके के रूप में स्थापित करना है, साथ ही इस प्राचीन विज्ञान की प्रामाणिकता और इसकी शुद्धता को बनाए रखना है।

डायरेक्ट सेलर से सीएमडी तक का सफर

इन्होने अपनी पढ़ाई पटना और दिल्ली विश्वविद्यालय से पूर्ण करके कई वर्षों तक सामाजिक और सांस्कृतिक संगठनों में पूर्णकालिक रहकर देश सेवा का कार्य किया है। तदोपरांत उन्होंने पटना और रांची में कई सीबीएसई विद्यालय में फाउंडर प्रिंसिपल के रूप में भी अपनी सेवाएँ दी हैं। भारत की धरती पुनः सोने की चिड़िया बन सकती है, जिसमें डायरेक्ट सेलिंग इंडस्ट्री और आरोग्य-उत्पादों का समावेश अपनी विशेष भूमिका निभा पाएगी। ऐसे दृढ़ विश्वास के साथ उनका मन-मस्तिस्क कार्य करते हुए इस निष्कर्ष पर पंहुचा कि उन्हें एक अनोखी-अद्वत और सबसे भिन्न कंपनी की स्थापना करनी चाहिए, जो भारत की धरती पर वास्तविक रूप से डायरेक्ट सेलिंग के सिद्धांतों को लागू करते हुए देश और समाज का भला कर सके।

कंपनी का विजन

अरविंद कुमार ने 10/01/2024 को कंपनी का कॉर्पोरेट कार्य मंत्रालय में पंजीकरण करवाया और 18/01/2024 को प्री-लॉन्चिंग करके लगभग 30-उत्पादों के साथ शुभारम्भ किया है। फाउंडर होने के नाते उन्होंने डायरेक्ट सेलिंग कंपनी की शुरुआत अपने 20-वर्षों के धरातल

के अनुभव के आधार पर इस उद्धेश्य से किया कि देश का समस्त परिवार स्वस्थय हो, समाज में समरसता का भाव हो और 2047 तक भारत विकसित राष्ट्र की श्रेणी में खड़ा हो। इसी क्रम में 'नवरचना आरोग्य प्राइवेट लिमिटेड' की उपस्थिति भी सम्पूर्ण देश के जिला केन्द्रों पर मात्र आनेवाले तीन वर्षों में होगी; जिसके उत्पाद के सेवन से परिवार के सभी सदस्यों को स्वास्थय लाभ होगा; नेटवर्क की ताकत से समाज में समरसता पनपेगी- सभी जन एक-दूसरे को सहयोग करेंगे और युवा पीढ़ी को अपनी क्षमता का भरपूर उपयोग करने का सुनहरा मौका मिलेगा जिससे उनकी आर्थिक क्षमता में भी बढ़ोतरी होगी।

> **"हर व्यक्ति को स्वस्थ बनाओ, आत्मनिर्भर बनाओ, और एक सकारात्मक सोच के साथ समाज को आगे बढ़ाओ।"**

डायरेक्ट सेलिंग सुपरस्टार बना देती है

डायरेक्ट सेलिंग आम इंसान को सुपरस्टार बना देती है"—ये सिर्फ एक लाइन नहीं, बल्कि हजारों लोगों की ज़िंदगी का रियलिटी चेंजिंग सच है। क्योंकि यहाँ सिर्फ बिज़नेस नहीं होता—यहाँ रिश्ते बनते हैं, व्यक्तित्व निखरता है और आत्मविश्वास जन्म लेता है। जब आप ज़्यादा लोगों के संपर्क में आते हैं, तो आपके सोचने, समझने और बोलने के तरीके में निखार आता है।

सेल्फ इम्प्रूवमेंट गुण है

सेल्फ इम्प्रूवमेंट ही वो गुण है जो किसी साधारण इंसान को असाधारण सफलता दिलाता है। क्योंकि सफलता उन्हें नहीं मिलती जो परफेक्ट होते हैं, बल्कि उन्हें मिलती है, जो लगातार खुद को बेहतर बनाते रहते हैं। मुश्किलें आएंगी, हालात डगमगाएंगे, लेकिन बुरे समय में हार मानने की जगह खुद पर काम करना शुरू करें। इसलिए आपको बुरे समय में निराश नहीं होना है, बल्कि अपने आप को बेहतर बनाने की कोशिश करना है।

अरविंद कुमार के सफलता के रहस्य आपको भी सफल कर सकते हैं:

- यदि आप सौ लोगों के बीच अपनी बात रखने का गुण रखते हैंए तो यह भी आपके लिए फायदेमंद हो सकता है। तो डायरेक्ट सेलिंग का बिजनेस आपके लिए एकदम सही है।

- टीम के किसी भी सदस्य को यदि कोई परेशानी या रुकावट आ रही हो, तो आपके साथ उसका ऐसा संबंध होना चाहिए कि वह खुलकर आपको बता सकता सके।

- सकारात्मक सोच और सेल्फ- मोटिवेशन आपमें कॉन्फिडेंस को बढ़ाता हैं।

- आप कोई भी काम करते हैं उसका कोई न कोई लक्ष्य या उद्देश्य होता है। आपकी सफलता आपके लक्ष्य पर निर्भर करती है। हमेशा अपने लक्ष्य पर फोकस रखें।

- नेटवर्क मार्केटिंग कोई एक बार करने वाला काम नहीं, बल्कि एक दैनिक अभ्यास है, जिसमें संबंधों की स्थिरता ही आपकी सबसे बड़ी पूंजी होती है।

- जब आप ज़्यादा लोगों के संपर्क में आते हैं, तो आपके सोचने, समझने और बोलने के तरीके में निखार आता है।

- कभी भी सफल होने के लिए अपने लक्ष्य को न बदले। अगर आपको कुछ बदलना है तो आपको अपनी मेहनत, निरंतर प्रयास और काम करने के तरीके को बदलना चाहिए।

- हर सफल व्यक्ति की कहानी में एक ऐसा दौर जरूर आता है, जब चीजें उनके खिलाफ जाती हैं—लेकिन वो रुकते नहीं, चलते रहते हैं।

- नई चीजों से डर लगना बिल्कुल सामान्य है, लेकिन असली ग्रोथ तो वहीं से शुरू होती है।

- डर को हराइए, सीखते जाइए, और हर दिन खुद को नया बनाइए।